普通高等学校省级规划教材
电子商务课改系列教材

网上零售理论与实战

主　　编	吴自爱	杨荣明	葛晓滨
副 主 编	王剑程	陶　耘	沈晓璐

编写人员（以姓氏笔画为序）

	王　韦	王　丹	王剑程
	王想想	汤礼军	苏　飞
	吴自爱	宋君远	杨荣明
	沈晓璐	张　佩	孟祥影
	陶　耘	郭淑娟	葛晓滨

中国科学技术大学出版社

内容简介

本书按照应用型高校课程改革的要求编写,改"满堂灌"为理论与实践相结合,以理论为指导,以实践为目的,实践巩固理论,理论转化为能力,达到学以致用的目的。在内容上,本书全面系统地介绍了网上零售的基本知识、基本环节和基本业务操作技巧,强化了教材的实战性和应用性,构建了"理论篇+实战篇"的网上零售内容体系。在理论篇,从网上零售导论、网上零售业态、网上零售战略与组织、网上零售管理四个角度进行网上零售学科知识的系统阐述,做到学科体系和理论知识的前导性。在实战篇,以企业开展网上零售业务的角度,从网上开店实战、网店装修实战、网店运营实战、网店营销与推广实战、网店客服实战、网店数据统计与分析实战到独立网上商城搭建七个层面递进,具有创新性。

本书适合高职高专和应用型本科教育层次电子商务、市场营销、国际经济与贸易、国际商务等专业方向的主干课程作为教材使用,同时适合作为网上零售企业一线员工的知识拓展、能力开发和职业岗前培训教材。

图书在版编目(CIP)数据

网上零售理论与实战/吴自爱,杨荣明,葛晓滨主编. ——合肥:中国科学技术大学出版社,2014.1(2020.3 重印)

安徽省高等学校"十三五"省级规划教材

ISBN 978-7-312-03301-8

Ⅰ. 网… Ⅱ. ①吴… ②杨… ③葛… Ⅲ. 零售业—电子商务—教材 Ⅳ. F713.36

中国版本图书馆 CIP 数据核字(2013)第 175183 号

出版	中国科学技术大学出版社
	安徽省合肥市金寨路 96 号,230026
	http://press.ustc.edu.cn
	https://zgkxjsdxcbs.tmall.com
印刷	安徽国文彩印有限公司
发行	中国科学技术大学出版社
经销	全国新华书店
开本	787mm×1092mm 1/16
印张	15.5
字数	386 千
版次	2014 年 1 月第 1 版
印次	2020 年 3 月第 3 次印刷
定价	32.00 元

前　言

在互联网日益普及的今天,互联网逐渐成为人们工作、学习、娱乐、交流和交易的重要途径,有谁曾想到互联网的诞生源于一款命名为"Enquire(探寻者)"的软件,即"探询一切事物"(Enquire within upon Everything)。与其说互联网是一种技术性的创造物,还不如说是一种社会性的创造物,互联网的意义并不在于它的规模,而在于它提供了一种全新的供全人类共享的信息基础设施和全新的商业运作模式。网上零售就是互联网运用于零售业的一种创造性产物。

网上零售是零售商通过网络零售渠道,针对消费者的需求,开展在线销售商品的商业交易活动。网上零售是一种新型的零售业态,改变了消费者的消费理念。国内亚马逊、当当、天猫、京东商城、苏宁易购、国美等网上商城的快速成长,必将推动国内网上零售业跨越式发展。本书结合编者长期在企业从事网上零售的实战经验,内容以理论篇和实战篇展开,集理论性和实践性于一体,弥补了国内网上零售教材的不足,适合作为电子商务、市场营销、国际贸易和工商管理等专业的教材,并适合依托互联网开展网络创业的读者作为技能工具书。

本书第一部分从理论角度对网上零售进行了介绍。理论部分包含网上零售导论、网上零售业态、网上零售战略与组织和网上零售管理四章内容。

本书第二部分从实战角度对网上零售进行了介绍。实战部分包含网上开店实战、网店装修实战、网店运营实战、网店营销与推广实战、网店客服实战、网店数据统计与分析实战和独立网上商城搭建七章内容。

本书的编写是集体智慧的结晶,由国内诸多高校学者和企业专家合作完成。其中,第一章由吴自爱、杨荣明编写,第二章、第三章由葛晓滨编写,第四章以及本书附录部分由孟祥影编写,第五章由吴自爱、苏飞编写,第六章由吴自爱、郭淑娟编写,第七章由吴自爱、王剑程编写,第八章由王剑程、王丹编写,第九章由王想想、王韦编写,第十章由沈晓璐、宋君远、张佩编写,第十一章由吴自爱、陶耘、汤礼军编写,最后的统稿工作由吴自爱、葛晓滨和杨荣明完成。

　　本书在编写过程中,参考了国内外部分网站的资料和大量图书杂志资料,并得到了安徽国润茶业有限公司的大力支持与帮助,在此一并表示最诚挚的谢意。

　　网上零售是一个崭新的领域,且发展速度非常快,大量的新技术、新模式不断涌现,给编写工作带来了较大的困难。虽然编者多次开会研讨,数次修改书稿,但疏漏之处在所难免,恳请各方人士不吝赐教。

编　者

目　录

前言 I

上篇　理论篇

第一章　网上零售导论 003
 第一节　互联网与网上零售 004
 第二节　网上零售的演变与发展 015
 第三节　网上零售的优势与劣势 022
 第四节　网上零售 7C 理论 024
 第五节　网上零售前景 028
 练习题 030

第二章　网上零售业态 031
 第一节　网上零售业态概述 032
 第二节　网上零售业态类型 036
 第三节　网上零售业态特点 039
 第四节　典型零售业态分析 041
 第五节　网上零售业态的发展 043
 练习题 047

第三章　网上零售战略与组织 048
 第一节　网上零售竞争战略概述 049
 第二节　网上零售扩张战略 054
 第三节　网上零售组织设计 058
 练习题 067

第四章　网上零售管理 068
 第一节　商品规划 069
 第二节　采购管理 072
 第三节　价格管理 076
 第四节　促销管理 080
 第五节　客户管理 083
 第六节　服务管理 086
 第七节　物流管理 089
 练习题 092

下篇　实战篇

第五章　网上开店实战 095
 第一节　网上商城店铺入驻 098

| 第二节 | 网上商城店铺管理 | 102 |
| 练习题 | | 105 |

第六章　网店装修实战　106
　第一节　网后装修　107
　第二节　网店 Logo 设计　113
　第三节　网店 Banner 设计　124
　第四节　图文促销广告设计　127
　练习题　130

第七章　网店运营实战　131
　第一节　品类管理实战　132
　第二节　货源渠道解决实战　137
　第三节　单品爆款打造实战　139
　第四节　店铺分销实战　142
　练习题　143

第八章　网店营销与推广实战　144
　第一节　信息传播要素　144
　第二节　店内的营销和推广　146
　第三节　站内、站外的营销和推广　160
　练习题　166

第九章　网店客服实战　167
　第一节　客服流程实战　167
　第二节　客服接待与沟通实战　174
　第三节　客户关系管理实战　183
　练习题　190

第十章　网店数据统计与分析实战　191
　第一节　店铺数据统计　195
　第二节　店铺数据分析　201
　练习题　210

第十一章　独立网上商城搭建　211
　第一节　域名注册　212
　第二节　虚拟主机购买　217
　第三节　独立网上商城搭建　218
　练习题　223

附录一　国内主要网上商城入驻条件与流程　224

附录二　国内独立网上商城系统介绍　229

附录三　国内网上零售政策法规　235

参考文献　239

上篇
理论篇

第一章　网上零售导论

通过本章学习,掌握互联网基本知识;了解网上零售的基本概念;熟练掌握网上零售的构成要素、特点和分类;熟悉网上零售的演变与发展;熟悉网上零售的优势与劣势、网上零售7C理论;了解网上零售前景。

随着居民消费水平的快速提升,目前我国网络零售的龙头产品已经历了从标准化到个性化、从价格到质量再到服务的转变过程,网络零售的商品品类也从标准化的图书扩大至家居用品、3C产品以及服装等,个性化和专业化程度不断加深,如图1.1所示。

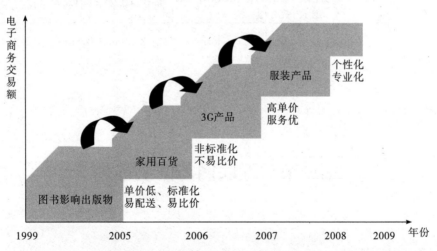

图1.1　1999~2009年我国网络零售龙头产品趋势

与网络零售相比,作为商品的流通渠道,传统的百货公司仍具备自身独特的优势,如商品的体验感更好,交易更直接,信誉更高,售后服务更直接,如表1.1所示。尽管如此,网络零售的高速发展仍对传统的百货渠道构成一定的压力。以美国为例,自1999年开始,美国百货业销售额相对于社会零售总额一直处于负增长中(2008年除外);而无店铺零售,除了1997年和2001年这两年(1997年为亚洲金融风暴,2001年为美国互联网泡沫破灭危机),相

对社会零售均保持较高的增速。而近几年来,我国百货业销售额相对于社会零售总额的增速较为稳定,而网络零售相对社会零售的增速则逐年上升。这一方面说明我国的消费市场仍处在一个快速增长的阶段,消费潜力的不断释放也为网络零售和实体零售的较快发展提供了良好的发展基础,但另一方面网络零售的快速发展势必在一定程度上会对传统零售带来一定的冲击。

表1.1 网络零售企业与传统百货的优劣势对比

企业类型	对象	优势	劣势
传统百货	产品	产品质量有保障	品种数量有限,多集中在品牌产品
	物流	基本无需物流	——
	成本	销售时立即收款、现金周转快	经营成本较高,主要为水电费、人工费、店面租金等
	便捷性	现场销售气氛和销售人员形象的真实表现,有利于提升沟通效果	有时间、地点的限制
	其他	具有一定的品牌效应	面对消费者追求新鲜、时尚、超前消费心理,较难进行产品结构和服务方式的调整
网络零售企业	产品	品种丰富、商品的信息详细和不同商品间具有可对比性	经营产品范围受限,并不是所有产品都适合网上销售
	物流	物流配送服务、配送覆盖地点有限	自建物流或依赖第三方物流
	成本	相对低的营业成本	——
	便捷性	无场地限制,全天候营业	缺乏现场销售气氛和销售人员形象的真实表现,沟通效果大打折扣
	其他	满足消费者追求新鲜、时尚、超前消费心理	网上交易的安全性较差,付款方式有限

(资料来源:www.p5w.net/stock/lzft/hyyj/201106/P020110622519128022756.pdf)

思考:

1. 与传统零售相比,网络零售具有哪些优势和劣势?
2. 哪些产品适合在我国开展网络零售?

第一节 互联网与网上零售

一、互联网概述

现在,互联网日益成为人们工作、学习、娱乐、交流和交易的重要途径,有谁曾想到互联网的诞生源于一款命名为"Enquire(探寻者)"的软件,即"探询一切事物"(Enquire within upon Everything)。它以一种不受约束、网络状的方式来组织信息和思想,借助人类的奇思异想和机器的逻辑推理,得到空前发展。为了探讨能否在爆发核战争等大规模损坏情况下依旧保障通信联络,1969年,美国国防部高级研究计划署ARPA资助建立了世界上第一个分组交换试验网ARPANET,连接美国四所大学进行数据交换和通信。这是人类首次正式建成和应用的计算机网络,由此也宣告了计算机网络时代的到来,ARPANET成为现代计算机网络诞生的标志。最初,ARPANET主要用于军事研究,主要基于这样的指导思想进行构建:网络必须经受得住故障的考验并维持正常的工作,一旦发生诸如核弹袭击等大规模损坏情况,当网络的某一部分因遭受攻击而失去工作能力时,网络的其他部分应能维持正常的通信工作。ARPANET在技术上的另一个重大贡献是TCP/IP协议簇的开发和利用。作为互联网的早期骨干网,ARPANET的试验奠定了互联网存在和发展的基础,较好地解决了异种机网络互联的一系列理论和技术问题。1983年,ARPANET分裂为两部分,ARPANET和纯军事用的MILNET。同时,局域网和广域网的产生和蓬勃发展对互联网的进一步发展起了重要的作用。其中,最引人注目的是美国国家科学基金会NSF(National Science Foundation)建立的NSFNET。NSF在全美国建立了按地区划分的计算机广域网,并将这些地区网络和超级计算机中心互联起来。NSFNET于1990年6月彻底取代了ARPANET而成为互联网的主干网。NSFNET对互联网的最大贡献是使互联网面向全社会开放,而不像以前的ARPANET仅供高等学府和科研机构里的少数学者摆弄,尤其是万维网(WWW)的诞生,对于互联网乃至整个信息社会都是一件划时代的事件,万维网神奇而强大的通用性极大地推进了互联网的普及和发展,这是互联网的第一次飞跃。互联网的第二次飞跃归功于互联网的商业化,商业机构一踏入互联网这一陌生世界,很快发现了它在通信、资料检索、客户服务等方面的巨大潜力。于是,世界各地的无数企业纷纷涌入互联网,这带来了互联网发展史上的一个新的飞跃。

互联网经过40多年的高速蓬勃发展,成为当今大多数人工作和生活中必不可少的一部分。互联网的出现,让世界紧密连接在一起,同时也在不断地改变着世界。通过互联网,用户可以实现与世界各地的计算机进行信息交流和资源共享,进行科学研究、资料查询、收发邮件、联机交谈、联机游戏、网上购物、网络营销等。互联网主要的常用服务:电子邮件(E-mail)、文件传输(FTP)、电子公告栏(BBS)、网络新闻(Netnews)、万维网(WWW)等每天都伴随着人们。纵观互联网的发展,互联网的魅力起于一个原始的出发点,源于"Enquire"软件的初衷,即"探询一切事物"。互联网总是在"不断伴随着各种伟大的想法以及对这些想法的实现"而不断被人们去探询。互联网发展历程中的一些创始人,对人类发展做出巨大的贡献。

1. 互联网之父:探询"改善整个世界的通信方式和知识获取的方式"

互联网之父温特·瑟夫(Vint Cerf)、罗伯特·卡恩(Robert Kahn)等带着"改善整个世界的通信方式和知识获取的方式"的构思致力于TCP/IP协议的研发,创建了TCP/IP通信协议,为ARPANET成功开发了主机协议,使ARPANET成为第一个大规模的数据包网络。于是,全球的计算机可以相互交流。

2. Web之父:探询"将万维网免费推广全球"

Web之父蒂姆·伯纳斯·李(Tim Berners-Lee)发明了Web,他编写了第一个Web浏览器和服务器程序,并设计了链接与超文本的工作方式。其最杰出的成就是免费把万维网的构想推广到全世界,让计算机与计算机之间互联,让万维网技术获得迅速的发展,深深地改变了人类的生活面貌。在这之前,人类完全控制了自己的信息,因为这些信息都存储在他们自己的电脑中。但在这之后,人类将数据存储在网络服务中,脱离了他们的控制。互联

于是成为有着共同信仰和共同文化的人交流的场所,信息共享变得更加容易。

3. 电子邮件之父:探询"使不同地方的人可以相互通信"

电子邮件之父 Ray Tomlinson 是一位程序员,他的努力使全球不同地方的人可以相互通信,他无意中选用了@作为电子邮件地址的标志。如今,人们有多种多样的方式发送消息给其他人,诸如短信、即时消息、飞信、Facebook、Twitter,但是在互联网通信中还是不约而同地使用 E-mail。根据 Radicati Group 的统计,全球 34 亿 E-mail 账户中有四分之三是个人账户,人们每天发送的 E-mail 有 1448 亿封,而这一数字将在 2016 年达到 1992 亿。

4. IRC 聊天之父:探询"互联网中继聊天方式"

IRC 是 Internet Relay Chat 的英文缩写,中文一般称为互联网中继聊天,它是由芬兰人 Jarkko Oikarinen 于 1988 年首创的一种网络聊天协议。经过十年的发展,目前世界上有超过 60 个国家提供了 IRC 的服务。IRC 在 1991 年伊拉克入侵科威特时声名远扬,当时电视信号被切断,IRC 使最新的消息得以传播。在人气最旺的 EFNET 上,可以看到上万的使用者在同一时间使用 IRC。很多人称其为继 BBS 后的一种即时闲聊方式,相比于 BBS 来说,它有着更直观、友好的界面,在这里你可以畅所欲言,而且可以表现动作化,因此受到众多网虫们的喜爱。

5. Google 创始人:探询"搜索信息的方式"

Google 创始人拉里·佩奇(Larry Page)与谢尔盖·布林(Sergey Brin)专做"搜索","搜索"专注于信息的获取,只有它才能为人们的生活带来真正的变化,才能改变人类搜索和使用互联网的方式。于是,他们创办了搜索巨人——Google。Google 能够帮助人们回答各种各样的问题,提供几乎所有人们想知道的信息,而且能够接受中文、英文、日文等 100 多种语言的查询。

6. 维基之父:探询"建立一种环境,供人们能够交流彼此的经验"

维基之父——美国一名著名的计算机程序员沃德·坎宁安(Ward Cunningham),开发了第一个维基(Wiki)系统,供人们协同创建和编辑在线内容。Wiki 的命名来自一个意思为"快速"的夏威夷词汇"Wee Kee",沃德·坎宁安说:"我创建第一个 Wiki 的初衷就是要建立一种环境,我们能够交流彼此的经验"。Wiki 的设计原则包括:① 开放(Open)性,当网页内容不完整或未加以适当组织时,所有人都可以以他们认为适当的方式加以编辑。② 递增(Incremental)性,网页可以引用其他网页,甚至包括那些不存在的文件。③ 普遍(Universal)性,编辑与组织文件的机制,应该与书写时相同,书写者同时也可以是编辑、编纂者。④ 明显(Observable)性,表明网站内的行为必须受到该网站其他的浏览者检阅。⑤ 集中(Convergent)性,即重复的内容在被类似与相关的内容引用后,可以进行移除。

7. Geocities 创始人:探询"提供免费主页给网络用户"

Geocities 创始人戴维·博奈特(David Bohnett)和约翰·雷茨勒(John Rezner)在 1994 年一起创办了地球村(Geocities),成为当时互联网上最大的社区,是最早为网民提供免费网页空间的服务商。Geocities 是一个提供网页空间服务的站点,最初的形式是可以让用户选择一个"城市"来免费发布自己的站点,率先实践并成功实现了提供免费主页给 Web 用户的想法。

8. Live Journal 创始人:探询"SNS 交友"

Live Journal 是一个综合型 SNS 交友网站,有论坛、博客等功能,由布莱德·菲兹派翠克(Brad Fitzpatrick)创建于 1999 年 4 月 15 日,目的是为了与同学保持联系,之后发展为大型网络社区平台,是网友聚集的好地方,Live Journal 支持多国语言,而在英语国家最为流行,美国拥有其最多用户,网民在这里发表博客日志并在线交流。

9. PayPal 创始人:探询"互联网在线支付服务"

PayPal(在国内的品牌为贝宝),1998 年 12 月由皮特·泰尔(Peter Thiel)及马克斯·列夫琴(Max Levchin)建立,是一个总部在美国加利福尼亚州圣荷西市的因特网服务商,其允许在使用电子邮件来标识身份的用户之间转移资金,避免了传统的邮寄支票或者汇款的方法。作为世界第一的在线付款服务,PayPal 面向全世界超过 2.2 亿的用户敞开了最快捷的在线支付大门。

互联网正是在这些巨人的各种伟大的想法以及对这些想法的实现过程中,不断改变着人类的工作和生活方式。在国内,我们所熟悉的各类电子邮箱、即时聊天工具、百度及其百科、人人网、支付宝等,无不在这些互联网的创始人"探询一切事物"的影响下在中国落地生根,并得到富有中国特色的发展。

二、互联网在中国的发展历程

目前,我国互联网已经发展成为全球第一大网,网民人数最多,联网区域最广,百度、腾讯、阿里巴巴等知名中文网络影响着全球互联网。我国互联网的发展历程可以大略划分为三个阶段。

(一) 第一阶段(1986 年 6 月至 1994 年 3 月)——我国互联网研究试验阶段

在此期间,中国一些科研部门和高等院校开始研究 Internet 联网技术,并开展了科研课题和科技合作工作。这个阶段的网络应用仅限于小范围内的电子邮件服务,而且仅为少数高等院校、研究机构提供电子邮件服务。1986 年 8 月 25 日,时任中国科学院高能物理研究所 ALEPH 组(ALEPH 组是在西欧核子中心高能电子对撞机 LEP 上进行高能物理实验的一个国际合作组,我国科学家参加了 ALEPH 组,高能物理所是该国际合作组的成员单位)组长的吴为民,从北京发给 ALEPH 的领导——位于瑞士日内瓦西欧核子中心的诺贝尔奖获得者斯坦伯格(Jack Steinberger)的电子邮件是我国第一封国际电子邮件。1986 年 8 月,中国科学院承担了国家计委立项的"中关村教育与科研示范网络(NCFC)"——中国科技网(CSTNET)前身的建设。1989 年,我国开始建设互联网,五年目标规划建成国家级四大骨干网络联网。1991 年,在中美高能物理年会上,美方提出把中国纳入互联网络的合作计划。

(二) 第二阶段(1994 年 4 月至 1996 年)——我国互联网起步阶段

1994 年 4 月,"中关村教育与科研示范网络"率先与美国国家科学基金会直接互联,实现与互联网的 TCP/IP 连接,从而开通了 Internet 全功能服务,实现了中国与 Internet 全功能网络连接,标志着我国最早的国际互联网络的诞生,中国科技网成为中国最早的国际互联网络。从此,中国被国际上正式承认为有互联网的国家。之后,Chinanet、CERnet、CSTnet、ChinaGBnet 等多个互联网络项目在全国范围相继启动,互联网开始进入公众生活,并在中国得到了迅速的发展。1996 年底,中国互联网用户数已达 20 万,利用互联网开展的业务与应用逐步增多。

(三) 第三阶段(1997 年至今)——我国互联网快速增长阶段

1997 年以后,国内互联网用户数基本保持每半年翻一番的增长速度。现在我国互联网已经成为世界上最大的互联网。中国互联网络信息中心(CNNIC)公布的第31次《中国互联网络发展状况统计报告》显示,截至2012年12月底,我国网民规模达到5.64亿,互联网普及率为42.1%,我国手机网民数量为4.2亿,我国微博用户规模为3.09亿,网民中的微博用户比例达到54.7%,我国网络购物用户规模达到2.42亿,我国域名总数为1341万个,其中".CN"域名总数为751万,占比为56.0%;".中国"域名总数为28万。中国网站总数(即网站的域名注册者在中国境内的网站数,包括在境内接入和境外接入)继续回升至268万个。我国中小企业中,使用计算机办公的比例为91.3%,使用互联网的比例为78.5%,固定宽带普及率为71.0%,开展在线销售、在线采购的比例分别为25.3%和26.5%,利用互联网开展营销推广活动的比例为23.0%。

三、互联网的发展特点与趋势

互联网的发展经历了军事目的、科研目的和商业目的三个阶段。至今,全世界没有人能够知道互联网的确切规模。互联网依托其"探询一切事物"的"魔力"正以当初人们始料不及的惊人速度向前发展,今天的互联网已经从各个方面逐渐改变人们的工作和生活方式。人们可以随时从网上了解当天最新的天气信息、新闻动态和旅游信息,可看到当天的报纸和最新杂志,可以足不出户在家里炒股、网上购物、收发电子邮件,享受远程医疗和远程教育等。

当今世界正向知识经济时代迈进,信息产业已经发展成为发达国家的新的支柱产业,成为推动世界经济高速发展的新动力,并且广泛渗透到各个领域,特别是近几年来国际互联网络及其应用的发展,从根本上改变了人们的思想观念和生产生活方式,推动了各行各业的发展,并且成为知识经济时代的一个重要标志之一。互联网已经构成全球信息高速公路的雏形并规划出未来信息社会的蓝图。纵观互联网的发展史可以看出,互联网的发展趋势主要表现在如下几个方面。

(一)互联网生态化

互联网世界是复杂化的世界,全球互联网的发展面临诸多"生态挑战",如"信息爆炸与用户体验的冲突""信息自由与不良信息的交锋""资源自由分享与版权的矛盾""网络营销与商业信用缺失的碰撞"等复杂性挑战。生态化才是互联网的终极目标。

(二)运营产业化

互联网从通信的、信息的互联网,转型成为应用的、服务的、商务的互联网,运营产业化是其发展趋势。从1995年5月开始,多年资助互联网研究开发的美国科学基金会退出互联网,把NSFNET的经营权转交给美国三家最大的私营电信公司(即Sprint、MCI和ANS),这是互联网发展史上的产业化运营的重大转折。我国在2008年12月3日的"中国下一代互联网示范工程(CNGI)"的阶段总结和成果汇报大会上提出,互联网是人类社会重要的信息基础设施,对经济社会发展和国家安全具有战略意义,与构建和谐社会、建设创新型国家和走新型工业化道路等重大战略的实施紧密相关,需从战略高度加以重视。为抓住机遇,推进我国信息产业发展和信息化建设,促进产业发展,必须加速发展我国的下一代互联网产业。截至2008年12月,我国已建成包括6个核心网络、22个城市59个节点、北京和上海两个国际交换中心、273个驻地网的IPv6示范网络,我国互联网运营产业化业已形成。

(三) 互联网的物联化

物联化是互联网应用的拓展重点,互联网是最适合作为物联化网络的基础网络,特别是当物物互联范围已经超出局域网,需要公众网来传送信息处理的时候,互联网是最常用的。物联化网络相当于互联网上面向特定任务来组织的专用网络,与其说物联网是网络,不如说物联化网络是互联网在业务和应用方面的重要拓展,它应该是通信网络里头的一个应用拓展,底层传感网是原来通信网不包含的。有人曾这样形容物联网:物联网是泛在网的起点;物联网是信息化与工业化融合的切入点;物联网应用推广中突破行业进入壁垒是难点;物联网是低碳经济的支撑点;物联网是战略性新兴产业的增长点;物联网是民生服务的新亮点;物联网是国际竞争的新热点。

(四) 互联网的移动化

互联网的移动化,即移动互联网,就是将移动通信和互联网二者结合起来,成为一体。移动通信和互联网成为当今世界发展最快、市场潜力最大、前景最诱人的两大业务,它们的增长速度是任何预测家都未曾预料到的,所以可以预见移动互联网将会创造经济神话。移动互联网的优势决定其用户数量庞大,截至2012年9月底,全球移动互联网用户已达15亿。

(五) 应用商业化

随着对商业应用的开放,互联网已成为一种十分出色的电子化新兴商业媒介。众多公司、企业不仅把它作为市场销售和客户支持的重要手段,而且把它作为传真、快递及其他通信手段的廉价替代品,借以形成与全球客户保持联系的工具,同时也降低了日常的运营成本。电子邮件、QQ、网络营销、搜索引擎和网络广告等日渐受到人们的重视便是最好的例证。

(六) 多业务综合平台化、智能化

随着信息技术的发展,互联网将成为图像、话音和数据"三网合一"的多媒体业务综合平台,并与电子商务、电子政务、电子公务、电子医务、电子教学等交叉融合。未来十年到二十年,互联网将超过报刊、广播和电视的影响力,逐渐形成"第四媒体"。随着电信、电视、计算机"三网融合"趋势的加强,未来的互联网将是一个真正的多网合一、多业务综合平台和智能化的平台,未来的互联网是"移动+IP+广播多媒体"的网络世界,它能融合现今所有的通信业务,并能推动新业务的迅猛发展,给整个信息技术产业带来一场革命。

四、互联网定律

关于互联网有五条重要的定律:摩尔定律、吉尔德定律、迈特卡尔定律、马太效应定律和拉德定律。

(一) 摩尔定律

微处理器的速度会每18个月翻一番,这就意味着每五年它的速度会快十倍,每十年会快一百倍。同等价位的微处理器会越变越快,同等速度的微处理器会越变越便宜。可以想见,在未来,世界各地的人不但都可以通过自己的计算机上网,而且还可以通过他们的电视、

电话、电子书和电子钱包上网。

(二) 吉尔德定律

在未来 25 年,主干网的带宽将每六个月增加一倍,其增长速度超过摩尔定律预测的微处理器速度增长的三倍！今天,几乎所有知名的电讯公司都在乐此不疲地铺设缆线。当带宽变得足够充裕时,上网的代价也会下降。在美国,现在已经有很多的 ISP 向用户提供免费上网的服务。

(三) 梅特卡夫定律

梅特卡夫定律是一种网络技术发展规律,是 3Com 公司的创始人、计算机网络先驱罗伯特·梅特卡夫提出的。该定律指出:网络的有用性(价值)随着用户数量的平方数增加而增加。即

$$V = K \times N^2$$

其中,V 为网络的价值,K 为价值系数,N 为用户数量。

20 世纪 90 年代以来,互联网络不仅呈现了这种超乎寻常的指数增长趋势,而且爆炸性地向经济和社会各个领域进行了广泛地渗透和扩张。计算机网络的数目越多,对经济和社会的影响就越大。换句话说,计算机网络的价值等于其结点数目的平方。梅特卡夫法则揭示了互联网的价值随着用户数量的增长而呈算术级数增长或二次方程式增长的规则。

(四) 马太效应定律

马太效应,其名字来自《新约圣经》中的一则寓言,即指好的愈好,坏的愈坏,多的愈多,少的愈少的一种现象。在同类网站中,马太效应是很明显的。一个出名的社区,比一个新建的社区更容易吸引到新客户。这个故事给我们的启示是:如果你无法把网站做大,那么你要做专,做专之后再做大就更容易。

(五) 拉德定律

拉德认为:每一位客户身后,大约有 300 名亲朋好友。如果你赢得了一位客户的好感,就意味着可能赢得了 300 个人的好感;反之,如果你得罪了一名客户,也就意味着得罪了 300 名客户。在网站访客中,一个访客可能带来一群访客,任何网站都有起步和发展的过程,在这个过程中此定律尤其重要。

五、网上零售

(一) 网上零售的概念

网上零售是指网络零售商通过网络零售渠道,针对消费者的需求,开展在线销售商品的商业交易活动。网上零售是一种新型的零售业态,其主体包括网络零售商、消费者以及网络零售服务提供商(包括交易平台服务提供者、支付结算服务提供者、物流服务提供者、网络推广服务提供者等),客体是商品,内容是商品的在线交易。交易双方以互联网或其他电子渠道(如移动网络等)为媒介,通过一定的网络销售平台(如淘宝、天猫、京东商城等),围绕商品

的交易,实现商品所有权的转移。一般来说,对于网上零售的流程,首先是网络零售商搭建网络销售平台,通过网络销售平台展示商品或服务并任由消费者进行选购;然后根据消费者的选购在线确认订单,通过互联网或传统物流方式进行商品的配送,并通过在线付款或货到收款等方式收取货款,从而实现交易的过程。在此过程中,伴随着交易双方通过互联网或其他电子渠道实现交易信息的查询(信息流)、支付结算(资金流)和商品交付(物流)等行为。

(二) 网上零售的构成要素

网上零售的出现使消费者享受到了足不出户就能买到商品的便利,这种新型的零售业态,正逐渐引领一种崭新的消费模式,因此,网络零售更侧重于对消费者的商品销售。网上零售的构成要素,由交易主体(网络零售商、消费者)、交易客体(商品)、交易内容(围绕商品的买卖而产生的信息流、资金流、物流和商品流)、交易渠道(网络零售渠道)和交易服务(网络零售服务商提供的诸如网站建设、网店装修、物流服务、支付结算服务等)组成。网络零售体系如图1.2所示。

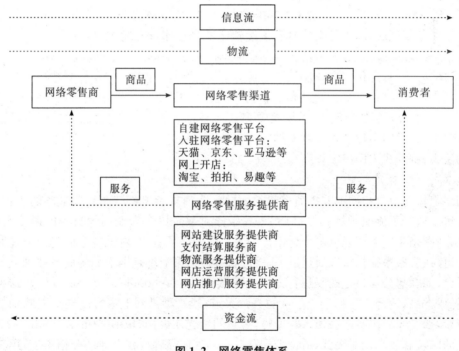

图1.2　网络零售体系

1. 商品

网络零售的客体是商品,凡是能够满足消费者的需求,并能够用于交换的劳动产品,都能成为网络零售的商品。因此,网络零售中的商品不仅包括有形的产品,还包括无形的服务。随着人们消费观念的变化,未来无形的服务产品在网上零售中的比重会越大越大,消费者可以在线冲洗相片、在线定制自己的服装、在线预订出租车、在线订购晚餐……

2. 网络零售商

网络零售商,是指从事网络交易的买卖人,是商品的提供者。在网络零售中,谁能成为网络零售商呢?从产品的供应链角度而言,原材料的提供商、生产商、经销商、零售商甚至消费者都有可能成为网络零售商。以茶叶为例,种植茶树、采集茶叶为生的农民(原材料提供商)可以在线销售其种植采集的茶叶,生产茶叶的企业(生产商)也可以在线销售其生产的茶叶,茶叶的各级代理商(经销商)也可以在线销售其代理的茶叶,各地区专卖茶叶的零售店(零售商)也可以在线销售其茶叶,甚至家中有富余茶叶的消费者也可以通过在线拍卖等方式去销售其茶叶。由于网络购物环境下价格的透明性,未来网络零售商的竞争残酷性不可避免,网络购物消费者对于网络零售商的选择具有更大的空间。茶叶行业中的网络零售商如图1.3所示。

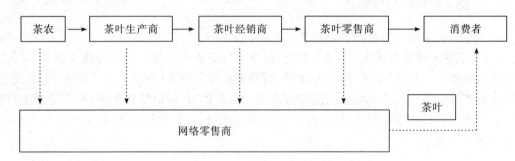

图1.3　茶叶行业中的网络零售商

从法律角度理解,商人是指从事商事经营或商事法律行为的主体,一般来说,商人中的"商"是指它的职业属性,"人"是指从事商事活动的权利主体。这里的"人"不单是指生物意义上的自然人,而且还包括企业法人。因此,网络零售商分为两大类:一类是基于生物意义上的自然人的网络零售商,对应于电子商务概念中的C2C,在实践中往往指在淘宝、拍拍或易趣等C2C平台开店的自然人;另一类是基于企业法人的网络零售商,对应于电子商务概念中的B2C,在实践中往往指入驻天猫、京东商城、亚马逊等B2C平台的企业。也就是说,自然人和法人,都能成为网络零售商。

3. 网络零售渠道

网络零售渠道是指网上零售商搭建的面向最终消费者出售其商品或服务的销售渠道。网络零售渠道处于流通领域的终极环节,其服务对象是以个人使用为目的的最终消费者。一般而言,网络零售渠道以从事个量销售为主。在网络环境中,网上零售商如何搭建其网络零售渠道,在实践中往往可以通过以下三种途径进行:第一种是网上零售商自建独立的网络零售平台,如联想公司自建的联想官方网上商城(http://shop.lenovo.com.cn/),这种方式风险高、成本高,适合于品牌生产厂家的直营渠道;第二种是网上零售商选择入驻别的网络零售平台,如紫光数码有限公司入驻天猫,搭建的紫光旗舰店(http://unis.tmall.com/),这种方式的风险和成本相对较低,适合于具有自主品牌或品牌授权企业的分销渠道;第三种是网上零售商选择网上开店,如企业或自然人选择在淘宝网、拍拍网或易趣网开店,这种方式风险和成本最低,适合于诸如个体商户或自然人的分销渠道。

4. 网络零售服务提供商

网络零售服务提供商,是网络零售服务内容、应用服务的直接提供者,包括诸如ShopEx、E店宝等网店系统提供商,淘宝大学、百度营销大学等人才招聘培训服务商,支付宝、财付通等支付结算服务商,邮政、圆通等物流服务商,亿玛、百度等广告服务商,艾瑞咨询类的调研咨询服务商,以及兴长信达、古星、五洲在线等第三方网店代运营服务商等。

(三)网上零售的特点

网上零售作为一种符合未来商业发展方向的商品销售模式,它的运营和交易过程主要依靠互联网及其他电子渠道,与传统零售业相比,具有其自身的一些特点。

1. 打破地理和时间的限制

传统零售的经营受地理因素和时间因素的限制,其影响只能辐射到地理距离有限和时间经营有限的范围内的消费者。而网上零售企业依托于互联网及其他电子渠道,打破了地理时间的限制,无论身处地球上的哪个角落,只要能接入互联网,消费者都可以24小时浏览商品,完成交易。网络使从事网上零售的企业可以将商品卖到世界上任何可以接入互联网的地方,网络使消费者在一天的任何一个时间点都可以从网上零售商处获得商品。

2. 能对产品和服务进行全方位的展示

传统的零售商店虽然可以把实物展示给客户,但简单的介绍无法让客户了解产品的内在结构和品质,而且容易被产品的外观、包装及促销员的推销手段所迷惑。而借助于网络的媒体优势,网上零售商可以全方位地展示产品的外观、性能、品质及产品细节,使客户在对产品和服务进行充分地了解和认识后,再进行购买行为,有助于客户理性地购买,提高了客户的消费效用。

3. 存在网络倍增效应

网络倍增效应指的是用户参与某项活动所获得超出预期的效应,其随着参与人数的增加而增加。经济学家Rohlfs是公认最早对网络效应现象进行分析的学者。他在研究电话网络时发现,一个电话用户的效益会随着加入整个电话网络的用户数的增加而增加。这种当一个用户消费或使用一种产品的效应随着使用这种产品的用户人数增加而增加时,就存在网络效应。Liebowitz和Margolis将网络效应的定义进行了延伸,简单来说,在网络效应的作用下,当用户数量增加时,原有用户免费得到了一些新增的价值而无需为这些价值支付费用。较为常见的例子是,随着电话使用人数的增多,原有用户可以联系的对象越多,其使用电话的效用就越高。又如,随着越来越多的人选用QQ聊天工具作为通讯手段,原有QQ聊天工具的用户从QQ聊天工具中获得的效用就越高。网上零售亦存在网络效应,随着传统零售商越来越多地参与到网上零售中,网上零售的物流配送速度也越来越快,网上零售的服务质量也越来越高,网上零售的商品价格也越来越低,导致消费者网络购物所获得的效用越来越高。另一方面,网络购物的消费者数量越多,就越能给其他消费者传达网络购物值得信赖的信号,进而吸引越来越多的传统零售商参与到网络零售中去。由此可见,网上零售具有网络效应的特征。

4. 交易成本低

交易成本包括交易双方收集信息的成本、谈判成本和运输成本。与传统的商业活动相比,消费者通过互联网了解产品信息的成本非常低。交易双方的谈判更是可以通过互联网进行,免去了交通、住宿等许多货币成本,以及谈判的时间成本。在互联网交易中,消费者可以与产品的一级经销商甚至是生产者直接联系,大大地减少了传统零售交易中间的层层环节,这缩短了产品从生产商到达消费者手中的时间,降低了总体的交易成本,既让利于消费者,又保护了生产者的利益。

5. 减少信息不对称

在传统的商品交易中,消费者常常处于信息不对称的劣势地位,不但对商品本身的知识了解很少,对商家的信誉水平也难以衡量,支付的价格也常取决于消费者讨价还价的能力。而网上零售企业为消费者提供明晰透明的报价,有关商品规格的详细信息,甚至是其他消费者的购买评价。此外,消费者还可以通过网络学习有关该商品更全面的知识,比较多个商家的价格。同时,企业也可以根据消费者的消费记录等获得该消费者的基本资料、历史购物情况以及信用情况。可见,网上零售大大地减少了交易双方的信息不对称。

6. 轻资产

网上零售商通过互联网采购和销售商品,对传统商业活动中必备的一些实物资产的依赖程度降低,如对办公楼、店铺、仓库等的需求大大减少。因此,在网上零售企业的资本结构中,固定资产所占的比例较传统商业主体小很多,表现为"轻资产"的特征,这种特征特别有利于一些中小企业加入网上零售行业,促进网上零售的繁荣发展。

(四)网上零售的分类

1. 根据交易模式的不同划分

根据交易模式的不同,可将网上零售简单地分为C2C类网上零售和B2C类网上零售。

C2C类网上零售指的是消费者对消费者的交易模式,在网络零售行业称之为"C店",类似于现实中的跳蚤市场,交易的双方都是个人,C2C企业只是为双方提供一个交易的平台,如淘宝网、拍拍网和易趣网都是C2C类的网上零售。

B2C类网上零售则指的是企业对个人的交易模式,在网络零售行业称之为"B店",又可以进一步分为平台式B2C网上零售和自营式B2C网上零售。平台式B2C类似于现实中的百货商场,品牌入驻B2C平台需要交纳类似于柜台租金的保证金,通常还要抽取部分销售收入作为佣金交给B2C平台。天猫就是典型的平台式B2C类网上零售。自营式B2C网站可以比作现实中的超级市场,企业统一自行采购商品,在自己的网站上售卖,从中赚取进货价和销售价的差价。如京东商城、当当网、亚马逊等企业在初创时都属于自营式B2C类型。

2. 根据网络零售渠道的不同划分

根据网络零售商选择的网络零售渠道的不同进行划分,网上零售可分为自建类、入驻类、开店类和团购类四种类型,如表1.2所示。

表1.2 网上零售的分类

类　型	典　型　代　表
自建类网上零售	凡客诚品、梦芭莎、玛萨玛索
入驻类网上零售	天猫、京东商城、亚马逊网、当当网
开店类网上零售	淘宝网、拍拍网、易趣网
团购类网上零售	糯米网、拉手网、窝窝团、聚划算

自建类网上零售,是指网络零售商自己购买域名和服务器,搭建独立的网上商城,通过其搭建的网上商城将商品或服务卖给消费者。近几年兴起的凡客诚品、梦芭莎、玛萨玛索等都属于这一类网上零售。它们是完全依托于互联网的直销企业,集中优势在价值链的营销和售后服务等环节上,把采购、生产、设计等环节都外包出去,但这类网站只出售自己生产、设计或自有品牌的商品,往往因为品类不足无法吸引足够的消费者,陷入浏览量不够、交易额低的尴尬境地。

入驻类网上零售,是指网络零售商通过选择入驻具有较大规模消费者的B2C平台,入驻后在该平台开设旗舰店或专营专卖店,依托旗舰店或专营专卖店将商品或服务卖给消费者。国内入驻类网上零售的典型平台有天猫、京东商城、亚马逊网、当当网。此类模式,类似于现实中的百货商场,适合这类的网上零售商,往往是具有自主品牌或品牌授权的企业,其入驻后需要交纳平台技术服务费(如天猫)或销售佣金(如亚马逊)。

开店类网上零售,是指允许网上零售商以自然人身份,通过实名认证后,在 C2C 平台上开店,销售其商品或服务。国内开店类网上零售的典型平台有淘宝网、拍拍网、易趣网。此类模式,类似于线下的跳蚤市场,适合这类的网上零售商,一般来说是自然人或个体经商户居多,其开店后一般无需交纳平台技术服务费或销售佣金。

团购类网上零售,这是近年来新兴的一种消费模式,受到消费者的热捧,成为网上零售中不可忽略的一种类型。团购类网上零售通过在团购网站上聚集具有相同购买意愿的消费者,以集体的形式向生产者发出团购邀约,获取较低的团购价格。这种集体购买的形式提高了消费者的议价能力,从而可以从生产商处获得更为优惠的价格。同时,对于生产商来说,团购为其带来了可观的客源,保证了销售,而团购网站本身作为消费者和生产商之间的桥梁,也可以从中获利。国内团购类网上零售典型的平台有糯米网、拉手网、窝窝团、聚划算等。餐饮行业、旅游行业以及其他服务行业,采用这种模式开展网上零售的趋势越来越明显。

(五) 网上零售与传统零售的关系

尽管网上零售具有传统零售不具备的一些特点,但是由于自身条件的制约,没有带来交易成本的大幅度降低,没有显示出费用结构方面的优势,所以从目前来看还不可能取代传统零售业,网上零售应该是传统零售业的一种有效的补充形式和新的发展业态。

网上零售环境的逐渐成熟,将会对传统零售业的许多方面造成很大的冲击,传统零售也要不断调整其经营的范围和方式参与竞争。从目前的情况看,网上零售与传统零售已出现融合的趋势。同时,传统的零售商为了增强竞争力,吸引更多的客户,提高销售额的需要,也纷纷与网上零售商合作,开展网上销售业务,利用已有的配送网络开展配送。

第二节 网上零售的演变与发展

一、网上零售发展的动因

在过去的几年中,网购的市场容量和规模发生了飞速增长,越来越多的网民开始接触网上购物,尤其是年轻人。同时网上购物也成为了一种重要的零售渠道,传统零售产业中的制造商、渠道商、零售商纷纷介入其中开展网上零售。造成网上零售飞速发展的动因,主要有以下几个方面。

1. 传统零售业存在的问题

传统零售业的发展经历了近百年的时间,业态也非常丰富,有专业商店、百货店、超级市场、方便店、仓储店等。每一种业态的出现都有其必然性,同时也对原有的业态带来了一定的冲击。目前传统的零售业普遍存在的问题是,竞争激烈,零售店面过度膨胀,人员随店面的扩大增多,零售业利润下滑。而网上零售无需考虑存储空间、人员、物理店面成本等问题,只需考虑服务器容量问题或入驻费用问题,同时网上零售还消除了时间和空间的限制,这在一定程度上解决了传统零售业普遍存在的问题,因此在一定程度上推动了网上零售的发展。

2. 消费行为的改变

网络购物的爆炸性增长并不源于人口因素,而是源于消费者的行为转变:网络购物已成为网民生活的主流内容,特别是与以前相比,网民在网上花费更多时间以满足多样需求。例如,网民需要家庭装潢,他会在网上搜寻家装产品;网民需要厨房用品,他会登陆淘宝搜索厨房用具;网民需要定制文化衫,他会在网上搜寻文化衫定制商……消费需求的多样性,受地域限制的传统零售业往往难以满足其当地消费用户的多样性消费需求,从而导致更多消费者转向网络零售渠道来满足其消费需求,并且这种消费需求还具有从注重品牌转向最低价格的特点,也在一定程度上推动了网上零售的发展。

3. 网上零售的本身特点

(1) 网上零售,其购物时间可以随意安排,一天 24 小时,无节假日。

(2) 打破地区、国界限制,可购买全世界的商品。

(3) 网上商店可以为人们提供更广泛的商品和服务,在网上最流行、最时髦的商品很少会出现缺货的情况。

(4) 技术的提高提供了比传统零售业更多的便利和信息,且容易搜寻商品信息。

(5) 网上零售所具有的打破地理和时间的限制,能对产品和服务进行全方位的展示,存在网络效应,交易成本低,信息的对称性以及方便、快捷、高效的特征,推动着网上零售的发展。

4. 上网条件和网上支付技术的进步

随着个人上网设备持有比例的提升和网络接入条件的改善,有 91.7% 的网民在家中上网,上网条件的便利性为网民网上购物创造了极其优越的条件。同时,网络安全技术的提高,网上支付技术的进步,使消费者对网上支付的信任程度有了显著提高,推动着网上零售的发展。

二、网上零售在国外的发展

(一) 美国

美国的网上零售起步于十多年以前,如今已成为重要的零售渠道。在网上不但可以买到计算机产品、消费电子产品、音像产品、化妆品,也可买到服饰、食品饮料、杂货,甚至汽车、珠宝、医药保健等商品,人们足不出户即可满足日常生活所需。2009 年,美国市场通过网络购买的消费产品总价值为 1550 亿美元,较 2008 年的 1410 亿美元增长 11%,增幅远高于其整体零售业的 2.5%。但由于国际金融及经济危机的影响,其增速低于 2008 年的 13% 以及 2007 年的 18%。到 2011 年,美国网上零售总额达 2560 亿美元(约合人民币 1.6 万亿元),较 2010 年增长 12%,占社会消费品零售总额 9%。其中,旅游预订市场总额为 945 亿美元,增长 11%。2011 年美国经济虽然走出了危机,但实际增速仅为 1.7%,失业率也仍在 9% 以上的水平徘徊。经济的另一大支柱房地产市场持续疲软甚至下滑。与此同时,美国政府财政赤字高、消费增长低迷等其他多种因素,仍在困扰着美国政府。尽管宏观经济形势的诸多不确定性,而网上零售仍保持两位数增长,增长速度远高于实体零售业。以 Internet Retailer 统计的网上零售百强企业增幅为例,百强中仅四家企业网上零售为负增长,其余增幅均大于 0,增幅大于 20% 的企业占百强企业的 38%。

(二) 欧洲

在欧洲,过去十年间,网上零售是其增长最快的市场,远超实体零售业,交易额从 2008 年的 1200 亿欧元迅速增至 2011 年的 2005.2 亿欧元(约合人民币 1.6 万亿),增长率高达 67%。2011 年网络零售依然表现强势,相比 2010 年增长 18%,占欧洲整体零售业交易额的 7.8%。相比之下,美国 2011 年网络零售增长率仅为 12%。欧洲网络零售市场已经连续四年超过美国,而且这一趋势在 2012 年得到延续。

欧洲各个国家中,英国、德国和法国的网络零售额占 2011 年欧洲网络零售总额的 71%,三国交易额分别为 594.2 亿欧元、450.7 亿欧元、386.6 亿欧元。即便随着三国市场的成熟,增速有所放缓,这"三大线上交易国"的排名自 2003 年以来就没有改变过。相比之下,波兰、挪威和丹麦的网络零售交易额是最低的,分别为 45.1 亿欧元、48.8 亿欧元、52.1 亿欧元。

(三) 韩国

韩国统计厅于 2012 年 2 月发布的《2011 年全年和第四季度电子商务和网络零售调查》报告称,2011 年韩国网络零售交易额达到 29.062 万亿韩元(约合人民币 1600 亿),比 2010 年的 25.203 万亿韩元增长 15.3%。

纵观国外的网上零售发展历程,无不呈现一个共同的特点,即网上零售在近几年的发展中,仍保持两位数增长,其增长速度远高于实体零售业。同时,网上零售排名前十位中有一多半是实体连锁企业运营的 B2C 网站,实体连锁企业开展网上零售,虽然起步都晚于单纯网络零售企业,但凭借其品牌和资源的优势,都能迅速占据市场的优势地位。

NRF(美国国家零售联盟)评选出的 2009 年最受欢迎的网上零售商(如表 1.3 所示)显示,传统零售商占据六家,即沃尔玛(Wal-Mart)、百思买(BestBuy)、JC 彭尼(JCPenney)、塔吉特(Target)、科尔斯(Kohls)、西尔斯(Sears)。

表 1.3 2009 年美国最受欢迎网上零售商

序	网站名称	总部所在地	产品
1	Amazon.com	西雅图	杂货、日用品
2	WalMart.com	本顿维尔(阿肯色州)	杂货、日用品
3	eBay.com	圣何赛(加利福尼亚州)	拍卖
4	BestBuy.com	瑞池菲尔德(明尼苏达州)	电器
5	JCPenney.com	普莱诺(德克萨斯州)	家居服饰
6	Target.com	明尼阿波利斯	杂货、日用品
7	Kohls.com	米诺莫尼(威斯康星州)	家居服饰
8	Google.com	山景(加利福尼亚州)	信息
9	Overstock.com	盐湖城	杂货、日用品
10	Sears.com	霍夫曼(伊里诺斯州)	杂货、日用品

根据 IMRG(互动媒体零售集团,英国电子零售商的行业组织)统计,2010 年英国网上零售企业中,访问数量排名前十家的企业(如表 1.4 所示)中,有六家开设有实体店,分别是苹果电脑(Apple Computer)、特易购(Tesco)、玛莎(Marks & Spencer)、约翰利维斯(John

Lewis,英国传统老牌百货店)、奈斯特(Next服装专业店)、阿哥斯(Argos)。

表1.4 2010年英国领先的网上零售商

序号	公司名称	网址
1	Amazon UK	www.amazon.co.uk
2	Argos	www.argos.co.uk
3	Play.com	www.play.com
4	Apple Computer	www.apple.com
5	Amazon.com	www.amazon.com
6	Tesco.com	www.tesco.com
7	Marks&Spencer	www.marksandspencer.com
8	John Lewis	www.johnlewis.com
9	Next	www.next.co.uk
10	easy Jet	www.easyjet.co.uk

注:Amazon UK与Amazon.com都是Amazon品牌,Amazon UK是在英国的独立运营公司。

三、网上零售在国内的发展

纵观我国网上零售的发展,呈现连续几年的高速增长态势,数据显示,2011年中国网络零售市场交易规模以67.8%的增长率达7735.6亿元,是2006年263.1亿元的近30倍,占社会消费品零售总额的比重持续增高,从2006年的0.3%增加到2011年的4.3%。来自中国互联网中心的数据显示,截至2011年12月底,我国网络购物用户规模达到1.94亿人,网络购物使用率提升至37.8%,与2010年相比,网购用户有20.8%的增长率。尽管增长迅速,但仍有较大的空间,比较成熟的市场网购占社会消费品零售总额的比重,如美国、英国、德国等,均远高于中国的这一占比,网络零售仍然有较大的发展空间。如图1.4、图1.5和表1.5所示。

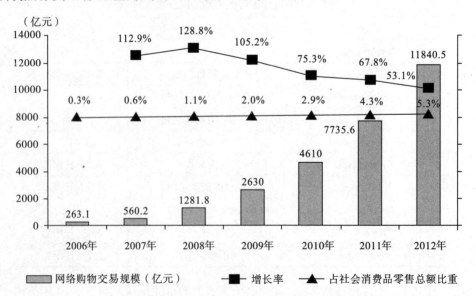

图1.4 2006～2012年网络购物规模情况

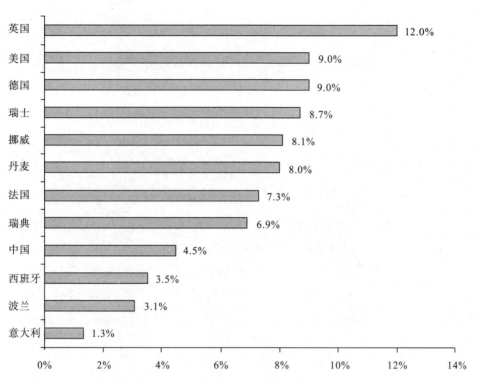

图 1.5　各国网络零售规模占社会消费品零售总额比重

表 1.5　我国传统企业开展网络零售网站排名

序号	连锁百强排名	公司简称	网店名	网　　址
1	2	苏宁电器	苏宁易购	http://www.suning.com/
2	2	国美电器	国美电器网上商城	http://www.gome.com.cn/
			库巴购物网	http://www.coo8.com/
3	39	银泰百货	银泰网	http://www.yintai.com
4	8	百胜餐饮集团	肯德基宅急送	http://www.4008823823.com.cn/kfcios/Html/index.html
			必胜宅急送	http://www.4008123123.com
5	57	麦当劳	麦乐送网上订餐	https://www.4008-517-517.cn/
6	7	家乐福	家乐福在线商城	http://www.carrefour.com.cn/DefaultNew.aspx/
7	1	百联集团	百联E城	http://www.blema.com
			佳家建材家居网	http://www.jaja123.com
8	25	天虹商场	网上天虹	http://www.rnyrainbow.cn/
9	37	人人乐	人人乐购网上商城	http://www.rrlgou.com
10	32	新世界百货	新世界百货网上商城	http://www.xinbabgo.com
11	16	宏图三胞	宏图三胞·慧买网	http://hurnai100.com/

(续 表)

序号	连锁百强排名	公司简称	网店名	网址
12	76	百佳超市(中国内地)	百佳网上超级市场	http://www1.parknshop.com/WebShop/LoginPage.do/
13	12	银座商城	银座网上商城	http://www.yinzuo100.com/
14	9	沃尔玛	山寿会员网上商店	http://www.samsclub.cn/sam-sncmepage.jsp/
			一号店	http://www.yihacdlan.com/
15	24	利群集团	利群商城	http://www.liqunshop.com/
			利群医药信息网	http://www.kpybopin.com/
16	21	王府井集团	劲购网	http://www.goonow.com/
17	87	海王星辰	海王星辰健康药房网	http://www.star365.com/
18	11	大商集团	大商网上商城	http://www.66buy.cn/
19	38	锦江麦德龙	麦德龙	http://www.metromall.com.cn/
20	97	汇银家电	汇银品易网	http://www.pinyl108.com/
21	15	海航商业	忧悦生活	htttp://www.yoye.cn/
			民生e购网	http://www.msegou.com/
22	29	金鹰国际商贸集团	时尚金鹰网	http://www.goodee.cn/eshop/
23	70	中国春天百货集团	赛特春天	http://www.salte.com/
24	5	康成投资(大润发)	大润发网路购物	https://www.rt-drive.com.tw/
25	41	欧尚(中国)	欧尚网购	http://www.auchan.com.cn/
26	95	重庆和平药房	和平药房网上商城	http://www.hp1997.com/
27	54	广百股份	广百·百购网	http://www.lgrandbuy_com/
28	72	邯郸市阳光百货	阳光天天购团购网	http://ygtlg.com/
			阳光天天购旗舰店	http://www.365sunshop.com/
			阳光天天购淘宝店	http://hdyg.taobao.com/
29	13	农工商	便利通网	http://www.chtit.com/
			农工商红利会员店	http://emall.chtit.com/nga/
30	56	迪信通	迪信通商城	http://www.dixintong.com/detault.asp/
31	17	中百集团	中百商网	http://www.zon100.com/
32	52	卜蜂莲花	卜蜂莲花购物网站	http://www.curlotus.com/
33	60	成都红旗	红旗连锁网购商城	http://www.hqls.com.cn/netshop/webindex.asp/
34	34	徽商集团	徽之尚商城	http://www.hzsma.com/
35	36	北京首商集团	西单商场i购物	http://www.lgo5.com/

(续表)

序号	连锁百强排名	公司简称	网店名	网址
36	99	南宁百货大楼	美美购	http://www.nbh.cn/
37	77	青岛维客	点点网	http://www.weeklydd.com/
38	35	合肥百货大楼	百大易商城	http://www.bdema.com/
39	58	伊藤洋华堂	伊藤洋华堂网络超市	http://shop.iy-cd.com/
40	63	三江购物俱乐部	三江购物网	http://www.sanpang.com/
41	44	山东潍坊百货	中百便利网上商城	http://zbbi.zhong100.com/
42	22	长春欧亚集团	欧亚e购	hppt://www.oysd.cn/
43	93	中山市壹加壹	壹加壹商城	hppt://www.zsyyayl.com/
44	18	石家庄北国人百	北国如意购物网	http://www.ruygou.cn/
45	47	辽宁兴隆大家庭	网上兴隆	http://www.xigoo.net/
46	79	东方家园	东方宜居网	http://www.chome.cn/
47	6	重庆商社新世纪百货	世纪购	http://www.sjgo365.com/
		重庆百货大楼	网上逛重百	http://www.cbmall.com/
48	4	华润万家	万家摩尔	http://www.crvmore.com/
49	23	文峰大世界	文峰大世界网上商城	http://www.wfdsj.com.cn/shop/
50	28	新一佳	新一佳网上商城	http://www.xyj-shop.com/
			新一佳 每天惠服务	http://meltlanhui.taobao.com/view_page-244647683.htm
51	61	友谊阿波罗	友谊阿波罗网上商城	http://9448.net/newjrdshop/
52	83	浙江人本超市	人本网上超市	http://www.rbcs.cn/
53	19	武汉武商集团	世贸商城	http://www.wssmgc.com/
54	78	全福元商业集团	全福无商业集团	http://www.sgbhd.com.808D/ehdshop/webshopvindxindex.jsp/
55	42	山东新星集团	新星网上商城	http://www.xinxing100.net/indes.php/
56	46	中商集团	中商购物网	http://www.aizsw.com/zs/defaut.h1ml/
57	53	广州屈臣氏	屈臣氏天猫旗舰店	http://watsons_tmal.com/shop/view_shpo.htm?prt=1337154081657&-prc=1/
58	65	中央商场	南京中央商场旗舰店	http://njzysc.tmal.com/
59	68	广州友谊集团	广州友谊商店	http://121.8.125_2:6080/

注：① 网站排名根据流量三个时间点(2012年5月22日、6月6日、6月13日)排名的均值所得；
② 集团或企业旗下有多个网址，取流量最大的，但同时注明其他网址；
③ 排名中有个别为委托开店，在"网店名"和"网址"中可看出。

第三节 网上零售的优势与劣势

一、网上零售的优势

相对于传统零售模式,网上零售能够影响并冲击传统零售体系,改变人们的消费观念。其主要优势有以下几点。

1. 选址并不重要,选平台是其要点

传统零售店地址选择的好坏,决定其日后生意的盈亏,一个好的传统零售店铺选对了地址,也就为日后拥有滚滚财源迈出了关键的一步。"选址、选址、再选址"成为传统零售的经验要诀,传统零售店的选址不仅影响客户来源,还影响传统零售店未来形象及形式的转变,从而进一步影响零售店未来的发展战略,传统零售店在选址上往往考虑商圈定位(商圈中的客流量、流动方向、交通状况以及商圈品位等)、地利要素(十字路口、三岔路口等)以及方位要素(避免西晒、尽量靠近上下班侧、视野开阔、无阻挡等)。而网上零售最大的优势之一就是"选址并不重要",互联网技术的运用,使传统零售店的"地址"(地理概念)变为网上零售店的"网址"(网络概念),网上零售店铺无需再考虑选址的问题,而变为选择"平台"。如在国内,如果想开一个网上零售C店,90%以上的商家会选择国内最大的C2C平台——淘宝网,所有网上零售商在淘宝店铺开张之前,无需再考虑地理概念中的"地址"问题,只需考虑注册一个好听的淘宝会员账号和取一个好听的店铺名称,按照淘宝店铺注册流程,经过会员注册、实名制认证、在线考试、店铺基本信息设置以及宝贝上架等流程,其店铺就可以开张运营了。

2. 规模不再重要,"小而美"亦有可能

传统零售店,资本和劳动力是经营发展的核心要素,更多注重品牌优势和成本优势,讲求"大而全",以此创造规模优势,提升其核心竞争力。但在网上零售中,初始投资较少,搭建独立的网上商城或入驻B2C商城,不需要花费大额的投资。其次,网上零售店铺可以节省传统零售店面营业人员和管理人员,节省大量市场开发与业务销售及客户服务成本,缩短销售体系中商家与客户之间的距离。再次,网上零售降低存货成本,互联网属于无存货商店,无须将商品陈列出来,以供客户选择。除此以外,不具备规模优势的网上零售店铺,近几年来"小而美"的成功运作诠释了一种新的网上零售商业模式,给千万名不具备规模优势的草根创业者、小人物提供了走向成功的机会和舞台。如安徽专注于"围巾"网上零售的张琳琳,就是白领创业的典范,双硕士毕业的她,放弃了安逸的高校工作,选择了淘宝创业的道路,几年时间,她已经成为淘宝上声名鹊起的"围巾女王",用心做产品,用心对员工、客户,使得她的企业越做越大,2010及2011年连续两年成为淘宝服装配饰类目TOP1。又如iSido(无限度)创始人李京林,典型的80后,重点大学研究生毕业的他喜欢街舞,喜欢互联网,不喜欢安稳平淡的生活。他敏锐地捕捉到iPhone手机外壳蕴藏的巨大商机,在短短一年的时间里,他的原创iPhone外壳品牌iSido店铺等级从零做到了四皇冠,并在2011年秋季果断进军淘宝商城,以扩大竞争优势。为摆脱价格竞争,他推出了中国首家将公交卡和iPhone外壳结合的产品——iSido"随心刷"系列支付壳。

3. 获得更多的客户

网上零售打破传统零售店地理位置的限制,依托互联网面向全球,因此获得的客户要比传统零售店更多。

4. 可全天候 24 小时接受订单

网上零售打破了传统零售店时间因素的限制,实现全天候的在线运营。上班期间的白领人士,可以网上购物;晚 12 点后的"宅男宅女",网上购物依旧疯狂……方便、快捷、高效以及全天候的运作,使得网上零售满足客户任一时间点的消费需求。

5. 信息优势

网上零售提供了全面、具体、实效性强、可靠的低成本信息,消费者利用方便的检索技术和快速的传输过程,可以简单地获得需要的信息。传统的零售,其信息传递模式远不如网上零售方便、快捷、低成本。

6. 方便、快捷、高效

由于省时、省力是网上购物区别于普通购物的一大优点,去传统零售店买东西需要出门,需要交通工具,还会赶上刮风下雨。而网上零售,无论大小,配送远近,网上零售商家都会安排配送公司将产品送至买家手中,节省了购买时间,提供了便利。网上零售在购物的方便、快捷和高效性方面优势更明显。

除此之外,网上零售还在节约人员和选址成本、高收入的消费群体定位以及能为客户关系管理、微观营销、交叉销售和向上销售提供更好的机会方面具备优势。

二、网上零售的劣势

1. 缺少感觉和人性化的沟通

在传统零售的状态下,客户在购物时其五官发挥着作用,可以通过看、听、闻、摸、嗅等多种感觉来对产品进行直观的判断与选择。而在网络零售中,客户购物只提供了两种可能——看和听,这势必大大地减弱对消费者的刺激。对于相当一部分人而言,身临其境的购物是一种社会实践,是一种接触社会的机会,是一种享受。网上购物失去了上街闲逛的乐趣,对那种热烈的现场气氛的感受大大地减少,购物过程的乐趣必将大打折扣。

2. 网上零售的运营,需要具备专业知识和技术的团队

网上零售的运营,要求运营团队人员熟悉电子商务、网店装修与设计、网络营销、网店运营与推广、数据分析等基本的专业知识和技能,其对人才的要求要远高于传统零售。

3. 销售利润和价格上的压力

由于网上零售价格的透明性,以及交易记录及评价的公开性,使其在销售价格和利润上面临的压力较传统零售更大。消费者对购买商品的期望,尤其是在价格方面的期望,以及消费者购物搜索的快捷性、全面性,促使网上零售商家不得不降低其商品的价格,甚至出现网上零售商家为了打造店铺的爆品,使商品的价格接近或低于成本价,并且赔上运费,将爆品销售给消费者。

4. 复杂的业务和物流工作

网上零售的业务环节较传统零售丰富和复杂。如,网上零售店铺的装修、产品关键词的设置、产品介绍页面的设计、VI 视觉效果的设计、关联销售的设置、在线客服的技巧、网店销售数据的分析……同时，物流配送也要比传统零售复杂，网上零售的物流配送，要能满足不同地区、不同消费者的购物需求，这必然要求其物流配送具备多样性。

5. 售后服务面临困难

网上购物成为很多年轻消费者的消费热区，但是如何保障消费者在虚拟的网上零售店铺购买商品后享有相应权利，这对网上零售售后服务提出了更高要求。良好的售后服务是确保回头客的主要方式，对客户良好的服务态度可助客户下次光临，对介绍新的客户也是一种方式。怎样做好售后服务？网上零售面临的困难较多。首先，如何倾听客户的发泄，并准确收集和判断客户投诉信息。客户投诉的时候，肯定会有很多怨气，这时能否保持情感上的交流，并认真听取客户的话，把客户遇到的问题判断清楚，这对在线客服人员要求较高。其次，如何迅速回复并表达歉意，第一时间提出完善的解决办法。客户之所以投诉抱怨，归根到底是要求解决问题，或者得到某种补偿。为了妥善解决问题，在线客服是否能发现问题出在哪里，并迅速回复，第一时间提出完善的解决方案，这要求在线客服具备很强的能力。再次，如何做到跟踪服务。处理完投诉并不是万事大吉了，在网上零售环境中，是否能在处理完投诉后，通过在线聊天工具、电话、电子邮件等方式进行跟踪服务，也对在线客服提出了较高的要求。

除此之外，网上零售还面临较少的刺激性消费、政策法律法规的问题，传统的零售专长在这里很难发挥，适用范围的有限性以及网上零售风险等也是其劣势。

第四节　网上零售 7C 理论

网上零售 7C 理论，是著名的营销组合（Marketing Mix）理论在零售和网上零售业的进一步发展，其核心是以消费者（Customer）为中心。简单的理解就是在 4C 理论：消费者便利（Convenience for the Customer）、消费者价值与利益（Customer Value and Benefits）、消费者成本（Cost to the Customer）以及沟通（Communication）与消费者关系（Customer Relationship）的基础上结合当今的网络零售环境进一步得出另外的 3C：计算与品类管理问题（Computing and Category Management Issues）、消费者特许（Customer Franchise）、消费者关心与服务（Customer Care and Service）。

1. C1——消费者便利

消费者便利认为，网上零售店铺应尊重客户选择"便利消费方式"的网购习惯，要能够给消费者网上购物提供便利性，这种便利性主要体现在网上零售店铺网址的简洁易记，网上零售店铺首页要求具备商品的快速搜索功能，具备临时存放消费者选中的"购物车"，具备清晰明了的网站导航功能。除此之外，还包括消费者购物流程的便利性、消费者订单查询的便利性、消费者在线付款的便利性等。如国内亚马逊中国进一步将其购物网址 www.amazon.cn 简化为 www.z.cn，京东商城进一步将其购物网址 www.360buy.com 简化为 www.jd.com，以及淘宝网、天猫、拍拍网等购物平台，其首页的显著位置均具备商品快速搜索以及提供临时存放商品的"购物车"等，这些都是消费者便利性的体现，如图 1.6 所示。

图 1.6　消费者便利

2. C2——消费者价值与利益

消费者价值与利益认为，网上零售店铺中销售的"商品"不是简单的待售商品，而是要能满足消费者的购物期望，给消费者创造价值和利益，是客户所需服务与满意度的结合体。因此，网上零售店铺中的上架商品，要围绕"消费者价值与利益"进行设计。以网上销售"衣服罩"为例，如果仅按照传统零售观点，只站在产品角度进行，将产品拍几张相片，然后上架销售，是较难取得成功的，因为没考虑"衣服罩"能够给消费者创造什么价值，带来什么利益，满足消费者何种需求。而按照 C2 理论，"衣服罩"能够在轻松收纳、美观、大方、整齐、防尘等诸多方面给消费者创造价值和利益，满足白领女士家居橱柜的心理需求，以 C2 理论进行"衣服罩"的上架销售，很能打动白领女士的购物需求。如图 1.7、图 1.8、图 1.9、图 1.10 所示。

图 1.7　"衣服罩"能给消费者创造"轻松收纳"的价值

图1.8 "衣服罩"能给消费者创造"美观、大方、整齐"的价值

图1.9 "衣服罩"能给消费者创造"不同服饰防尘"的价值

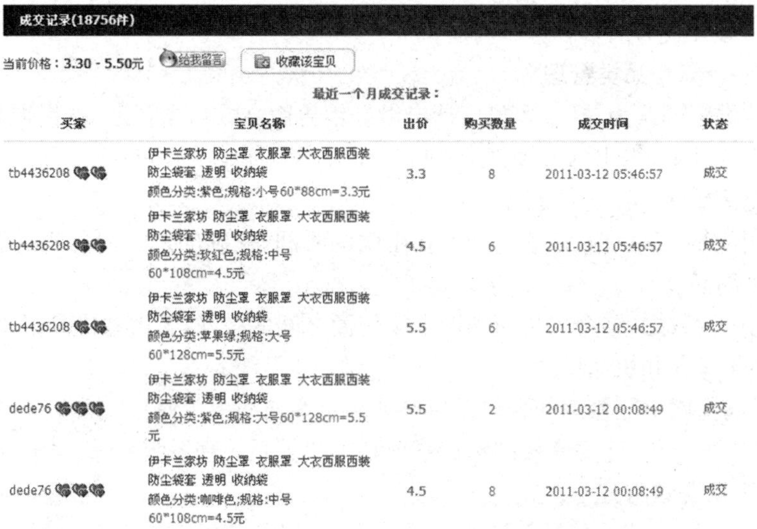
成交记录(18756件)

当前价格：3.30 - 5.50元　给我留言　收藏该宝贝

最近一个月成交记录：

买家	宝贝名称	出价	购买数量	成交时间	状态
tb4436208	伊卡兰家坊 防尘罩 衣服罩 大衣西服西装 防尘袋套 透明 收纳袋 颜色分类:紫色;规格:小号60*88cm=3.3元	3.3	8	2011-03-12 05:46:57	成交
tb4436208	伊卡兰家坊 防尘罩 衣服罩 大衣西服西装 防尘袋套 透明 收纳袋 颜色分类:玫红色;规格:中号 60*108cm=4.5元	4.5	6	2011-03-12 05:46:57	成交
tb4436208	伊卡兰家坊 防尘罩 衣服罩 大衣西服西装 防尘袋套 透明 收纳袋 颜色分类:苹果绿;规格:大号 60*128cm=5.5元	5.5	6	2011-03-12 05:46:57	成交
dede76	伊卡兰家坊 防尘罩 衣服罩 大衣西服西装 防尘袋套 透明 收纳袋 颜色分类:紫色;规格:大号60*128cm=5.5元	5.5	2	2011-03-12 00:08:49	成交
dede76	伊卡兰家坊 防尘罩 衣服罩 大衣西服西装 防尘袋套 透明 收纳袋 颜色分类:咖啡色;规格:中号 60*108cm=4.5元	4.5	8	2011-03-12 00:08:49	成交

图 1.10　满足 C2 条件的“衣服罩”带来的销售业绩

3. C3——**消费者成本**

在网上零售中，客户购物成本指客户为商品所支付的真实花费，主要包括运费、税费、网费、话费等，客户对网上零售商有更低的价格预期。因此，消费者成本认为，网上零售商应能够提供节约消费者购物成本、满足消费者更低价格预期的商品。从 C3 角度而言，当前主流的 B2C 购物平台如天猫中绝大多数店铺，全场免运费是一种趋势，价格折上折是一种常用的促销手段，因为它能给消费者节约购物成本。如图 1.11 所示 C3 理论下的网上零售店促销策略。

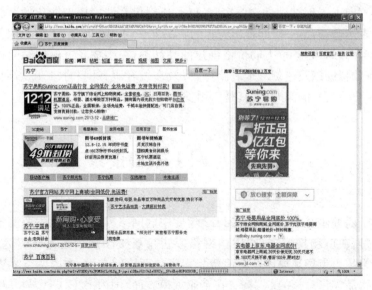

图 1.11　C3 理论下的网上零售店促销策略

4. C4——**沟通与消费者关系**

沟通与消费者关系认为，沟通是一个双向过程，它同时包含对客户信息反馈的逆向过程。网上零售商可通过在线客服、广告、市场调查研究、公共关系、信件、电子邮件、互联网平台、非广告网络（杂志、报纸等的信息链接）、横幅广告、弹出式广告、搜索引擎、合作联盟以及网店购物氛围等方式与消费者进行沟通。

5. C5——计算和品类管理

计算和品类管理认为，网上零售店铺应做好销售商品的品类管理，并根据日常网店运营数据进行分析和计算，得出网上零售店铺的运营策略和促销手段，包括以下要点：

(1) 提供清晰明了的品类导航。

(2) 根据网店运营数据，计算出如何在正确的时间、正确的地点向适当的客户提供大小和数量合适的商品。

(3) 依托运营数据，结合供货商和网上零售商之间的联网，大大地提高了供应链效率。

(4) 最小化库存和快速反应。

(5) 供货商与网上零售商的合作是更好地满足客户和减少库存成本的关键。

(6) 通过数据分析，建立高效的物流系统和客户关系管理系统。

6. C6——消费者特许

消费者特许认为，成功的网上零售商看重商品品质，注重客户关心与服务，投入巨额资金来提高声誉，改善客户评价，这些就是网上零售商在努力提高"客户特许"形象、信用并进行品牌的积累。网上零售商可通过形象、信用和品牌的塑造，安全的购物措施（包括预防欺诈和解决争议），安全的购物图标以及上架商品精细化、标准化生产流程图，销售商品标准化、规范化物流配送流程图，消费者售后服务流程图，企业品牌形象的展示等方式，提升店铺在消费者心目中的特许形象。

7. C7——消费者关心与服务

消费者关心与服务认为，网上零售商应在售前、售中和售后各环节中更多地给消费者提供关心和服务。售前，应给消费者提供购物流程、支付方式、物流配送方式以及其他常见问题列表（FAQ）；售中，及时快速的在线客服，以及应提供在线客服专业化的客服技巧；售后，应迅速回复并表达歉意，第一时间提出完善的解决办法，并做好售后的跟踪服务。消费者关心与服务还应考虑以具有竞争力的价格创建商品品类；在购物者方便的时间进行快速可靠的投递；提供有效帮助以及退货和退款措施，以及在线客服态度和技巧的培训，网上购物的互动性，强调客户所关心的问题（尤其是信用安全问题）的解决方法等。

第五节　网上零售前景

据中国电子商务研究中心发布的《2012年度中国网络零售市场数据监测报告》显示，截至2012年12月，在市场规模方面，中国网络零售市场交易规模达13205亿元，同比增长64.7%。在网络零售市场规模占社会消费品零售总额比例方面，中国网络零售市场交易规模占到社会消费品零售总额的6.3%。在企业规模方面，国内B2C、C2C与其他电商模式企业数已达24875家，较去年增幅达19.9%。在市场份额方面，排名第一的依旧是天猫，占52.1%；京东商城名列第二，占据22.3%；位于第三位的是苏宁易购，达到3.6%，后续4~10位排名依次为：腾讯B2C(3.3%)、凡客诚品(2.7%)、亚马逊中国(2.3%)、库巴网(1.4%)、当当网(1.2%)、易迅网(0.6%)、新蛋中国(0.3%)。在用户规模方面，中国网购的用户规模达 2.47 亿人,同比增长 21.7%。在个人网店数量方面,实际运营的个人网店数量达 1365 万家,同比减少 15.7%,自 2008 年来首次出现下滑。在 B2C 网络零售市场占有率方面,中国 B2C 网络零售市场(包括平台式与自主销售式)上,排名第一的依旧是天猫,占 52.1%;京东商城名列第二,占据 22.3%;位于第三位的是苏宁易购达到 3.6%。在 C2C 网络零售市场占有率方面,淘宝集市地位依旧稳固,截至 2012 年 12 月,淘宝占全部的 96.4%,拍拍网占 3.4%,易趣网占 0.2%。在移动电子商务交易规模方面,中国移动电子商务市场交易规模达到 965 亿元,同比增长 135%,依然保持快速增长的趋势。在海外代购市场交易规模方面,2012 年中国海外代购市场交易规模达 483 亿元,较 2011 年涨幅 82.2%。

随着互联网产业成为国家产业结构升级的支柱,政府对电子商务扶持力度的加大,网购行为逐步普及,网购用户规模的扩大以及 B2C 平台模式的出现使更多的传统线下企业参与进来。支付和物流条件的逐步成熟,用户体验的提升,以及更多厂商和新商品品类的进入,使我国的网上零售市场将进一步保持高速的增长,未来将朝着以下几个方向发展。

1. 传统企业加快开辟网上零售市场

自 2009 年以来,传统企业已经明显加快了开辟网上零售市场的步伐。众多来自服装、化妆品、家纺、食品、家电、家装等行业的品牌企业,或是以官方旗舰店、授权专卖店等形式亮相各大网上零售平台;或是推出自建的网上零售平台,如苏宁电器的"苏宁易购"、中粮集团的"我买网"、富士康的"飞虎乐购"等。未来,传统企业开辟网上零售市场的步伐更大。

2. 自建的网上零售平台生存愈加困难

自建的网上零售平台,由于受吸引流量困难、运营成本高、网站推广成本高等众多因素的影响,生存愈加困难。近两年,易迅网投靠了腾讯,库巴投靠了国美,红孩子卖给了苏宁,1 号店卖给沃尔玛,银泰、走秀等 20 家 B2C 入驻天猫,以及当当网、国美入驻天猫,目前坚持独立路线的仅剩下京东、亚马逊和苏宁易购,未来自建的网上零售平台生存愈加困难,而强强联手、集体快速成长是未来发展的趋势。

3. 涌现出一大批网货品牌

网上零售商群体的超常规发展,更是催生了一批又一批的优秀网货品牌。网货品牌的涌现,是网上零售商群体和电子商务不断进步的最好明证。网货品牌先行者经过近几年的努力已开始收获成果,如近几年已经涌现出一大批"生于网络,长于网络"的网货品牌,如 Justyle、裂帛、佐卡伊、百武西、羚羊早安、光艺印象、摩登小姐、韩都衣舍、蝶之恋、尚品茶客、小熊电器等。未来,网货品牌还将大批量涌现。

4. 农民网上零售商"星火燎原"

近年来,全国各地不断涌现出农民网上零售商创业的"星星之火",通过网络销售农产品、当地土特产、优势产品,开辟了一条全新的发家致富路。农民网上零售商创业的氛围越来越浓厚,由农民个体扩展到村、镇、县的大规模农民群体。河北省邢台市清河县是我国最大的羊绒纺纱基地,自 2007 年底开始,村民们先后开通网店卖羊绒线,经过两年多的发展,很多村民实现了跨越式的发展。据清河县县委的工作人员介绍,东高庄村 400 户村民,注册的品牌竟有 400 多个,年销售额在 100 万元以上的达到了 20 余家。农民网上零售商,将朝着"星火燎原"的趋势发展。

5. 线上线下加速融合

近几年来,网上零售的繁荣更显传统零售的落寞。商务部数据显示,网上零售与传统零售增速差距由 2010 年第四季度的 4.7 倍扩大到 2012 年第三季度的 5.4 倍,传统零售增长异常缓慢。面对网上零售大军"兵临城下",传统零售商也纷纷迎合大势,在网络上建立自己的阵地。除了苏宁、国美等传统家电连锁巨头受到网上零售冲击而大规模投入网上零售业务外,我国的百货企业包括银泰、王府井等也纷纷触网,零售业线上线下加快融合的步伐进一步明显。

纵观互联网的发展,互联网的魅力,起于一个原始的出发点,源于"Enquire(探寻者)"软件的初衷,即"探询一切事物"。网上零售作为一种新型的零售业态,是互联网及其他电子渠道在零售业的应用。本章阐述了互联网发展的基本规律,解释了网上零售的概念、构成要素、特点及分类,分析了网上零售的演变与发展,分析了网上零售的优势与劣势,重点讲解了网上零售7C理论,并对其未来发展前景进行了预测。

一、名词解释

互联网　网上零售　7C理论　网上零售商　网上零售渠道

二、简答题

1. 什么是网上零售?其构成要素有哪些?
2. 网上零售具有哪些特点?其优势和劣势体现在哪些方面?

三、论述题

1. 结合引例,分析传统零售业开展网上零售的渠道有哪些?
2. 阐述网上零售与传统零售之间的关系?
3. 如何理解网上零售7C理论?

第二章　网上零售业态

通过本章学习,掌握网上零售业态的基本概念与内涵;清楚地了解网上零售业态与传统零售业态的异同以及如何进行两者的有效结合;了解网上零售业态的特点、基本类型和发展趋势,并作出相应的分析。

宁波购派试水"超百货"零售业态

说它是百货店,它却实行网上下单,免费送货上门;说它是网店,它却提供商品体验,可以门店下单提货。由留学生创办的购派商业有限公司,在国内首创"实体店＋目录册＋网上商城"的"超百货"零售业态,不到半年时间,已在南京、苏州、杭州、宁波等地开设多家门店,预计2013年营业额将突破1.5亿元。

位于宁波市的世纪东方广场的购派门店门面不大,"超百货"三字很是醒目,300平方米的门店,营业员加上仓管员只有四五人,却管理着生活家居、母婴用品、实用家电、家居家饰、个人洗护等七大类近两万种商品的经营。门店每隔几个区域设有一个选购台,整齐地放着几本目录册和iPad,通过翻阅或鼠标点击,客户能浏览所有商品的款式、材质、价格等信息。"看到满意的商品,你可在门店试用后下单提货。"购派市场部部长胡益明告诉记者,公司会定期向会员寄送目录册,会员可以电话和网上下单,门店第一时间免费送货上门。

从英国留学回来的宁波购派公司总裁徐琳雯告诉记者:"实体门店、目录邮购(包括电话订购)和网上商城三位一体,这种多渠道的复合经营是目前国外比较风行的零售方式。目前国内市场仍以传统商业唱主角,各种零售业态存在分割现象。'超百货'业态可以有效整合三大渠道的优势,达到'1＋1大于2'的效果,特别是融入了实体店环节后,更加符合国内消费者的购物习惯。"

2012年8月开始,购派公司陆续在南京、苏州、杭州等地开设门店,当年实现销售额2000余万元。同时,公司与鄞州银行、招商银行、中国银行等金融机构合作,推出了积分商城、借记卡消费和网上交易活动,并在客户渠道资源方面实现强强联合。目前,购派的合作供货商已突破300家,注册会员近五万人。

在宁波市东部新城文化广场，一个面积有上千平方米的购派旗舰店正在紧锣密鼓装修中，预计今年七月正式营业。"类似规模的旗舰店，我们在一座大中型城市只设两三家，更多的是面积在50平方米至100平方米的社区店。"徐琳雯透露，今年公司将依托社区门店和网络、电话购物系统，整合订票、充值、快递等业务，把配送触角向社区延伸，使社区居民享受到现代化的购物体验。

（资料来源：中国宁波网（www.cnnb.com.cn） 2013年03月25日）

这个案例表明在网络零售的日益快速发展的态势下，网络零售的业态正向多元化的形式进行变化和发展。本章我们即将深入了解业态及其相关的概念。

第一节 网上零售业态概述

随着互联网技术的发展，网民的数量以惊人的速度增长，网络已经成为我们生活、工作、学习的重要组成部分，网上购物由于其快速、便捷、无时空限制等特点被越来越多的消费者所接受。其在商务方面的应用也日渐增多，网上购物是一种重要的表现形式。

目前，网上零售随着互联网的发展一直保持较快的发展速度，并且随着竞争的加剧，网上零售企业正逐步向全面化迈进。研究网上零售，我们要从基本的概念入手，首先从业态、零售业态及其变迁和网上零售业态的概念逐层深入地理解网上零售业态的概念。

一、业态(Type of Operation)

业态是销售市场向确定的客户提供确定的商品和服务的具体形态。一般认为业态是营业的形态，是零售店向确定的客户群提供确定的商品和服务的具体形态，是零售活动的具体形式。台湾市场策划和连锁经营专家萧桂森先生在《连锁经营理论与实践》中，给业态下的定义是：针对特定消费者的特定需求，按照一定的战略目标，有选择地运用商品经营结构、店铺位置、店铺规模、店铺形态、价格政策、销售方式、销售服务等经营手段，提供销售和服务的类型化服务形态。通俗地理解，业态就是指零售店卖给谁、卖什么和如何卖的具体经营形式。

二、零售业态(Retail Format)

理解了业态，那么什么是零售业态？根据美国学者迈克纳尔(Mc-nair)的"零售轮理论"与尼尔森(Neelusen)的"真空地带理论"，零售商业的业态取决于消费者偏好。消费者偏好不断从低毛利、廉价销售，到高毛利、高服务销售，再到低毛利、廉价销售，形成像轮子般的反复循环；根据各个时期消费者偏好的不同，产生了不同的零售业态。零售业态，是零售企业为满足不同消费需求而形成的不同经营方式。零售业态是零售企业适应市场经济日趋激烈的竞争产物，是物竞其类、适者生存法则在商品流通领域的表现；是零售企业针对特定消费者的特定需求，按照一定的战略目标，有选择地运用商品经营结构、店铺位置、店铺规模、店铺形态、价格政策、销售方式、销售服务等经营手段，提供销售和服务的类型化服务形态。

在我国,《商业零售业态》的国家标准,将零售业态定义为零售企业为满足不同的消费需求进行相应的要素组合而形成的不同经营形态,也即经营形态(业态划分的标准为:目标客户+营销要素组合状态)。

三、现代零售业态的变迁

现代零售业的主要业态均产自美国,1883年开创百货公司业态,后来相继出现了邮购商店、连锁杂货店、超级市场、购物中心、折扣商店、快餐店、家庭装潢店,20世纪90年代开启网络零售业态。1995年美国亚马逊、eBay上线,正式开始了网络零售业。美国现代零售业的发展历程如图2.1所示。

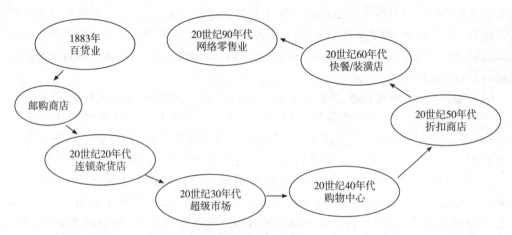

图2.1 美国现代零售业态发展历程

网络零售自美国产生后,就迅速传播到世界各国,网络零售企业如雨后春笋般遍地开花,网络零售额也开始出现迅猛增长。美国在1996~2000年经历了五年的高速增长,尽管2001年互联网泡沫破灭使得网络零售业遭受沉重的打击,但之后仍恢复了快速的增长。韩国和日本在2000年左右进入网络零售的高速增长期,网络零售企业的营业收入实现了快速增长,并同时出现了垂直类B2C企业,而我国现在也逐步进入网络零售的高速发展期。如表2.1所示。

表2.1 各国网络零售业发展情况

网络零售业高速发展期	代表公司	代表公司在高速增长期内的收入复合增长率	网络零售规模和占社会零售总额的比
美国 1996~2000年	亚马逊	264%	2010年,1654亿美元,占比4.13%
日本 2000~2005年	乐天市场	109%	—
韩国 1998~2004年	Interpark	95%	2009年,占比12%
中国 2006年至今	麦考林	60%	2010年,4980亿元,占比3.22%

如果说百货、超市、连锁三种业态被称为零售业的"三次革命",那么网络零售业可被誉为零售业的"第四次革命"。自20世纪90年代,网络零售业在美国产生后,迅速传播到世界各国,现在网络零售额在社会零售总额中已占有一席地位,并呈现出快速上升的趋势。网络

零售的产生是零售业态发展到一定阶段的必然趋势,它的快速发展则得益于有利的外部环境和内部推动力。经济发展、人民消费水平的提高,互联网的普及和电子商务的发展是网络零售业产生的沃土;企业寻求更大的市场、更高效的运作方式和更低的营业成本的企业动力,消费者生活消费方式的转变、追求更为便捷和个性化的消费方式的消费者动力是网络零售业产生的两大内部推动力。

四、网络零售业态

1. 网络零售业态概念

网络零售业态是零售商依托网络开展网上商店的经营形态,即零售商为了满足网络消费需求进行相应的要素组合而形成的一种新型经营形态。换言之,网络零售业态是零售商在明确为什么人服务、提供什么服务、以什么形式来服务后而选择与之相适应的网上商店的货源组织、网上开店、店铺装修、商品上架、支付与结算、物流配送、运营推广以及服务方式等要素而形成的经营形态。

网络零售业态,是零售业和流通业新一轮的革命。网络零售业依托互联网和信息技术创新传统零售模式,满足消费者的个性化需求,势必促进零售业的巨大变革。首先,网络零售利用互联网平台,建立虚拟商店,将商流和物流分离,突破了传统零售商店的批量购进、集中存储,实体商店进行面对面的实物销售的流通模式,实现了网上下单购物、点对点物流配送的扁平化流程,只要有足够的社会物流服务作为支持,网上商业经营的商品品种可以无限增加,商家面对的消费者遍布全球,减少了流通环节,增强了零售业的服务功能。其次,网上店铺具有网络化、无形化的特点,能够跨越时空的局限性,突破了传统零售业的销售地域限制和营业时间的限制,扩大了销售范围,实现了24小时在线服务,增强了辐射能力和影响力。再次,网络零售市场的发展,使产业间、行业间的分工模糊化,产销合一、批零一体的销售模式大量出现,打破了传统流通业生产、批发、零售的格局。通过网络店铺,把众多的生产厂、零售商和消费者联系在一起,在产供销各环节建立起多极化的新型供应链,弱化了批发等传统中间商的作用,培育了物流配送、第三方支付等新的服务行业,推动了流通体系再造。因此,网络零售业态的发展打破了时空界限,创新了交易形态,改变了传统的流通格局,加速了整个社会的商品流通,是零售业和流通业新一轮的革命。

2. 网络零售业在中国的发展

网络零售业在我国发展迅速。当前网络零售主要分为 C2C(以淘宝网为代表)、B2C 两类,其中 B2C 又分为两类:平台式 B2C(如天猫)和自销式 B2C(如京东商城、亚马逊、当当网等)。平台式 B2C 在经营模式上作为一个平台和中间商,为买卖双方提供交易场所,不承担进货、库存、售后等一系列问题;而自销式 B2C 则是参与商品的自营,购进产品后,承担商品的进货、库存、物流、售后等一系列经营风险。美国、韩国网络零售业均以 B2C 为主,在网络零售行业中的占比分别为 80% 和 60%。而在我国,C2C 模式一直以来在网络零售总额中占据主要位置,2010 年 C2C 的销售收入占比约为 87.3%,而 B2C 模式仅占 12.7%。

作为 C2C 代表的淘宝网在 2003 年 7 月以黑马的姿态问世,经过几年的快速发展与成长期,淘宝平台的商品种类逐渐增加,其触角已经伸向国人生活的方方面面。且伴随着网购认同度的提升,淘宝网的交易额在近几年间也是呈翻倍增长,2009 年,淘宝总交易额超过 2000

亿元（其中淘宝商城交易额约为149亿元），而根据淘宝官方数据显示，2010年淘宝交易额再次实现翻番，突破4000亿元，目前淘宝网约占中国C2C交易总额的3/4以上。如图2.2所示。

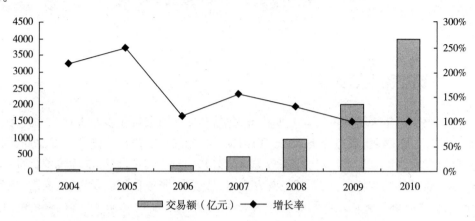

图 2.2 2003～2010 年淘宝年交易额增长情况

B2C模式在近年内也展现了其强大的成长潜力，仍以淘宝为例，2009年淘宝商城交易额约为149亿元，而在2010年，其B2C业务交易额同比增长4倍，业内人士估算已突破500亿元，而同时期其他的B2C企业也均实现较高的收入增速，2010年京东商城的交易额突破100亿元，当当网销售额约23亿元，凡客销售额约20亿元。我国B2C自1999年兴起后，于2006年开始进入高速发展期，收入开始加速增长，在网络零售中的占比也逐渐提高。2010年B2C的交易额同比增长180%，占网络零售的12.7%。如图2.3所示。

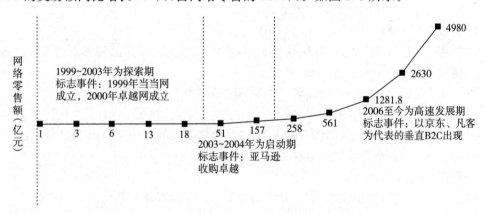

图 2.3 我国 B2C 网络零售业发展历程

中国互联网下一个十五年是网络零售业的十五年。随着传统制造业、服务业、密集型企业正大规模进入网络零售领域，网络零售市场所产生的经济效益表明，网络零售业已不仅成为当今虚拟网络经济的主要组成部分，还成为了实体经济转型升级的重要突破口。网络零售业逐步向经济主流和商务核心方面延伸，正在引发一场"按需定制"的生产模式革命、"线上销售"的销售模式革命、"创业式"的就业模式革命、"货比三家"的消费模式革命，是实现"保增长、促就业、助转型"的重要砝码。

第二节 网上零售业态类型

一、传统零售业态类型

商务部根据近年来我国零售业发展趋势,并借鉴发达国家对零售业态划分方式,组织有关单位对国家标准《零售业态分类》(GB/T18106-2000)进行了修订。国家质检总局、国家标准委已联合发布新国家标准《零售业态分类》(GB/T18106-2004),该标准为推荐标准。新标准按照零售店铺的结构特点,根据其经营方式、商品结构、服务功能以及选址、商圈、规模、店堂设施、目标客户和有无固定经营场所等因素,将零售业分为17种业态。在实际操作中,零售业态存在着分类标准模糊的问题。部分业态所针对的"目标客户"及其"营销要素组合状态"雷同,但被划分为不同的业态;而部分"目标客户"及"营销要素组合状态"不同的,却被归于同一业态。之所以出现这些问题,还是由于对零售业态的定义在认识上有分歧。

这17种传统零售业态详细的描述如下。

(一)有店铺零售(Store-Based Retailing)

有店铺零售是指有固定的进行商品陈列和销售所需要的场所和空间,并且消费者的购买行为主要在这一场所内完成的零售业态。

1. 食杂店(Traditional Grocery Store)

食杂店是以香烟、酒、饮料、休闲食品为主,独立、传统的无明显品牌形象的零售业态。

2. 便利店(Convenience Store)

便利店是以满足客户便利性需求为主要目的的零售业态。

3. 折扣店(Discount Store)

折扣店是店铺装修简单,提供有限服务,商品价格低廉的一种小型超市业态。它拥有不到2000个品种,经营一定数量的自有品牌商品。

4. 超市(Super Market)

超市是开架售货,集中收款,满足社区消费者日常生活需要的零售业态。根据商品结构的不同,可以分为食品超市和综合超市。

5. 大型超市(Hyper Market)

大型超市是实际营业面积为6000 m^2 以上,品种齐全,满足客户一次性购齐的零售业态。根据商品结构,可以分为以经营食品为主的大型超市和以经营日用品为主的大型超市。

6. 仓储会员店(Warehouse Club)

仓储会员店是以会员制为基础,实行储销一体、批零兼营,以提供有限服务和低价格商品为主要特征的零售业态。

7. 百货店(Department Store)

百货店是指在一个建筑物内,经营若干大类商品,实行统一管理,分区销售,满足客户对时尚商品多样化选择需求的零售业态。

8. **专业店**(Speciality Store)

专业店是以专门经营某一大类商品为主的零售业态。例如,办公用品专业店(Office Supply)、玩具专业店(Toy Stores)、家电专业店(Home Appliance)、药品专业店(Drug Store)、服饰店(Apparel Shop)等。

9. **专卖店**(Exclusive Shop)

专卖店是以专门经营或被授权经营某一主要品牌商品为主的零售业态。

10. **家居建材商店**(Home Center)

家居建材商店是以专门销售建材、装饰、家居用品为主的零售业态。

11. **购物中心**(Shopping Center/Shopping Mall)

购物中心是指多种零售店铺、服务设施集中在由企业有计划地开发、管理、经营的一种建筑物内或一个区域内,向消费者提供综合性服务的商业集合体。

(1) 社区购物中心(Community Shopping Center),是在城市的区域商业中心建立的,面积在 5 万 m^2 以内的购物中心。

(2) 市区购物中心(Regional Shopping Center),是在城市的商业中心建立的,面积在 10 万 m^2 以内的购物中心。

(3) 城郊购物中心(Super-Regional Shopping Center),是在城市的郊区建立的,面积在 10 万 m^2 以内的购物中心。

12. **厂家直销中心**(Factory Outlets Center)

厂家直销中心由生产商直接设立或委托独立经营者设立,专门经营本企业品牌商品,并且多个企业品牌的营业场所集中在一个区域的零售业态。

(二) 无店铺零售(Non-Store Selling)

无店铺零售是指不通过店铺销售,由厂家或商家直接将商品递送给消费者的零售业态。

1. **电视购物**(Television Shopping)

电视购物是以电视作为向消费者进行商品推介展示的渠道,并取得订单的零售业态。

2. **邮购**(Mail Order)

邮购是以邮寄商品目录为主,向消费者进行商品推介展示的渠道,并通过邮寄的方式将商品送达给消费者的零售业态。

3. **网上商店**(Shop on Network)

网上商店是通过互联网络进行买卖活动的零售业态。

4. **自动售货亭**(Vending Machine)

自动售货亭是通过售货机进行商品售卖活动的零售业态。

5. **电话购物**(Tele-Shopping)

电话购物主要是通过电话完成销售或购买活动的一种零售业态。

二、网络零售业态类型

将现实中的零售企业业态通过网络技术、通讯技术和计算机技术实现不同形式的基于互联网运作的业态,就形成不同类型的网络零售业态。根据分类标准的不同,网络零售业态呈现其多样性。

（一）根据经营模式的不同划分

1. "百货商场式"模式的网络零售业

"百货商场式"模式是指利用网络购物平台的优质服务和信誉、高度产品质量保证来赢得客户,让客户轻松进行一站式购物的经营形式。此种模式下,网络购物平台自身需要拥有丰富的商品品类,满足消费者购物多样性的需求。同时,网络购物平台还需要提供多样化、快捷化的配送方式和支付方式,供消费者购物时进行选择。另外,此种模式的购物平台同时还需要提供详细的购物保障、售后服务、会员积分制度、商品发票制度、退换货制度等购物指南。在国内,当当网就是典型的"百货商场式"模式的网络零售业。

2. "大卖场"模式的网络零售业

"大卖场"模式是网站提供交易平台供各商家低成本建站销售商品的一种经营形式。此种模式下,网站自身不需要拥有商品,只需对商家身份进行认证,供各商家入驻开店,提供第三方支付平台,提供一套信用评价体系,保证交易安全进行。具体售后服务、配送、发票制度、退换货制度等由商家自行负责。这种模式的优势在于低门槛,但也因此竞争激烈,而由此带来的低价会使"大卖场"保持旺盛人气。天猫就是典型的"大卖场"模式的网络零售业。

3. "专业卖场"模式的网络零售业

与逛街不同,当消费者希望买某些大件产品,如数码产品、家电时,往往会去专门的市场。"专业卖场"与"百货商场式""大卖场式"网站相比,其专业性让消费者能够更有针对性地选择产品。因此,在一些领域的专业卖场因能提供更专业的产品知识介绍、产品测评、产品参数对比、社区论坛等服务,能使消费者补充到大量的专业知识而聚集人气。在国内,汽车之家（www.autohome.com.cn）由于其能够为汽车消费者提供贯穿选车、买车、用车、置换所有环节的全面、准确、快捷的一站式专业化服务,是一种典型的"专业卖场"模式的网络零售业。

4. "跳蚤市场"模式的网络零售业

"跳蚤市场"模式,类似于现实生活中的菜市场,是一种允许任何具有民事行为能力和权利能力的自然人进入网站开店卖商品的经营形式,属于电子商务领域的C2C模式。"跳蚤市场"模式的网络零售业发展异常火爆,大有全民经商的势头,原因是进入门槛非常低,只要拥有身份证,并经过网站的实名认证,就可以进入网站开店卖商品。但随着电子商务立法的逐步推进,工商及税务监管的完善,免费政策的取消,未来的C2C市场门槛会越来越高。淘宝网就是一种典型的"跳蚤市场"模式的网络零售业。

（二）根据行业分类的不同划分

根据网上零售细分市场所处行业的不同,网络零售业主要包括以下几种:

（1）图书类网络零售业。如当当网、亚马逊网等。

（2）家电类网络零售业。如京东商城、新蛋网等。

（3）旅游类网络零售业。如携程网、艺龙网、途牛网等。

（4）奢侈品类网络零售业。如走秀网、第五大道、尚品网、佳品网、唯品会、品聚网和魅力惠等。

（5）食品类网络零售业。如中粮我买网。

（6）服装类网络零售业。如凡客诚品网。

(7) 化妆品类网络零售业。如乐蜂网。
(8) 母婴类网络零售业。如红孩子网。
(9) IT 数码类网络零售业。绿森数码网。

第三节　网上零售业态特点

互联网在商业上的广泛应用,已从根本上改变了零售业的运作,网上购买使客户的购买活动不受时间的限制,而且可使客户获得定制化的产品和服务。由于网络零售业与传统零售业相比是在网络上进行的交易,所以网络零售业在交易过程中也具备着自身不同于传统零售行业的特点。主要来说,我国网络零售业具有商品信息更齐全、发布速度更快、多为在线交易、成本低、网络零售厂商多、商品质量参差不齐等特点。

由于电子信息技术的应用,商家可以将更多的商品信息告知于客户,客户通过浏览网页,可以更全面地看到商品的详细信息。以服装商品为例,购买者不仅仅可以方便地看到服装的品牌、货号、颜色、尺寸、价格等常规信息,还可以看到其他用户对该商品的评价、相类似的其他商品等重要信息。这对客户做出最终购买选择提供了帮助。而且由于互联网的日趋成熟,商家发布信息的速度也变得更加快捷,用户可以在第一时间发现最新的商品信息。

由于在线支付技术的完善,通过网络进行付费已经变得可能。用户往往选择了自己所需的商品后就可在网络上完成购买支付的全过程。购买时间缩短,购买方式变得更便捷了。但如今有的国内网络零售网站在提供在线支付的同时,也提供货到付款的业务。

与传统零售业相比,网络零售业最大的特点就是所需成本很低。以前商家需要有实体销售店,而如今只需租用或者购买网络空间就可以实现销售,而且订单多为自动处理,降低了人力成本,所以如今网络零售业的成本是所有零售业中最低的。越来越多的中小卖家选择进入网络销售自己的商品,这在一定程度上推进了网上零售业的快速发展。

我国网络零售业态在其发展过程中,具有以下特点。

1. 种类多元化

按照西方零售业态的发展历程,人均 GDP 水平与新型业态的出现之间存在着必然的联系。例如人均 GDP 达到 8000 美元以后,网络零售、仓储超市、购物中心等业态开始高速发展。按照国际货币基金组织公布的数据,2010 年中国人均 GDP 达到 4283 美元,从各省市数据来看,北京、上海、深圳、广州等发达地区人均 GDP 早已超过一万美元,对应的各种零售创新业态也发展得较为成熟。而根据国家统计局公布的《2012 年国民经济和社会发展统计公报》,2012 年我国人均 GDP 达到了 6100 美元。2013 年我国人均 GDP 有望突破 10000 美元,势必推动网络零售业的快速发展。我国网络购物者占总人口的 8%,而美国为 50%,韩国为 58%,当我国互联网渗透率从 2010 年的 34% 升至 2015 年的 62% 和 2020 年的 79%,我国网络购物人群的比例将在 2020 年达到发达国家水平,从 2010 年的 34% 上升至 2015 年的 48% 和 2020 年的 60%,这代表着未来可能有七亿人在网络购物,近乎 2010 年的 10 倍。网络零售业态的发展将呈现"百货商场式""大卖场式""专业卖场""跳蚤市场"以及垂直类 B2C 零售市场(如图书类、家电类、食品类等网络零售)、O2O 团购零售市场等种类多元化的特点。

2. 行业细分化

综合类、百货类网络零售市场已几近被"寡头"抢食，且随着企业需求的日益细分，各行业间差异巨大，单纯综合类网络零售业已不能很好满足用户"纵深化"的需求，行业尤其是二类行业的细分化特征显现。而伴随着网络零售业的不断发展，同时受到市场需求精细化和消费人群精准化的推动，我国网络零售业从传统的门户化开始逐渐向行业垂直化转变。如今时尚类电商平台、母婴类电商平台、IT 数码类电商平台、健康类电商平台、图书音像类电商平台都在电商市场形成了影响力。这类市场的细分更能满足用户的个性化需求，维持用户情感满意度，更能抓住用户的心理特点和真正的需求点。因此，垂直行业网络零售业相较于大而全的综合类平台将更具专业化优势，更专注于挖掘行业空白、提供专业化的资讯和开发行业个性服务。

3. 经营模式多样化

经营模式是企业根据其经营宗旨，为实现企业所确认的价值定位所采取某一类方式方法的总称。其中包括企业为实现价值定位所规定的业务范围，企业在产业链的位置，以及在这样的定位下实现价值的方式和方法。由此看出，经营模式是企业对市场作出反应的一种范式，这种范式在特定的环境下是有效的。在网络零售业中，企业经营网店，不仅可以选择在跳蚤市场开 C 店，也可以选择入驻天猫、当当、亚马逊、京东等商城开 B 店，也可以自己建立独立的网上商城开展产品的零售，还可以选择在线团购、在线分销等方式开展产品的零售，网络零售的经营模式具有多样性。

4. 竞争炽热化

网络零售不再是传统零售的简单补充。仅以淘宝网数据为例，2012 年全年，消费者在淘宝和天猫的服饰鞋包类消费超过 3000 亿元，占淘宝和天猫总交易额的 30.3%。对比国家统计局关于社会消费品零售总额，这个成交量已经相当于全国服饰鞋包消费的 36%。正是看中网络零售的巨大市场空间，阿里巴巴、京东、苏宁易购、亚马逊、腾讯等一批网络零售平台迅速膨胀，唯品会、梦芭莎、走秀网等一大批垂直网络零售平台迅猛崛起，各网络零售平台之间争交易量、争名次的火热场面正显示着网络零售的勃勃生机和丰富多样。近两年，网络零售各大平台的价格战愈演愈烈，无论是互联网出身的京东、天猫，还是传统行业涉足的苏宁、国美，都激起了价格战这种"杀人一万，自损八千"的法宝。网络零售业，竞争日趋炽热化。

5. 发展革新化

社会经济的发展，技术的进步使得人们从消费观念、消费水平和消费行为都发生着巨大的改变。人们希望在任何时间、任何地点，使用任何可用的方式得到任何想要的网络零售服务。网络零售业态的发展，不断涌现技术的革新，适应消费者的需求。如智能手机与 3G 网络日渐普及的今天，移动电子支付的运用和移动物联网二维码的运用，很快捷、方便地让消费者实现在任何时间、任何地点，只需动动拇指，就可获悉商品的价格以及进行支付，是网络零售业发展革新化的体现。

第四节　典型零售业态分析

沃尔玛公司是由美国零售业的传奇人物山姆·沃尔顿先生于1962年在阿肯色州成立的企业。经过五十多年的发展，沃尔玛公司已经成为美国最大的私人雇主和世界上最大的连锁零售企业，其控股人为沃尔顿家族，总部位于美国阿肯色州的本顿维尔。沃尔玛主要涉足零售业，是世界上雇员最多的企业，连续三年在美国《财富》杂志全球500强企业中居首。

沃尔玛在全球27个国家开设了超过10000家商场，下设69个品牌，全球员工总数220多万人，每周光临沃尔玛的客户两亿人次。作为全球最大的实体零售企业，沃尔玛将拓展网络零售视为战略增长点，并给予极大的关注和支持，从而在短短数年中便创造了不错的经营业绩。

在传统店铺发展的基础上，沃尔玛十分重视网上零售业务的发展，沃尔玛的网络零售网站——沃尔玛在线提供大量的非门店零售商品，拥有十分丰富的商品品类，其数量已超过其实体门店。目前，沃尔玛在线网店的商品增速已远超亚马逊。总结起来，沃尔玛网络零售业务具有以下特征。

1. 强大的后台体系支撑

据媒体报道："2009年新增加的美容产品、尿片、非处方药等个人护理产品，产品总数就超过150万件。这已经是普通沃尔玛门店该分类产品销售数量的10倍。"如此丰富的商品，要求沃尔玛具有强大的供应链反应能力。就供应链建设而言，沃尔玛本身就具有全球领先的供应链能力，例如"零库存"理念、优化的流程和团队建设、卫星联接的信息平台等。这些强大的能力能够支撑其庞大的商品品类。同时，沃尔玛有一系列商业智能系统，可以通过对各种数据进行分析做出决策。如，根据投诉量多少，对商品质量、价格、包装新颖度、补货是否迅速以及供应商配合度，能够提供多少附加值等来进行综合评估，得分比较高的供应商将得到更多的订单。

沃尔玛网上商城庞大的商品品类和销量，使它不可能将全部的商品都储存在自己的仓库中，它会有一部分商品放在"虚拟仓库"，存在供应商或第三方零售商那里。沃尔玛自己的配送中心（即总仓，区别于门店仓库）不会同时保有全部所销售的商品，其中的很大一部分由合作伙伴代为存储和发货，否则库存成本和滞销风险会很大。沃尔玛有监测供应商或者第三方零售商库存的能力，对于这些库存商品虽然没有所有权、操作权，但却能够实现供应链信息的全程共享，同时确保客户订单的有效交付，这也是供应链敏捷化的重要步骤。

2. 丰富的一站式购物选择

沃尔玛电子商务试图进入许多以前没有进入或者没有做精的商品品类，从而获得更高的营收和毛利，其品类结构将发生很大的变化，其品项数量成倍地快速增长就是很明显的表现。实际上，通过沃尔玛电子商务的努力，已经引入大量高价值、高毛利商品，同时增强了商品差异性，沃尔玛"天天低价"的内涵会有一定的变化，会转而提供高性价比的商品（而不是一味强调低价了），也包括提供"一站式购物"的体验和妥善可靠的售后服务等。沃尔玛不仅自己引入新的品类，同时与第三方零售商 CSNStores、eBags、Pro Team 等开展合作，由第三方供应的品项占比已超过50%。通过第三方合作，沃尔玛开放了自身的电子商务平台，在很大程度上丰富了自己的商品品类和品项，共同为客户提供"一站式购物"的体验，实现多赢、共赢。

3. 门店自提的运营模式

沃尔玛还虚实结合地打造差异化竞争优势，2007年3月，沃尔玛启动 Site To Store 业务模式，即就近门店自提免邮费方式，并以此交付40%的在线采购订单。对于电子商务订单，沃尔玛均会采用配送中心进行统一拣货、包装，可进行直接的宅配，也可采用 Site-To-Store 模式，由客户自提。门店自提的方式一定会对其 IT 系统管理带来挑战，这是电商整体信息化过程的一部分，需要解决网购平台和后台进销存平台的对接，其中涉及大量关于订单和库存的资讯和管控。沃尔玛推出门店自提的业务，一方面反映出其对信息管控的能力，同时也是对网络与沃尔玛实体店业务整合的促进。

4. 核心能力的提升

沃尔玛的核心能力来自于采购商品的组织能力，中国的传统零售企业在采购技术上还处于原始阶段，还未进入到对每一个单品以及明星单品进行分析的阶段。而国内的一些 B2C 网站，如京东商城已经开始在明星单品分析上下工夫。如推出尼康 D3000，佳能 S550B 等明星单品，由于分析出这两个单品是最有吸引力和代表性的商品，最终推广效应很不错。通过对商品分析，找到其明星单品，并对它进行低价采购，进行大量囤货，最终才能获得一个很好的销售。而传统零售商对商品的品类划归、价格，以及客户的消费行为分析研究等，都非常缺乏，基本功缺失，需要大量的时间和成本去补课。

沃尔玛的成功模式未必全然不可能在我国实现，我国零售商如果能提高运营体系、信息化处理、流程管理和控制、体系化流程等方面的能力，还是有机会达到沃尔玛目前的电子商务水平的。

5. 沃尔玛与第三方零售商展开合作方式

（1）将第三方零售商视为供应商，货品先发至沃尔玛配送中心，然后由沃尔玛开展终端配送。

（2）沃尔玛把交付和服务完全外包给第三方零售商，即"合作伙伴将自行发货并处理交换和退货"。

沃尔玛引入大量的第三方零售商的原因主要是：沃尔玛核心业态的大卖场（Hyper Market），在商品品类选择方面偏重于快销品，相对而言，周转速度较快、毛利率较低，对于精品百货、音像品、服饰鞋帽、奢侈品等高毛利商品，沃尔玛缺乏足够的理解力和运作能力，从供应商资源、供应链管控等方面也难以跟上步伐，因此选择强强联合第三方零售商是较为有利的、也较为快速见效的方法。

第五节　网上零售业态的发展

随着全球经济一体化和科技进步的日益加速,零售业态以及网络零售业态都呈现多元化发展的态势。我们先对零售业态的发展基本趋向进行解析。

1. 主力业态显凸,多业态并存

所谓主力业态是指在一定时期内占有市场份额大、发展迅速的业态。从单一企业角度看,这方面日益突出的是以连锁方式发展的超市业态,诸如国际上的沃尔玛、家乐福等超市连锁企业以及国内的上海华联和联华超市集团企业,其所实现的销售额与营利额都是其他业态的企业所无法比肩的。如果从业态的整体发展上,国内外连锁超市的销售额增幅都是最高的,特别是我国这些年以来,超市始终是快速发展态势。与此同时,其他业态虽然受到超市迅速发展的市场挤压,但由于零售企业的经营活动均受有限的商圈内各种因素的制约,即使是再有竞争力的业态也难于排除其他业态的存在。而且,因为消费群体的分层化、偏好的多样性、消费行为的多元化等特点都决定了他们不可能完全依附于某一种业态而生存。

另外,随着零售领域竞争加剧,一些实力雄厚的龙头企业往往会向其他业态"渗透",走上多业态的发展道路。多业态经营可以适应和满足不同商圈的消费特点,提高企业的市场渗透力和占有率。根据连锁经营协会统计,在连锁百强企业中,仅有16家企业为单一业态,其他均为多业态经营。另外,连锁企业的不同业态或者相同业态的不同店铺采用不同品牌,有助于品牌定位的差异化。如沃尔玛的"惠选"、大商的"新玛特"、华润的"Ole"、王府井的"HQ尚客"、物美的"圣熙8号"、天虹商场的"君尚百货"等。

2. 主题超市和高端超市

目前,大卖场、超市和便利店之间的竞争十分激烈。面对不断上涨的租金压力、人力成本以及日渐微薄的盈利空间,本土零售连锁企业在巩固原有市场份额的基础上,纷纷转型求变。主题超市、高端超市能够满足城市中高端客户对于小包装、高质量的食品及进口食品的需求,在日本、韩国、香港及欧美中心城市中已较为普遍,上海、北京等地一些高档百货店和购物中心的附属超市即属此类。一些中国本地的零售商,如苏果超市、物美、北国股份、超市发等均开始进军高端超市,拓展新的盈利空间。

3. 经营、管理理论与技术手段的作用日益突出

传统的商业相对于其他生产行业而言,所应用的理论与技术水平是落后的。但是,随着买方市场的出现,市场竞争不断呈现白热化状态。这就迫使商业特别是零售业态不断引进、发展新的管理理论,不断采用具有高科技含量的技术手段,以提高自身素质和企业的核心竞争力,从而使零售业高科技的特征日益突出。经营与管理理论的应用,大幅度提高了零售业的市场适应和拓展能力,改善了其内部资源的配置状况,而技术手段的日益现代化,为敏感发现市场变化,实现经营与管理的各项指标,提供了有力的支持。换言之,技术手段是将理论应用于实践,指导实践的中介手段。它有力地推动了零售业态的实践深入,从而也为理论的进一步发展创造了有利条件。因此,在零售业中的各企业纷纷引入与应用更为现代化的理论作为指导的基础上,谁能争胜于市场,技术手段是否现代、先进,应用是否切合实际,就成为决定性因素。所以,从这个层面上讲,零售业态的竞争与发展已进入"技术决定率"的时代。在这个过程中,业态的变革与创新就成为必然的趋势。

4. 各种零售业态相互渗透与融合

早期各种零售业态的生成与发展,主要是基于其他业态的缺陷而扬我所长、击其所短。但随着实践的深入、竞争的加剧,各业态之间为避短,纷纷引入其他业态的优点,业态之间相互渗透与融合成为一大特点。例如,传统百货店过去都采用封闭式售货,使客户自主选择权大受限制,而今开架售货已成为百货店采用的基本经营方式。这种从自选超市学习的经验,不仅降低了百货店的人工成本,也提高了消费者的购物积极性。反观超市业态,则对贵重商品和小件商品采用了柜台式售货的方式,这明显降低了商品的丢失率,也扩大了商品的经营范围。这种各取所长、相互渗透的做法在其他业态都可以明显地看到,各业态相互融合的趋势更为突出。现今超市引入专卖店如药店、茶叶店、小吃快餐等已成潮流,百货店则更是如此,不仅有超市,还有餐饮、娱乐、健身等项目,俨然有购物中心的面貌。总之,这种相互学习、各取所长的变化,对于各零售业态提高市场竞争力,形成综合优势是必不可少的。

5. 通过商品结构调整形成商品经营特色的趋势明显

现今百货店传统经营的许多项目已退出百货店的经营范围,如大家电、自行车等,而服装、鞋帽、箱包类等商品已成为百货店的主营商品和利润的增长点,使百货店的传统含义发生了很大的变化。而超市也发生了相应的变化,诸如"生鲜加强型"超市、"食品加强型"超市,已成为超市经营重点发生根本性变化的标志。显然,只有不断适应市场变化,相应调整商品结构,形成商品经营重点与特色,才能更好地吸引消费者。这实质上是各零售业态中的企业在市场中不断调整经营定位,更准确地与自己目标市场的需要相吻合的过程。

零售业态的变化,也深深影响网上零售业态的形态变化,这些变化主要体现在以下几个方面。

1. 鼠标+店铺

近年来网络销售迅速崛起,成为零售市场的一大亮点。数据显示,截至 2012 年 12 月,我国网络零售市场交易规模占到社会消费品零售总额的 6.3%,而这个比例在 2011 年仅为 4.4%,如图 2.4 所示。这也或许意味着电商开始改变零售业的格局。

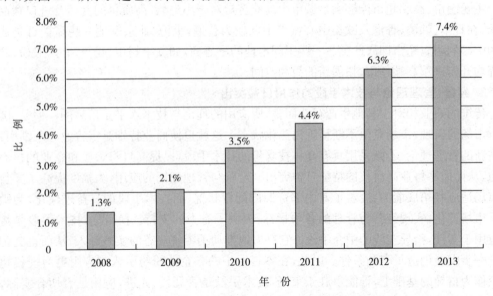

图 2.4 2008～2013 年网络零售市场规模占社会消费品零售总额比例

网上零售为消费者带来新价值,为传统零售业多渠道营销带来新价值,传统零售业具有丰富的品牌、服务、营销经验,容易实现网络销售和实体销售的协同效应。欧美零售企业有很多成功的经验,如美国沃尔玛的零售网站是全美仅次于亚马逊的电子商务网站,英国TESCO的网站和目录销售也在全英名列前茅。根据中国连锁经营协会的统计,在2009年中国连锁百强企业中,共有苏宁、国美、百联、大商等31家企业开展了网络零售业务。外资企业中,易初莲花、欧尚以及家乐福的网上超市也已经上线,网络销售成为众多零售企业争夺的第二战场。

2. O2O模式的兴起

O2O(Online to Offline)模式即将线下商务的机会与互联网结合在一起,让互联网成为线下交易的前台。这样可通过线上服务来揽客,消费者可以在线上筛选服务,而且成交可以在线结算。

O2O模式与团购有一定的联系和区别:团购商品都是临时性的促销,而在O2O网站上,只要网站与商家持续合作,那商家的商品就会一直"促销"下去,O2O的商家都是具有线下实体店的,而团购模式中的商家则不一定。

O2O模式首先要解决的问题是线上订购的商品或者服务如何到线下领取,也即线上和线下如何对接,这是O2O实现的一个核心问题。目前用得比较多的方式是上海翼码的电子凭证,比如淘宝聚划算等电子商务以及团购网站都采用了这一模式。即线上订购后,购买者可以收到一条包含二维码的短彩信,购买者可以凭借这条短彩信到服务网点经专业设备验证通过后,即可享受对应的服务。这一模式很好地解决了线上到线下的验证问题,安全可靠,且可在后台统计服务的使用情况,在方便了消费者的同时,也方便了商家。

目前采用O2O模式经营的网上零售网站已经有很多,如宜乐购、大众点评网、爱街库、百先网、安居网、中团网、篱笆网、齐家网、美团网、58团购、窝窝团、拉手网等,在生动展示商圈、购物中心、商场、商户的同时,实现互联网与实体店的深度融合和多方互动,为消费者带来兴趣社交化的智能购物全新体验,实现线上(网店)线下(实体店)双店一体化运营服务。

3. 多样化和高速增长的态势

消费者通过网络向厂商小批量、频繁地购买商品或服务的网上零售模式,伴随着网络购物环境的逐步改善,也呈现多样化和高速增长的态势。

B2C和C2C作为电子商务的三大典型模式,由于单笔成交额小,作为零售业的新型业态,中国网上零售营业额占社会消费品零售总额的比例仍然处于很低的水平。根据易观国际的研究分析,B2C市场面临最大的威胁来自于C2C平台向B2C模式的迁移。B2C和C2C之间的界线将进一步模糊。

4. 网上购物和网下购物相结合

网上购物具有跨越时空地域、传递方便、互动性强等网络优势,而网下购物具有完善的物流配送、售后服务体系、全方位的商品展示空间、积累多年的供应商资源以及掌握零售业专业知识的经营人才等经营优势,两者结合如常见的网上研究和网下购买模式、网上购买和门店送货模式、网上购买和门店退货模式、网上购物和门店取货模式等可以更好地满足市场需要,提高服务水平。

(1)线上的互联网企业业务向线下的扩展。如亚马逊公司,最先出售书籍和CD,现已扩展到这一领域以外的广阔天地,成为一个大型网上购物商店,销售从美食到服装的各种商品。亚马逊从单纯的零售商发展成为"零售平台",目前与多家传统零售商合作经营网上商务。国内的阿里巴巴在 B2B、C2C 领域获得空前成功后，在北京、上海等地开设实体的"淘宝城"，开始涉水 B2C 领域等。

（2）传统企业互联网化程度越来越高。有关资料显示：在美国开展 B2C 网络营销的企业中，70％来自于传统零售企业。中国连锁业经营协会公布的 2004 年中国连锁百强企业中，70％的企业建立了网站，通过互联网宣传企业形象、招商引资、提供客户服务，其中有26％的企业开展了不同程度的 B2C 网络营销，实现网上购物。

5. 网上零售进入垂直时代

垂直网站注意力集中在某些特定的领域或消费者的某种特定的需求，提供有关这个领域或需求的全部深度信息和相关服务，以红孩子、新蛋网甚至以成立于 2005 年 10 月的中国一家领先的服装网络直销公司 PPG（批批吉）为代表的母婴、IT、服装等行业网，在网上零售这个领域创下了极佳的销售业绩就是最好的证明，在它们身后大批综合性网站和传统企业正在追随它们的模式进入这个充满商机的市场。

6. 网上零售模式将不断创新

我们看到概念型的"鼠标"企业将越来越难做，传统"水泥＋鼠标"化企业将是未来互联网发展的趋势。注重网上购物和离线购物的结合，立足于传统行业的盈利模式，利用 IT 和互联网技术将盈利水平无限放大，凭借"鼠标＋水泥"的模式，在传统的业务模式上进行深度创新，不仅可能代替传统业务，而且还可能创造出大量新的需求。

如批批吉服饰上海有限公司宣布获得国际 VC 共 5000 万美元的风险投资，这标志着 PPG"用戴尔模式卖男装"的 B2C 商业模式获得巨大成功。PPG 这个没有工厂、没有实体店面，通过网络直销和邮购销售男装的企业，引领大规模定制的 B2C 发展全新模式。

另外，互联网时代的"轻公司"，越来越懂得充分运用互联网的特性，用最低的营销成本让自己的产品被客户所认知。"轻公司"的概念正在引起人们的广泛关注。

另一方面，一些新型的商业模式也层出不穷，如著名的 ITM 模式，将传统企业经营带入了信息化市场变革中。2013 年苏宁推行的"云商"模式的理念亦与 ITM 如出一辙。ITM 是英文 Interactive Trading Mode 的缩写，意思是"互动交易"模式，其主要影响是将传统零售业一味追求的规模化变革为小单元，犹如今天街边的移动、电信充值店、营业厅或股票交易所；该模式的意义在于既保障了网购货品品质、诚信交易，建立健全电子商务的售后服务体系，又进一步推进了传统零售店面的信息化转型升级。ITM 战略认为，当前的商业竞争不再是同业的产品、服务、品牌等层面的竞争，而是信息化时代的变革推进之争，步入信息化时代的未来企业要面对"双线竞争"，即"线上与线下"两大战略层面。因此，在 ITM 战略格局中，将线上经营者认证为 ITM 商户，将实体店转型升级为 ITM 服务店，使两者的商品、价格、服务、沟通和信息同步运行。

本章主要讲述了网上零售业态的基本概念、基本类型、特点以及未来发展的趋势。随着互联网技术的发展，网民的数量以惊人的速度增长，网络已经成为我们生活的重要组成部分，网上购物由于其快速、便捷、无时空限制等特点被越来越多的消费者所接受。随着全球经济一体化和科技进步日益加速,零售业态以及网络零售业态都呈现多元化的发展趋势。

一、简答题

1. 什么是业态、零售业态以及网上零售业态?
2. 简述网上零售业态的基本类型有哪些?

二、论述题

1. 结合传统业态的基本类型,思考如何通过网络对传统的零售业态进行变革,使之适应网上零售日益迅猛的发展。
2. 根据本章谈谈网上零售业态的未来发展趋势和动态。
3. 你认为当前网上零售业态的主要运营模式有哪些。

第三章　网上零售战略与组织

本章是网上零售的战略和组织章节。通过本章学习,要掌握网上零售战略的基本形态;清楚了解网上零售组织策略,并依托与网上零售的4P理论,拓展7C的组织策略,能了解网上零售SWOT分析、五力模型等概念,对网上零售进行有效地战略设计和组织设计。

品牌企业网上零售渠道拓展案例——李宁公司

易观国际发布的《品牌企业网上零售渠道拓展案例——李宁公司》显示,李宁公司目前已基本构建起一个网上零售体系,其中李宁官方直营店两家;另有三家公司获得李宁公司网上零售商特许经营权,共经营11家李宁官方授权店;以及由授权经销商运营的李宁官方网上商城。

除了李宁的品牌知名度以及线下店铺的资源优势外,李宁网上零售渠道建立的主要积极因素在于如下两方面:

李宁电子商务部门的成立是李宁网上零售渠道建立的关键。由于电子商务是新生事物,懂得其价值和敢于尝试的更多是年轻人,在企业中决策权有限,再加上网上零售渠道与传统渠道可能的利益冲突,使得网上零售渠道的建立在企业内部遇到了较大阻力。由李宁公司高层推动成立的电子商务部门,成为其开展网上零售业务的坚实起点。

李宁公司切入网上零售的方式与很多企业不同。大部分的企业都以自建B2C网上零售网站为进入方式,而建设和推广都需要高投入和专业人才,与眼前的收益相比,管理者均对网上零售渠道失去了信心。李宁公司一开始的切入点就以淘宝开店开始,低成本进入,平台、推广和支付等环节都由淘宝提供,获得了较高的性价比;另一方面,通过授权给古星电子商务公司等专业网上零售服务商,迅速培养其核心的网上经销商,也带来了可观的销售业绩。

(资料来源:全国网上零售大赛案例题)

这一案例表明网上零售从低谷中走出并恢复了增长态势,网上零售的发展已经无法遏止。本章将系统地阐述网上零售战略与组织。

第一节　网上零售竞争战略概述

一、战略概述

战略是什么？战略就是让你的产品在客户心中与众不同，战略就是应对竞争，这是在我们制定一个强有力的战略时最重要的要素。战略（Strategy）一词最早是军事方面的概念，战略是发现智谋的纲领，"Strategy"一词源于希腊语"Strategos"，意为军事将领、地方行政长官，后来演变成军事术语，指军事将领指挥军队作战的谋略。在中国，战略一词历史久远，"战"指战争，略指"谋略"。春秋时期，孙武的《孙子兵法》被认为是中国最早对战略进行全局筹划的著作。在现代，"战略"一词被引申至政治和经济领域，其涵义演变为泛指统领性的、全局性的、左右胜败的谋略、方案和对策。战略具有全局性、方向性、前瞻性、根本性、基础性和决定性特征。

二、竞争战略

一个战略就是用来设计开发核心竞争力、获取竞争优势的一系列综合的、协调的约定和行动。如果公司选择了一种战略，即是在不同的竞争方式中作出了选择。从这个意义来说，战略选择表明了这家公司打算做什么，以及不做什么。当一家公司实施的战略，使得竞争对手不能复制或因成本太高而无法模仿时，它就获得了竞争优势（Competitive Advantage）。只有当竞争对手模仿其战略的努力停止或失败后，一个组织才能确信其战略产生了一个或多个有用的竞争优势。此外，公司也必须了解，没有任何竞争优势是永恒的。竞争对手获得用于复制该公司价值创造战略的技能的速度，决定了该公司竞争优势能够持续多久。

对于竞争战略的理解，现代管理学之父彼得·德鲁克（Peter F. Drucker）曾说："过去40年最为退步的趋势之一，就是如果你容易被人理解，你就是庸俗的"。沃尔玛的创造人沃尔顿·山姆同样指出："商业智慧并非某种悬而又悬的东西，它不过是人类最古老也最简单的智慧在商业上的应用。但因为最简单，反而容易被忽视被遗忘。"我们生活的这个时代所学的知识，都倾向于制造越来越多的复杂性。许多企业决策者欣赏复杂而不喜欢简明，因为简明被认为简单浅薄、平庸低能，简明的事物也缺乏想象力。

战略简明性的核心要义是要能准确把握事物的本质和内在规律，抓住关键，化繁为简，以简驭繁，力求使复杂的战略变得简单、直白、明晰、集约和高效。当然，简明是指形式上和过程上的追求，在内涵上则要求深刻和丰富。

如何使战略赢在简明？

（1）要关注自己本原，培育哲学的思维品质。我们应该穿过复杂的重重迷雾，透过表象揭示事情的本来面目，从现象中洞察现象背后的内在逻辑和因果关系。形而上地讲，战略不过是在弄清自己"想做什么"，内部资源支持你"能做什么"，外部环境允许你"可做什么"以及之后的"该做什么"。

(2) 要记住自己最根本的诉求,有"舍"方有"得"。联邦快递隔夜送达,就是舍弃了产品线,集中经营隔夜送达的小包裹业务;如家酒店在制定战略时,始终专注于客户满意度的核心——客房的卫生和床的舒适,而舍弃了大堂、门童等服务。麦当劳同样只专注于做好自己的事情,不参与任何物料的生产与投资。此外,还有美国的著名计算机公司Dell专注于直销和定制化;阿里巴巴公司专注于提供B2B交换平台;凡此种种,不一而足。在坚守根本诉求的同时,坚决去掉"多余的复杂",简明的战略就随之而出。

三、网上零售竞争战略

网上零售是通过互联网或其他电子渠道,针对个人或家庭的需求销售商品或提供服务。制定网上零售战略应该思考四个基本问题:一是战略指导思想,提出网站经营的目标与愿景;二是确立好网上零售经营核心业务,包括确立核心业务、增长业务、种子业务;三是培育网上零售的竞争优势,树立自己的特色以及支撑特色形成的机制;四是创造网上零售持续的竞争优势,培育核心竞争力。

网上零售战略需要考虑的是三个层面的问题:

(1) 方向性层面,包括:① 定位,选择什么业态?② 目标,是面向全国还是地区?③ 进程,领先进入什么区域?④ 优势,特色和核心能力是什么?⑤ 资金,通过借贷还是上市获取?⑥ 人力,通过引进还是培养?⑦ 技术,通过开发还是购买?

(2) 业务性层面,包括:① 展店,由拓展部负责。② 开店,由营销策划与工程物业负责。③ 商品,由商品部负责。④ 店铺,由营运部负责。⑤ 技术,由系统部负责。⑥ 人员,由人力资源部负责。⑦ 资财,由财务部负责。

(3) 操作性层面,包括清洁卫生、商品盘运、整理整顿、商品验收、数据录入、补货整理、设备保养。

总的来说是资产、人力、商品、财务这四大要素的管理。操作得好坏直接影响到企业的核心竞争力,所以,也应该被当做战略问题来看待。

美国哈佛商学院著名的战略管理学家迈克尔·波特提出了基本竞争战略,主要有三种:成本领先战略、差异化战略、集中化战略。企业可从这三种战略中选择一种,作为其主导战略。要么把成本控制到比竞争者更低的程度;要么在企业产品和服务中形成与众不同的特色,让客户感觉到提供了比其他竞争者更多的价值;要么企业致力于服务于某一特定的市场细分、某一特定的产品种类或某一特定的地理范围。这三种战略架构上差异很大,成功地实施它们需要不同的资源和技能。

(一) 三种基本战略

1. 成本领先战略(Overall Cost Leadership)

成本领先战略也称为低成本战略,是指企业通过有效途径降低成本,使企业的全部成本低于竞争对手的成本,甚至是在同行业中最低的成本,从而获取竞争优势的一种战略。

2. 差异化战略(Differentiation)

差异化战略是指为使企业产品与竞争对手产品有明显的区别,形成与众不同的特点而采取的一种战略,这种战略的核心是取得某种对客户有价值的独特性。

3. 集中化战略(Focus)

集中化战略也称为聚焦战略,是指企业或事业部的经营活动集中于某一特定的购买者集团、产品线的某一部分或某一地域市场上的一种战略。这种战略的核心是瞄准某个特定的用户群体,某种细分的产品线或某个细分市场。具体来说,集中化战略可以分为产品线集中化战略、客户集中化战略、地区集中化战略、低占有率集中化战略。

三种基本战略之间的区别如图 3.1 所示。

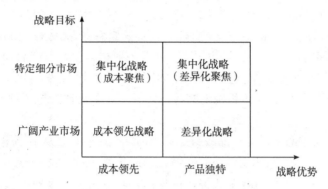

图 3.1 三种基本战略之间的区别

(二)网络营销战略组合 4P

4P 理论产生于 20 世纪 60 年代的美国,随着营销组合理论的提出而出现的。1953 年,尼尔·博登(Neil Borden)在美国市场营销学会的就职演说中创造了"市场营销组合(Marketing Mix)"这一术语,其意是指市场需求或多或少地在某种程度上受到所谓"营销变量"或"营销要素"的影响。为了寻求一定的市场反应,企业要对这些要素进行有效的组合,从而满足市场需求,获得最大利润。营销组合实际上有几十个要素(博登提出的市场营销组合原本就包括 12 个要素),杰罗姆·麦卡锡(McCarthy)于 1960 年在其《基础营销》(《Basic Marketing》)一书中将这些要素一般地概括为四类:产品(Product)、价格(Price)、渠道(Place)、促销(Promotion),即著名的 4P。1967 年,菲利普·科特勒在其畅销书《营销管理:分析、规划与控制》第一版进一步确认了以 4P 为核心的营销组合方法,即:

(1) 产品:注重开发的功能,要求产品有独特的卖点,把产品的功能诉求放在第一位。

(2) 价格:根据不同的市场定位,制定不同的价格策略,产品的定价依据是企业的品牌战略,注重品牌的含金量。

(3) 渠道:企业并不直接面对消费者,而是注重经销商的培育和销售网络的建立,企业与消费者的联系是通过分销商来进行的。

(4) 促销:企业注重销售行为的改变来刺激消费者,以短期的行为(如让利,买一送一,营销现场气氛等)促成消费的增长,吸引其他品牌的消费者或导致提前消费来促进销售的增长。

站在 B2C 的角度,网络营销必须要以目标用户的需求为导向。

(1) 为目标用户创造满足他们需求的产品。

(2) 制定适合于网站,同时目标用户可以接受的价格。

(3) 打通一个产品快速到达目标用户的渠道。

(4) 高效地推广您的产品。

我们用 4P 理论对 B2C 电子商务企业的营销策略进行具体地分析。

1. 产品战略

因为网上购物是一种虚拟购物，看得见却摸不着，产品不容易让消费者放心。作为电子商务零售企业，产品是其参与竞争的最基本要素。因此，对于B2C电子商务企业来说，一个好的产品战略显得尤为重要。产品战略是企业对其所生产与经营的产品进行的全局性谋划，是企业营销组合中最基本、最重要的要素，直接影响和决定其他组合要素的配置和管理。产品战略研究所要解决的问题是向市场提供什么产品，并应如何通过产品去更大程度地满足客户需要，提高企业竞争能力。产品战略是否正确，直接关系企业的兴衰和生死存亡。

B2C电子商务企业的产品战略主要有：产品质量战略、产品多样化战略、重点集中产品策略、品牌策略等多方面内容。B2C电子商务产品一般也包括有形产品和无形产品，有形产品主要指那些看得见、摸得着的实物产品，比如图书、杂货、服装等，无形产品主要指一些看不见、摸不着的服务活动，比如出租网上交易平台等。下面就B2C电子商务企业的产品战略作出分析。

（1）B2C电子商务的多样化产品战略。当当网开办之始只是从事书籍的销售，而今当当网经营的品种繁多，不仅包括书籍，还有音像、数码、化妆、服饰等。公司经历了从单一化向多元化发展之路。这样的产品战略有很多优势，比如说，当某个具体市场波动极大时，另一个具体市场可以弥补这个市场由于波动而造成的经济损失，这样就变相地增强了企业的经济收入稳定性。而且，当所经营的多元化市场都处于稳定状态时，B2C电子商务企业可以从各个市场盈利。当然，这样的产品战略也有它的弊端，比如说，由于B2C电子商务企业经营的行业很多，但企业的精力毕竟有限，这样就造成了所经营的行业都不能做精，在与竞争对手竞争时处于不利地位。

（2）B2C电子商务的集中产品战略。B2C电子商务的集中产品战略是与B2C电子商务多样化产品战略相反的一种战略，是指企业或事业部将经营重点集中在市场或产品的某一部分。这种战略的重点是瞄准某个特定的用户群体、某种细分的产品线或某个细分市场。由于企业资源有一定限度，很难在其产品市场展开全面的竞争，因而需要瞄准一定的重点，以期产生巨大有效的市场力量。此外，一个企业或事业部所具备的竞争优势，也只能在产品市场的一定范围内发挥作用。因此，采用重点集中战略，能够使企业或事业部专心地为较窄的战略目标提供更好的服务，充分发挥自己的优势，取得比竞争对手更高的效率和效益。

（3）B2C电子商务的差异化产品战略。目前，B2C电子商务的企业很多，那么该怎样才能让自己的企业在竞争中凸显自己的优势呢？做B2C电子商务的企业常用差异化产品战略来获得竞争优势，具体就是使企业产品、服务、企业形象等与竞争对手有明显的区别。这样的战略不仅可以凸现企业的优势，而且可以培养产品忠诚度。但是这样的产品战略也有很多弊端，比如说，一种差异化产品是增加产品额外的功能，但这种功能对于客户来说是可有可无的，那么对于企业来说，硬性实现产品差异化，企业不仅要白白投资很多成本，而且还不会取得好的效果。因此，差异化产品战略的实行要基于市场的需求，进行市场调研。

2. 定价战略

由于B2C电子商务企业的销售模式是直接面对消费者的，一方面，少了过去依靠推销员上门推销昂贵的销售费用，以及店面和促销设备的购置费用，降低了促销成本，少了很多的流通环节，降低了流通过程中的成本；另一方面，B2C电子商务企业可以根据客户的订单按需生产，实现零库存，可以使客户通过与生产者的网络连接，提高信息透明度，实现高效物流运转，降低物流运转成本。因此，B2C电子商务企业的产品定价的伸缩性空间很大，但是一个好的定价策略可以让企业盈利更多,不好的定价策略甚至会使企业失去客户。

B2C电子商务企业主要的产品定价策略有:薄利多销战略、动态价格战略、差异化价格战略、联盟价格战略。下面就B2C电子商务企业价格战略作出具体分析。

(1)薄利多销战略。由于B2C电子商务企业是直接面对消费者进行销售的,2013年我国网民超过五亿,消费者数量庞大,在众多的竞争中,薄利多销不失一个很好的盈利方法。当当网击败对手的常用竞争方法用的就是薄利多销的价格战略。当当网建立了一个随时可以监视竞争对手价格的机制,只要发现网上有商家的产品价格低于本企业产品的价格,当当网会立即做出反应,调低价格。又由于当当网采用的产品战略是多样化产品战略,因此调低价格所带来的损失可以用其他的行业收益来弥补,这样在稳定自己经济收入的前提下,抢夺了大量的客户源,从而击败对手。这样的价格战略虽然有很多优势,但也有它的弊端。首先,你必须有网上的比价系统这样的技术支撑,这是一笔支出;另一方面,薄利多销的价格竞争方式会引起恶劣的价格竞争,如果进入恶劣的价格竞争,你没有其他的盈利收入来支撑竞争,企业就可能面临财务危机。

(2)动态价格战略。由于B2C电子商务企业是通过网络进行交易的,因此可以及时地通过网络了解客户需求和市场需求动态。基于此,B2C就可以根据获得的数据来不断地调整价格。当市场供不应求时,可以适当地调高价格;当供过于求时,可以适当地降低价格或者不再提供此产品。这样不仅可以最大化地使企业盈利,而且由于及时地了解市场供需状况,可以相应作出生产调节,这样就可以降低生产成本。

(3)差异化价格战略。B2C电子商务企业的差异化价格战略有很多,比如说,如今每个商家网站都设有会员制,而且会员也划分有级别,比如说钻石客户、黄金客户、白金客户、一般客户。而针对不同的客户,商家销售给他们相同产品的价格是不同的。老客户会得到很大的优惠,而新客户则会按市场价格来销售。又比如说,由于B2C电子商务企业是通过网络来销售的,因此它的覆盖面很广,而不同地区的消费水平是不一样的,针对不同地区的消费水平,B2C企业可以有针对性地做出相应的价格。

(4)联盟价格战略。由于B2C电子商务发展的潜力得到了众多企业和创业人才的青睐,因此大量网上商家的竞争将会越发的激烈。为了避免恶劣竞争中大家拼的你死我活的现象的出现,商家们联合起来共同定价,以此来维护大家的共同利益实现双赢和市场经济的稳定。

3. 渠道战略

由于B2C电子商务企业是直面消费者进行销售的,省略了像传统营销模式中的很多中间环节。因此对于B2C电子商务企业来说,主要的渠道建设无非是货源渠道、物流渠道和现金支付渠道这三个建设。

对于后向一体化的B2C电子商务企业来说,货源渠道是不用考虑的。而对于那些没有进行后向一体化的B2C企业来说就要考虑如何建立良好的货源渠道了。没有货源渠道就没有网上交易,因此企业建立良好的货源渠道才能生存下去。B2C电子商务企业一般会建立多元的货源渠道,因为这样才能防止断货的可能,货物可以择优而选,而且这样可以通过几个生产商的竞争来让B2C电子商务企业利益最大化。

为了保证销售产品畅通无阻地到达消费者手里,力求在最短的时间里以最有效的途径满足客户的需求,对于B2C电子商务企业来说尤为重要,而解决此问题的方法就是建立有效的物流渠道。比如,当当网为了建立良好的物流渠道,它在北京、上海、广州三个城市都设立仓储中心,当一笔订单产生时,当当网就能够通过运筹技术将订单发送到最优仓库进行调货,然后通过本地的快递公司进行商品的配送服务。

除了商品流通渠道外,货款支付方式作为现金流通渠道也构成了渠道决策的一个方面。一般现金支付渠道有货到付款、网上支付、邮局汇款、银行转账、账户余额支付等多种支付方式。据调查,网上购物的付款方式中,消费者大多偏好网上支付和货到付款。多样化的支付方式会促进B2C电子商务企业的发展。

4. 促销战略

由于B2C电子商务企业是通过网络来向消费者进行销售的,而且随着网络的日趋普及,网购已经成为大众生活方式的一部分。因此,网络促销成为了B2C电子商务企业进行市场竞争的重要手段,并持续升级。

B2C电子商务企业的主要网络促销战略有网上折价促销、网络广告、网上赠品促销、网上抽奖促销、网上积分促销、节假日促销、站点推广和关系营销。下面主要介绍网上折价促销和节假日促销。

(1) 网上折价促销。网上折价促销是目前网上最常用的促销方式之一,而网上折价促销一般是在这几种情况下发生。一种是由于B2C电子商务是一种网络销售,具有虚拟性,客户对此表示出应有的担心,这就造成网上购物的积极性没有传统购物那么大,因此B2C电子商务企业初始的大幅度折扣可以在一定程度上促使消费者进行网上购物行为;第二种是竞争商为了争夺客源进行产品折价策略,有时这种情况对于有的商家来说也是逼不得已,因为不降价客源就会跑到别的商家那里去;第三种则是因为替代品之间的竞争,有的一些产品的功能是相似的,但是生产成本不一样,B2C电子商务企业就可以通过折价来将替代品的客源吸引过来,从而增加市场份额。

(2) 节假日促销。如今,节假日促销也越来越受到B2C电子商务企业的青睐。主要是因为,平时消费者网上购物都是有节制的,还会考虑到购物的很多因素,比如价格、安全、质量、服务等。但是到了节假日时,消费者为了庆祝,大多不会考虑很多,而且不会介意多花点钱。商家就是抓住了消费者的这种心理状态,进行各种以节日为导向的促销活动,从而从中盈利。比如在情人节期间,国内电子商务企业陆续推出情人节促销活动,内容涵盖服装、鲜花、配饰、奢侈品、电子产品及家居用品等多品类产品,折扣多低过五折。天猫除推出情人节专题的导购页面外,还在首页展示多家品牌店铺的促销活动,品类包括服装、珠宝、冰激凌等。乐酷天商城主打"浪漫"主题,首页大幅促销广告以"浪漫情人节爱TA就送TA"为广告语,促销鲜花、巧克力等"甜蜜"礼品。这一系列的促销活动不仅为企业赢得了利润,聪明的商家还利用了这样的机会加强了自己产品的宣传,提高了产品忠诚度。如今的节日越来越多了,不仅有外国的圣诞节,还有男光棍节、女光棍节、螃蟹节、杨树节、龙虾节、啤酒节等。有些节日原来并不存在,很多都是一些商家创造出来的,这一切就是为了让消费者过节时去购买他们的产品来庆祝节日。

第二节 网上零售扩张战略

网上零售业发展前景良好,但在其发展过程中也会遇到许多的障碍。网上零售企业虽拥有了基本的商业流程电子化系统,但并不意味着就可以自动实现高水平的经营管理。网上零售企业要想扩张,就必须不断地处理各种问题,解决各种矛盾。我们先看国内著名的 B2C 企业京东商城的扩张案例。

[阅读案例]

京东商城的电子商务扩张

京东商城最近连续做出营销新动作,在刚刚结束的世界杯期间,一则 15 秒的京东网上商城电视广告现身中央电视台体育频道黄金时段。与此同时,京东宣布赞助由中国汽车运动联合会主办的 2010 年"中国方程式大奖赛",这项国内最高级别的赛事将被命名为"京东网上商城杯中国方程式大赛"。

近一两年来,互联网企业投放电视广告或者进行线下营销的事件并不鲜见,但京东商城如此连续密集的营销行为却折射出不同寻常的战略意图。国内著名的 IT 咨询机构艾瑞分析认为,作为目前国内网络购物 B2C 市场份额最大的企业,京东希望在巩固现有市场地位的基础上,进一步提升品牌影响,向线下进军,扩展市场,提前覆盖传统消费者群体。

1. 定位目标人群,实现精准营销

京东商城的核心 3C 类产品同体育赛事具有天然的一致目标受众——以男性为主导热爱体育、热衷电子类产品的人群。通过在体育赛事相关方面营销,可以更好地锁定这部分人群,巩固京东在这部分人中的影响力,培养对京东的品牌信赖,使之成为具有较高忠诚度的客户。

2. 扩大品牌影响,增强品牌价值

艾瑞观察发现,京东商城进行营销的相关赛事,都是具有相当影响力、关注度的比赛。通过这样的方式,京东的名称、品牌都可以得到很高频次的曝光,这对于影响那些尚不熟悉网络购物,意欲开始网购的潜在消费者来说,不啻为一个极佳的投放策略。同时,通过结合电视台、大型赛事这样光辉泛化法的营销方式,可以极好地增强品牌价值,提升品牌的美誉度。

3. 扩展综合市场,进军综合 B2C

艾瑞分析认为,京东已经不满足做 3C 产品,而是希望向综合类的 B2C 转变。从京东商城商品类目的变化来看(如表 3.1 所示),京东早已经开始着手于日用百货市场,到今年 7 月份,全新的产品列表上线,从形式上看,已经成为一个综合类的购物网站,相比于 3C,这块市场具有更为广阔的空间和更高的毛利率,为各大公司所看好。除了互联网企业,传统的售卖巨头中粮、苏宁等也开始发力。京东要实现年交易额 40 亿到 100 亿的增长,拓展这块市场是必然的选择。

表 3.1 京东商城商品类目变化表

2007 年 6 月 19 日	2008 年 1 月 18 日	2008 年 10 月 17 日	2008 年 11 月 2 日	2010 年 7 月 20 日
数码通讯	数码通讯	数码通讯	家用电器	家用电器
电脑产品	电脑产品	电脑产品	手机数码	手机数码
电脑附件	时尚家电	时尚家电	电脑产品	电脑、软件、办公
办公用品			日用百货	家居、厨房、家装
时尚生活			日用百货	服饰鞋帽
				个护化妆
				钟表首饰、礼品箱包
				运动健康
				母婴、玩具、乐器
				食品饮料、保健品

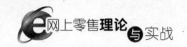

基于以下几点原因,京东系列的营销行为,可以看做是为正在搭建的综合类 B2C 开路。第一,企业战略行为的转变必然需要营销策略的跟进;第二,综合类商品中多为不同于 3C 的传统类商品,主力的消费人群并不在网上,京东在现有网购市场中的知名度放在整个市场中会被稀释很多;第三,传统的百货公司从线下向网上 B2C 发展,而以京东为代表的 B2C 企业在竞争中不但需要保持现有市场,更需要主动出击。

(资料来源:www.ebrun.com 2010 年 8 月 2 日)

从京东商城的案例,我们看到网络零售商正在不断寻找着新的增长途径。随着成熟市场中的收入趋于稳定,扩张进入发展中市场便成为实现新增长目标和提高整体投资组合回报的普遍做法。而选择发展中市场比传统实体店面的选址要复杂得多,因为还需要从网络角度进行仔细审查。

目前,以淘宝网、拍拍网、京东商城为首的中国本土零售商,占据了网上零售市场的半壁江山。京东商城以网上销售消费类电子产品起家,如今已发展到服装、食品、化妆品、图书等各领域,目前占有 16% 的市场份额,被视为中国本土的亚马逊。国际零售业巨头,包括家乐福、乐购、沃尔玛,也跃跃欲试,希望从本土企业手上抢得网上市场份额。沃尔玛对中国电商企业"1 号店"掌握控股权,从而获取了其高端客户群及广泛的物流网络,其他国外零售商也紧随其后。例如西班牙服装销售商 Zara,以及美国网上奢侈品销售商 Net-A-Porter 都陆续在中国建立网店。对网络零售的扩张,我们可以从以下几个角度进行分析。

一、网络零售扩张路径及关键因素

网络零售商扩张的路径主要有两种选择,一种是滚动发展战略,另一种是收购兼并战略,两种战略各有利弊。

滚动发展战略是指通过自己的投资,建立新的网络零售店铺,通过自身力量逐步发展壮大。这种扩张路径可以使新的网上门店一开始就能按企业统一标准运行,有利于企业的一体化管理,原先的经营理念和模式也能得到充分地检验和修正。但这种方式前期投入需要较多资金,且零售商对新门店中的商品和市场有一个了解、认识、把握的过程,当地消费者需要时间了解、接受新的进入者。

收购兼并战略是指采用资本运营的方式,将现有的网上零售企业收购、兼并过来,再进行整合,使兼并企业能与母体企业融为一体。通过收购兼并,网上零售商可以共享资源、扩大客户基础、提高讨价还价的实力。这种战略能迅速扩大企业规模,占领新市场。然而,兼并过来的企业本身的组织结构、管理制度,以及企业文化与母体企业相差较大,还需要对其按母体企业的标准进行改造,有一个磨合阵痛期,这同样需要成本。有时,这种改造的代价也是相当大的。

对网上零售的扩张,我们需要注意以下六个方面。

1. 扩张战略需谨慎

大多数电子商务 B2C 企业都是以垂直类商品发展起来的,无论是京东、凡客,还是当当、红孩儿、钻石小鸟,在某一领域都已经形成了自己的特色和优势,在电子商务市场迅速发展的过程中,掌握自主的战略高点应该是第一选择;在扩张战略上需要谨慎而为。

2. 营销策略要适当

从现实角度考虑,电子商务类企业营销预算并不如传统企业那样宽裕,在营销目标上首先应着力覆盖网购人群中本类网站的目标用户,以投放效果营销的互联网广告为主。在市场相对稳定状态下,可以结合一些线下媒体进行多渠道营销,去影响那些尚未进入网购行列的传统消费者。

3. 价值主张本地化

与实体零售商一样,电子商务需要适应当地市场。不同国家的网上消费者行为都独一无二,进行网络购物的目的也各自不一,因此一刀切的方法是行不通的。要想获得成功,必须根据各个市场的需求,调整网站、支付方式、送货方案、经营模式。

4. 关注消费体验

轻点鼠标就能订购产品,专人送货上门,这些便利正是网络购物的主要优势所在。因此,不管是在线浏览、产品购买,还是送货、退货,完善客户体验都至关重要。对于在物流方面有缺陷的市场,经常与客户就运送时限进行沟通交流,会有助于调节期望和建立信心。

5. 与本土企业贯通

在发展中国家市场,本土企业主导了网上零售业。因为它们熟知当地消费者的喜好,了解电子商务中的难题,并且在自己国家内身经百战、业务娴熟。即使国外零售商打入市场,这些当地企业将一直会是它们不容小觑的竞争对手。

6. 制定长久战略

网上零售的成功需要耐心、恒心。探索市场、了解网络客户并建立品牌效应都是需要时间积累的。不管是对于国际零售商,还是本土零售商,新兴市场内的电子商务和多渠道整合都能够带来绝佳的机遇——比起开设实体商店,其潜在风险更低。在发展中市场迅速打造影响力、发展日益增长的长期优势,这才是获取网上零售成功的最佳途径。

二、销售商网络零售扩张方法及策略

1. 由传统产品策略转向客户需求策略

在传统销售中,产品策略是很重要的一部分,但是在网络信息时代,产品策略中客户需求所占的比例越来越大,这使得传统的产品策略逐渐演变为满足客户需求的扩张策略。网络销售的最大特点在于依照自己的个性和需求选择商品,并且不受地域和时间限制。在网上零售商店的购物过程中,客户的购物过程更趋个性化,这种个性化促使企业不断改进其营销手段和策略,以客户的个性化需求作为提供产品和服务的出发点,以达到其扩张的目的。

2. 调整价格策略

为了赢得客户,企业在制定价格时要站在客户的角度考虑,以其所能够并且愿意付出的成本来为企业提供的产品和服务定价。特别是在网络技术日益发达的今天,客户对于交易日渐挑剔,并且可以方便地在大范围内找到更为优惠的价格。对于网络零售企业来说,一方面要努力根据市场调整价格应对激烈的竞争,另一方面,要不断调整价格策略,以期满足客户能够并且愿意支付的成本。

3. 实现便利与安全购物策略

在现代社会,随着生活节奏的加快,人们的时间观念越来越强,特别是在购物方面,客户希望拥有更为便利的购物方式,以节省时间与精力。因此,网络零售企业在制定营销策略时,要充分利用互联网在信息传输方面的优势,让客户在进行网络购物的同时,方便且安全地进行订购、付款,并尽可能快地将产品送到客户手中,从而提高客户的满意度与忠诚度。

4. 促销与沟通策略

促销作为营销策略的一个重要方面,在网络化的今天,已经开始由企业向客户的单向促销逐渐转变为企业和消费者之间的双向交流与沟通。由于网络具有很强的互动性,使得企业可以实时的、以较低的成本与客户进行沟通、解答他们的问题,并且可以为客户更为快捷地提供信息,扩张策略逐渐变"推"为"拉",以更人性化的方式与客户进行交流,并使其接受企业的产品与服务,从而达到企业扩张的目标。

5. 渠道扩张策略

渠道扩张策略其实就是传统零售商通过增加网上零售的渠道来增加覆盖客户的范围,以达到增收的目的。此策略适合于中等规模的区域型零售商,线上渠道可以有效地服务于本地市场之外的消费者,弥补其门店覆盖范围有限的短板。例如,北京上品折扣旗下推出的上品折扣网就是此策略的代表。渠道扩张策略可以直接推动零售企业主营业务收入的增长,建议零售商应从销售结果或者订单、客户规模来考量;投资布局策略则难以在短期收益,建议考虑中远期的投资收益,其阶段考核结果则重在销量、用户量的增长以及相应网购市场的份额。

第三节 网上零售组织设计

组织结构(Organization Structure)是指一个组织内各构成要素以及它们之间的相互关系,主要涉及企业部门构成、基本的岗位设置、权责关系、业务流程、管理流程及企业内部协调与控制机制等。任何网上零售组织管理都会涉及零售组织结构设计与结构调整。当网上零售企业确定经营宗旨和战略目标之后,接着需要为实现战略目标设计相匹配的组织结构,并且随着外部环境和企业规模的变化而不断变化。面对激烈的竞争,网上零售管理者要懂得如何通过设计组织结构来实现对客户需求的快速反应,并实现组织的目标。

一、网上零售组织结构设计的要求

现实中,没有最好的组织结构,一个网上零售组织的结构设计必须满足以下几方面需求。

(一)满足组织结构中相关利益人的需要

1. 满足网上零售目标市场的需要

网上零售企业是营利性的经济组织,网上零售商作为一种企业组织,其经营活动的根本目的以及其存在和发展的基本条件就是保持盈利。这以满足目标市场需求为前提,主要体现在这两方面:一方面,网上零售商向消费者提供品种繁多的商品和适当服务来牟利,看能否满足消费者需要,是否有利可图。另一方面,经营商品结构和提供服务又影响组织机构的设置。例如是否提供不间断的商品服务。

下面具体列举一些对零售组织设计产生要求的目标市场需求。

(1)能否提供目标客户所需要的服务,如物流配送、电子支付等。

(2) 能否及时处理客户需求信息和建议。
(3) 能否提供品种齐全的商品。
(4) 能否保证不会缺货,如不同尺寸服装、不同号码的鞋等。
(5) 能否满足网上客户的特殊要求。

2. 满足公司战略管理的需要

从网上零售企业的管理角度理解组织,组织机构的设置是为了保证组织这种管理职能的正常发挥。因此,网上零售组织机构的设置应该考虑网上零售企业的管理部门提高经营管理水平的需要。具体体现在:

(1) 部门之间权责是否明确。
(2) 信息是否能够及时传递。
(3) 能否及时作出和传递决策。
(4) 管理层次是否明晰。
(5) 管理幅度是否合适。

3. 满足企业员工的需要

对网上零售企业员工的管理是网上零售组织管理的一个重要组成部分。根据网上零售组织承担的职能和任务对人力资源作出具体安排,也是组织机构设计的重要方面。因此,满足网上零售员工的要求,以实现有效激励,也是组织机构设计应该考虑的问题。主要问题有以下几个方面:

(1) 人际关系是否和谐。
(2) 岗位责任是否明确。
(3) 联系渠道是否通畅。
(4) 是否有前途,良好表现是否得到奖励。
(5) 能否有有序的晋升计划。

(二) 满足网上零售业务流程的需要

1. 考虑网上零售企业经营与商品采购的协调

网上零售商经营活动的本质是商品买卖,买是为了卖,卖后又才能继续买,所以购销关系的协调最为重要。

2. 考虑网上零售企业经营与物流配送的协调

网上零售企业经营与物流配送的协调问题是自建配送中心还是接受社会化第三方物流企业的配送服务。

二、网上零售组织结构设计程序

1. 界定网上零售企业要履行的商业职能

主要是采购职能、销售职能、仓储职能、配送职能、信息职能等。

2. 将各职能活动分解成具体的工作任务

在确定网上零售企业必须执行的基本职能之后,需要将其进一步分解为具体的工作任务。因为职能是按业务范围的大类划分的,一种职能可能包括多种具体的工作任务,例如储存商品职能包括商品入库、验收、贴码、堆码、维护等任务。其要素可以归纳为以下几种:

(1) 商品采购。
(2) 商品优化。
(3) 价格策略。
(4) 广告促销。
(5) 网上商品展示。
(6) 库存控制。
(7) 商品统计。
(8) 财务核算。
(9) 处理消费者投诉。
(10) 消费者消费趋势研究。
(11) 客户关系管理。
(12) 员工培训与管理。

3. 组织的动态调整和优化

网上零售企业组织设计是一个动态的过程,在组织结构运行过程中,很可能会发现以上设计中尚有不完善的地方,并且新情况也可能不断出现。这就要求网上零售企业定期或不定期地收集组织结构运行状况的反馈,及时发现和修正原有设计中的不足,使之不断完善,适应新的情况。

三、网上零售组织结构战略设计

诺贝尔经济学奖获得者赫伯特·西蒙(H. A. Simon)曾经说过:"有效地开发社会资源的第一个条件是有效的组织结构。"组织结构是服务于战略目标的工具,是组织内各构成要素以及它们之间的相互关系。它是对组织复杂性、正规化和集权化程度的一种量度,涉及机构的设置、管理职能的划分、管理职责和权限的认定及组织成员之间相互关系的安排与协调等。

1. 网上零售战略与组织机构设计之间的作用机理

美国著名学者钱德勒(A. D. Chandlen)认为:战略决定结构,结构追随战略。因此,战略对组织结构设计起着支配作用,并相互适应与协调。而根据企业组织结构战略理论,企业组织结构战略理论是企业战略管理理论的重要组成部分,它强调"环境—战略—组织"三者之间的相互适应与协调。一方面,一个好的网上零售企业战略需要通过与其相适应的组织结构去完成方能起到很好的作用,组织结构设计的科学、合理与否,在很大程度上制约着该企业战略的实施成效。另一方面,一个有效的网上零售企业组织应该是为环境服务的组织,应具有组织的开放性、学习性、能力、文化修养、渴望或目的、权利结构以及战略领导等成分相互作用形成组织特性,对环境变化的反应应是迅速部署(最高决策者)或是抵制变化的坚强部署(知识技术层),在转变时间上发生矛盾时,必须对组织内部(如组织结构)进行调整。安索夫将这种组织对环境变化的抵制称为"社会惯性"。

战略与组织结构之间的作用机理,主要表现在以下两个方面:

(1) 不同的战略要求不同的业务活动,从而影响着部门和职务等方面的设计。从纵向来看,即从战略发展的历程来看,不同阶段的战略类型有着不同的组织结构形式,如表 3.2 所示。

表3.2　战略发展阶段与组织结构的对应关系

战略发展阶段	主要的组织结构形式
第一阶段:数量扩大战略阶段	直线制组织结构
第二阶段:地域扩散战略阶段	职能制组织结构
第三阶段:纵向一体化战略阶段	集权的职能制结构
第四阶段:多种经营战略阶段	分权的事业部制结构

组织结构的形式多种多样,有直线制、职能制、事业部制等。为了适应外部环境、企业战略发展需要和提高组织绩效,设计何种形式的组织结构成为众多网上零售企业组织变革的难题。网上零售企业应根据不同的战略发展阶段,选择适合企业的相应组织结构形式。

① 直线制组织结构。直线制是一种最早也是最简单的组织形式。它的特点是企业各级行政单位从上到下实行垂直领导,下属部门只接受一个上级的指令,各级主管负责人对所属单位的一切问题负责。厂部不另设职能机构(可设职能人员协助主管人工作),一切管理职能基本上都由行政主管自己执行。直线制组织结构的优点是:结构比较简单,责任分明,命令统一。缺点是:它要求行政负责人通晓多种知识和技能,亲自处理各种业务。这在业务比较复杂、企业规模比较大的情况下,把所有管理职能都集中到最高主管一人身上,显然是难以胜任的。因此,直线制组织结构只适用于规模较小、生产技术比较简单的企业,对生产技术和经营管理比较复杂的企业并不适宜。

② 职能制组织结构。职能制组织结构,是各级行政单位除主管负责人外,还相应地设立一些职能机构。如在厂长下面设立职能机构和人员,协助厂长从事职能管理工作。这种结构要求行政主管把相应的管理职责和权力交给相关的职能机构,各职能机构就有权在自己业务范围内向下级行政单位发号施令。因此,下级行政负责人除了接受上级行政主管人指挥外,还必须接受上级各职能机构的领导。职能制的优点是能适应现代化工业企业生产技术比较复杂的情况,具有管理工作比较精细的特点;能充分发挥职能机构的专业管理作用,减轻直线领导人员的工作负担。但缺点也很明显:它妨碍了必要的集中领导和统一指挥,形成了多头领导;不利于建立和健全各级行政负责人和职能科室的责任制,在中间管理层往往会出现有功大家抢,有过大家推的现象;另外,在上级行政领导和职能机构的指导和命令发生矛盾时,下级就无所适从,影响工作的正常进行,容易造成纪律松弛,生产管理秩序混乱。由于这种组织结构形式的明显的缺陷,现代企业一般都不采用职能制。

③ 集权的职能制结构。集权的职能制结构,也叫直线参谋制。它是在直线制和职能制的基础上,取长补短,吸取这两种形式的优点而建立起来的。目前,我们绝大多数企业都采用这种组织结构形式。这种组织结构形式是把企业管理机构和人员分为两类,一类是直线领导机构和人员,按命令统一原则对各级组织行使指挥权;另一类是职能机构和人员,按专业化原则,从事组织的各项职能管理工作。直线领导机构和人员在自己的职责范围内有一定的决定权和对所属下级的指挥权,并对自己部门的工作负全部责任。而职能机构和人员,则是直线指挥人员的参谋,不能对直接部门发号施令,只能进行业务指导。集权的职能制结构的优点是:既保证了企业管理体系的集中统一,又可以在各级行政负责人的领导下,充分发挥各专业管理机构的作用。其缺点是:职能部门之间的协作和配合性较差,职能部门的许多工作要直接向上层领导报告请示才能处理,这一方面加重了上层领导的工作负担;另一方面也造成办事效率低。为了克服这些缺点,可以设立各种综合委员会,或建立各种会议制度,以协调各方面的工作,起到沟通作用,帮助高层领导出谋划策。

④ 分权的事业部制结构。分权的事业部制结构最早是由美国通用汽车公司总裁斯隆于 1924 年提出的,故有"斯隆模型"之称,也叫"联邦分权化",是一种高度(层)集权下的分权管理体制。它适用于规模庞大、品种繁多、技术复杂的大型企业,是国外较大的联合公司所采用的一种组织形式,近几年我国一些大型企业集团或公司也引进了这种组织结构形式。事业部制是分级管理、分级核算、自负盈亏的一种形式,即一个公司按地区或按产品类别分成若干个事业部,从产品的设计、原料采购、成本核算、产品制造,一直到产品销售,均由事业部及所属工厂负责,实行单独核算,独立经营,公司总部只保留人事决策、预算控制和监督大权,并通过利润等指标对事业部进行控制。也有的事业部只负责指挥和组织生产,不负责采购和销售,实行生产和供销分立,但这种事业部正在被产品事业部所取代。还有的是事业部则按区域来划分。

从横向来看,即从战略涉及的经营领域范围来看,单一经营战略和不同形式的多种经营战略要求不同的组织结构形式与其适应,如表 3.3 所示。

表 3.3 经营战略与组织结构的对应关系

经营战略	组织结构
单一经营战略	职能制
副产品型多种经营战略	附有单独核算单位的职能制
相关型多种经营战略	事业部制
相连型多种经营战略	混合结构
非相关型多种经营战略	子公司制

(2) 战略中心的转移会引起组织工作重点的改变,从而导致各部门与职务在组织中地位的改变,最终导致各管理职务以及部门之间关系的相应调整。

管理大师彼得·德鲁克认为:"整个企业的组织结构如同是一栋建筑物,各项管理职能如同建筑物的各种构件和砖瓦材料,而关键性的职能,就好比是建筑物中负荷量最大的那部分构件。因此,任何一家卓有成效的公司,其关键职能总是设置于企业组织结构的中心地位。"至于哪项职能成为关键职能,主要是由企业经营战略中心所决定。有的企业把质量放在中心地位,实行以质取胜的战略;有的企业则把技术开发放在中心地位,实行以新产品取胜的战略。总之,不同的战略中心,就要求有不同核心的组织结构,如表 3.4 所示。

表 3.4 战略与关键职能的对应关系

战　略	关键职能
产品驱动型战略	产品的改进、销售与服务
客户或市场驱动型战略	市场调研、提高客户忠诚度
技术驱动型战略	研发、应用推广
生产驱动型战略	生产效率、营销
销售或营销驱动型战略	招聘销售人员、销售
物流驱动型战略	系统结构、系统效率改进
资源驱动型战略	开采、加工
成长驱动型战略	资产管理、投资
利润驱动型战略	投资组织管理、信息系统

但是,在实际的企业经营管理中,组织结构并不是单纯由战略所决定的;反过来,组织结构还在一定程度上对战略的制定和实施起着限制作用。

2. 网上零售组织机构战略设计的原理

在战略运作中,网上零售企业应采取何种组织结构模式,不仅仅取决于企业自身条件和战略类型,还取决于其对组织结构适应战略发展标准的认识。这些标准概括起来有以下三个:

(1) 产生共同愿景。其核心是共同的目的感和使命感,它体现了组织未来发展的远大目标及组织成员的愿望。

(2) 反映企业组织前进趋势。企业全体员工必须自觉地接受一体化方向,以高涨的士气和坚定的信心,向着既定的企业战略目标齐心协力,使企业运作处于最佳状态,使组织结构反映整个企业组织的前进趋势。

(3) 具有催人奋进的精神张力。企业有必要给员工注入一定的紧张剂(精神张力),使其依据战略指向,朝着一体化方向和前进趋势不懈努力。

上述三个标准是顺序累积地实现其有效机能的,三者之间相互作用,构成了企业组织结构适应战略的动态标准体系。

四、网上零售综合性战略设计

网上零售是一门综合性的学问,除了以上提到的战略设计思路和工具外,还可以注重品牌化、SWOT分析和五力模型等工具在网上零售战略设计中的应用。

(一) 网上零售的品牌化

网上零售需要品牌的力量。在如今竞争激烈的微利时代,企业日益感受到生存和发展的危机。为什么像可口可乐、百事、梅赛德思-奔驰等国际知名品牌会屹立百年不倒,而且利润丰厚,原因在于品牌的力量。网上零售综合性战略设计中,品牌形象设计是一个重要的内容。品牌形象设计是品牌建设的外在表现,是为了最大限度地、最准确地向消费者或受众传达品牌信息,从而完成品牌建设。

阅读案例

罗莱家纺在未做电商之前,罗莱家纺在网上未授权时销售额是一年五亿元。虽然这个数字非常的诱人,但是罗莱家纺却又不敢贸然上线。因为大家都知道从淘宝出来的品牌很难做成高端,而罗莱家纺一直走的是高端品牌的路子,若是此时上线,无疑是搬起石头砸自己的脚。另外一个原因就是这个时候还不知道电商的深浅,谁也说不准这会不会有昙花一现的现象。最后,罗莱家纺以LOVO这个独立的品牌直接上线,既是一个副牌,同时也是网络销售的试金石。其实,这个思路也是一般的品牌可以借鉴的思路:在不确定电商这一块的前途的时候,完全可以建立副牌先进行试水。因为大家都要知道,电子商务"看不如做"。

而另一个经验之谈,就是做电商没有必要所有的设备以及设施都是自己准备,比如呼叫中心、物流中心、店铺设计、店铺拍照等。但是同时,也没有必要全部花钱做,因为有种合作方法叫做互惠互利。罗莱家纺团队的一个经验是:给宝贝拍照的时候,若是找专业的拍照团队,那么拍下来一天的费用最起码要600元以上,如果在你的网站下面提供一个广告位给广告商,广告商帮助拍照,这样就减少拍照的费用(当然你的店铺是要有一定地位的),也就可以很简单地减少了运营的费用。同时大家要知道,如果要做品牌,那么店铺当中不要出现全场五折的字样,品牌正宗的玩法是其中要分出来三折区、五折区、八折区以及新品区,只有这样才可以保证你的品牌实力。

(资料来源:亨谦电商 www.chainsinn.com/html/viewpoint/dianshangzixun/20130121/863.html?1358997063)

再回顾网上零售领域发生的一些事情:为什么凡客诚品的年度销售额能够快速突破亿元,而一般的网络交易平台却纷纷销声匿迹?为什么淘宝占有最大的网购市场份额及拥有最大的网购用户,而其他网络交易平台却无人问津;为什么七格格、蝶之恋、御泥坊等能成为淘宝明星,而其他卖家却被淹没在茫茫的不断增加的淘宝入驻户中?同时,为什么一些实体品牌转战网络市场,但是网络营销工作效果始终不明显,产品基本也没人理会,难以拥有和线下一样的知名度?对此,这些卖家就需要调整策略,注重网上零售品牌建立的特殊性以及如何运作网上零售品牌。一个网上零售品牌是针对网络虚拟市场实施营销策略的结果,包括一个完整的以网络为平台进行品牌塑造、品牌推广以及品牌维护的过程。它意味着客户会花更多的钱来购买你的产品或服务,因为客户信任你。而如何让客户信任你,在于网上零售品牌的运作。对于网上零售品牌的运作,简单来说就是在纯价格路线的基础上,分析行业背景及目标消费群,突出自己的优势,提炼出品牌核心与品牌承诺,策划出整套的品牌运营战略,并且将该战略围绕这个承诺贯穿到整个实操阶段,以便踏上品牌塑造的正轨。

(二) SWOT 分析模型

在网上零售战略设计上,我们还经常用到 SWOT 分析方法,SWOT 分析法模型(也称 TOWS 分析法)即态势分析法,在 20 世纪 80 年代初由美国旧金山大学的管理学教授韦里克提出,经常被用于企业战略制定、竞争对手分析等场合。

采用 SWOT 分析模型可以制定战略分析框架,分析所关注的优势 S、劣势 W、机会 O、威胁 T,并组合出 SO 战略(增长性战略)、WO 战略(扭转性战略)、ST 战略(多元化战略)、WT 战略(预防性战略)。

SWOT 分析的优劣势分析主要是着眼于企业自身的实力及其与竞争对手的比较,而机会和威胁分析将注意力放在外部环境的变化及对企业的可能影响上。在分析时,应把所有的内部因素(即优劣势)集中在一起,然后用外部的力量来对这些因素进行评估。SWOT 分析如图 3.2 所示。

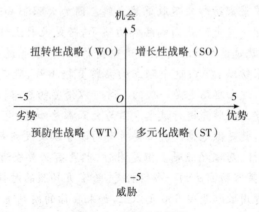

图 3.2 SWOT 分析表

（三）五力模型

迈克尔·波特教授于1980年提出的产业竞争五力模型也对我们网上零售战略的制订具有参考意义。五力分析模型用于网上零售的竞争战略分析,可以有效地分析客户的竞争环境。这五力分别是:供应商的议价能力、购买者的议价能力、新进入者的威胁、替代品的威胁、行业内现有竞争者的竞争。五力模型指出产业竞争存在五种基本力量,这五种力量的状况及其综合强度,决定着行业的竞争激烈程度,同时决定了行业的最终获利能力。如图3.3所示。

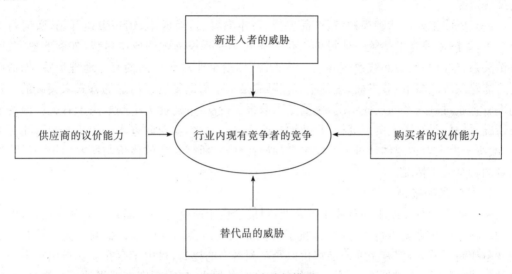

图3.3　五力分析模型

1. 供应商的议价能力

供应商主要通过其提高投入要素价格与降低单位价值质量的能力,来影响行业中现有企业的盈利能力与产品竞争力。供应商力量的强弱主要取决于他们所提供给买主的投入要素,当供应商所提供的投入要素价值构成了买主产品总成本的较大比例、对买主产品生产过程非常重要,或者严重影响买主产品的质量时,供应商对于买主的潜在讨价还价力量就大大地增强。一般来说,满足如下条件的供方集团会具有比较强大的讨价还价力量:

① 供方行业为一些具有比较稳固市场地位而不受市场激烈竞争困扰的企业所控制,其产品的买主很多,以至于每单个买主都不可能成为供方的重要客户。

② 供方各企业的产品各具有一定特色,以至于买主难以转换或转换成本太高,或者很难找到可与供方企业产品相竞争的替代品。

③ 供方能够方便地实行前向联合或一体化,而买主难以进行后向联合或一体化。按中国说法,店大欺客。

2. 购买者的议价能力

购买者主要通过其压价与要求提供较高的产品或服务质量的能力,来影响行业中现有企业的盈利能力。一般来说,满足如下条件的购买者可能具有较强的讨价还价力量:

（1）购买者的总数较少,而每个购买者的购买量较大,占了卖方销售量的很大比例。

（2）卖方行业由大量的相对来说规模较小的企业所组成。

（3）购买者所购买的基本上是一种标准化产品,同时向多个卖主购买产品在经济上也完全可行。

(4) 购买者有能力实现后向一体化,而卖主不可能前向一体化。(按中国说法,客大欺主。)

3. 新进入者的威胁

新进入者在给行业带来新生产能力、新资源的同时,将希望在已被现有企业瓜分完毕的市场中赢得一席之地,这就有可能会与现有企业发生原材料与市场份额的竞争,最终导致行业中现有企业盈利水平降低,严重的话还有可能危及这些企业的生存。竞争性进入威胁的严重程度取决于两方面的因素,这就是进入新领域的障碍大小与预期现有企业对于进入者的反应情况。

进入障碍主要包括规模经济、产品差异、资本需要、转换成本、销售渠道开拓、政府行为与政策(如国家综合平衡统一建设的石化企业)、不受规模支配的成本劣势(如商业秘密、产供销关系、学习与经验曲线效应等)、自然资源(如冶金业对矿产的拥有)、地理环境(如造船厂只能建在海滨城市)等方面,这其中有些障碍是很难借助复制或仿造的方式来突破的。预期现有企业对进入者的反应情况,主要是采取报复行动,可能性大小则取决于有关厂商的财力情况、报复记录、固定资产规模、行业增长速度等。总之,新企业进入一个行业的可能性大小,取决于进入者主观估计进入所能带来的潜在利益、所需花费的代价与所要承担的风险这三者的相对大小情况。

4. 替代品的威胁

两个处于同行业或不同行业中的企业,可能会由于所生产的产品是互为替代品,从而在它们之间产生相互竞争行为,这种源自于替代品的竞争会以各种形式影响行业中现有企业的竞争战略。首先,现有企业产品售价以及获利潜力的提高,将由于存在着能被用户方便接受的替代品而受到限制;第二,由于替代品生产者的侵入,使得现有企业必须提高产品质量,或者通过降低成本来降低售价,或者使其产品具有特色,否则其销量与利润增长的目标就有可能受挫;第三,源自替代品生产者的竞争强度,受产品买主转换成本高低的影响。总之,替代品价格越低、质量越好、用户转换成本越低,其所能产生的竞争压力就强;而这种来自替代品生产者的竞争压力的强度,可以具体通过考察替代品销售增长率、替代品厂家生产能力与盈利扩张情况来加以描述。

5. 行业内现有竞争者的竞争

大部分行业中的企业,相互之间的利益都是紧密联系在一起的,作为企业整体战略一部分的各企业竞争战略,其目标都在于使自己的企业获得相对于竞争对手的优势。所以,在实施中就必然会产生冲突与对抗现象,这些冲突与对抗就构成了现有企业之间的竞争。现有企业之间的竞争常常表现在价格、广告、产品介绍、售后服务等方面,其竞争强度与许多因素有关。

一般来说,出现下述情况将意味着行业中现有企业之间竞争的加剧,这就是:行业进入障碍较低,势均力敌竞争对手较多,竞争参与者范围广泛;市场趋于成熟,产品需求增长缓慢;竞争者企图采用降价等手段促销;竞争者提供几乎相同的产品或服务,用户转换成本很低;一个战略行动如果取得成功,其收入相当可观;行业外部实力强大的公司在接收了行业中实力薄弱的企业后,发起进攻性行动,结果使得刚被接收的企业成为市场的主要竞争者;退出障碍较高,即退出竞争要比继续参与竞争代价更高。在这里,退出障碍主要受经济、战略、感情以及社会政治关系等方面考虑的影响,具体包括:资产的专用性、退出的固定费用、战略上的相互牵制、情绪上的难以接受、政府和社会的各种限制等。

行业中的每一个企业或多或少都必须应付以上各种力量构成的威胁,而且客户必面对行业中的每一个竞争者的举动,除非认为正面交锋有必要而且有益处,例如要求得到很大的市场份额,否则客户可以通过设置进入壁垒,包括差异化和转换成本来保护自己。当一个客户确定了其优势和劣势时(参见SWOT分析),客户必须进行定位,以便因势利导,而不是被预料到的环境因素变化所损害,如产品生命周期、行业增长速度等;然后保护自己并做好准备,以有效地对其他企业的举动做出反应。

根据上面对于五种竞争力量的讨论,网上零售企业应该尽可能地将自身的经营与竞争力量隔绝开来,努力从自身利益需要出发影响行业竞争规则,先占领有利的市场地位再发起进攻性竞争行动等手段来对付这五种竞争力量,以增强自己的市场地位与竞争实力。

本章主要讲述了网上零售战略的概念,详细介绍了网上零售的4P理论以及网上零售组织结构战略设计,并简要介绍了SWOT分析、五力模型等战略分析的模型概念,希望通过本章的学习学会掌握对网上零售进行战略设计和组织设计的方法和策略。

一、简答题

1. 什么是4P?
2. 网上零售组织结构战略设计的标准有哪些?
3. 什么是SWOT?
4. 波特教授产业竞争五力模型的五力是哪些内容?

二、论述题

1. 本章所讲述的网上零售的三种基本战略思想,包括成本领先战略、差异化战略、集中化战略,请围绕这些战略分析你身边的网店如何实现有效地战略规划?
2. 结合4P、7C理论,并结合现实中的网店运营,谈谈你对网店网上零售营销组合策略的策划。

第四章 网上零售管理

通过本章学习,了解网上商品规划的制约因素,掌握网店商品分类技巧;熟悉网络采购的实施步骤,了解几种主要的网店商品进货渠道;理解网上商品定价策略,掌握相关定价方法;熟悉六种常见、重要的网上促销方法;了解网络环境下客户关系管理的现状,把握 CRM 的关键环节;了解目前网络服务质量存在的问题,提出改善措施;认识网络零售物流配送的重要性,理解不同商务模式下的物流解决方案。

网上超市"1号店"

2008年1号店正式成立,开创了中国电子商务领域"网上超市"的先河。1号店是一个"纯网络"型网上超市。不到三年时间,1号店销售额从第一年的417万元爆炸式增长到2010年的8.05亿元,注册会员数达到800多万人。与从垂直门类切入电子商务领域的当当网、京东商城等不同,1号店在一开始就定位为"网上超市"式的综合品类零售商,被消费者喻为"网上沃尔玛"。

> **知 识 库**
>
> a. PR 值就是 Page Rank 值。它是 Google 排名运算法则(排名公式)的一部分,是 Google 用于标识网页的等级/重要性的一种方法,也是 Google 用来衡量一个网站好坏的唯一标准。
>
> b. Alexa 排名是指网站的浏览访问世界排名,主要分两种:综合排名和分类排名。Alexa 提供了包括综合排名、到访量排名、页面访问量排名等多个评价指标信息,Alexa 排名是目前常引用的用来评价某一网站访问量的一个指标。
>
> c. PV 即 Page View 页面浏览量,通常是衡量一个网络新闻频道或网站,甚至一条网络新闻的主要指标。

2012年1号店网站 PR 值为6,Alexa 全球排名1680名,并且在不断靠前。日均访问人数444000人,日均 PV 量为3152400人。目前网站共有会员800多万,被业界誉为中国成长最快的电子商务公司。

1号店从"家"的客户需求定位出发，打造围绕满足家庭日常所需的一站式购物平台。目前线上销售商品涉及食品饮料、美容护理、厨卫清洁、母婴玩具、电器、家居、营养保健、礼品卡等十大类，共计十万多种商品，为客户提供生活用品的一站式网上购物服务。1号店在系统平台、采购、仓储、配送及客户关系管理等方面大力投入，确保高质量的商品能以低成本、快速度、高效率的流通，让客户享受轻松和实惠的购物体验。1号店为客户提供消费查询、购物工会等多种线上服务，保持商品价格比线上和线下的商家更有竞争力，突出其购物便捷、实惠的特征。

为了吸引客户，1号店采用了多种促销手段，分为超值体验、劲爆低价、限时抢购、重磅推荐专区，每天都有不同的优惠商品销售、清仓活动、满额减现、赠送活动等。特别的是，1号店拥有自己的配送队伍，近七成的订单都是由自己配送的。通过自建及与第三方物流企业合作，加上网上实时监控，极大地提高了配送效率，能够以更周到的服务满足客户的需求。

1号店无疑是网上零售企业之商品、采购、价格、促销、客服与物流管理的成功典范，成为2011～2012年"最受欢迎商城品牌"，可谓实至名归。

（资料来源：www.docin.com/P-667924595.html）

第一节 商品规划

卖家开网店首先考虑的就是卖什么的问题。在确定卖什么之前，网上零售商需综合自身财力、商品属性以及物流运输的便捷性等对出售商品加以规划和定位。

一、制约网上零售产品策略的因素

（一）网民特点及购买动机

根据中国互联网络信息中心（CNNIC）《第31次中国互联网络发展状况统计报告》，截至2012年12月底，我国网民规模达5.64亿，网民男女比例为55.8：44.2。在年龄分布上，网民主要集中在20～29岁之间，占总体的30.4%。网民的职业分布越来越广泛，但学生比例仍高达30.2%，其次是个体户、自由职业者和企业、公司一般职员。2012年网民互联网应用出现一些新特征：① 微博用户持续增长，用户逐渐移动化。② 网络购物和团购保持较高增长率。截至2012年12月，我国网络购物用户规模达到2.42亿人，网络购物使用率提升至42.9%。与2011年相比，网购用户增长4807万人，增长率为24.8%。③ 手机端电子商务类应用使用率整体大幅上涨。

网络消费者的购买动机呈现出以下特征。

1. 价格是影响消费心理的重要因素

正常情况下网上销售的低成本将使经营者有能力降低商品销售的价格，并开展各种促销活动，给消费者带来实惠。例如，亚马逊书店比市场价低15%～30%的书价对消费者具有很大的吸引力。

2. 网络消费需求的超前性和可诱导性

中、青年消费者比较喜欢超前和新奇的商品，他们也比较注意和容易被新的消费动向和商品介绍所吸引。

3. 对购买方便性的需求与购物乐趣的追求并存

网上购物，消费者还能得到许多在传统商店没有的乐趣；网络购物的便捷也给消费者节省大量的时间和精力。

4. 个性消费的回归

心理上的认同感已成为消费者作出购买品牌和产品决策的先决条件，个性化消费正在成为消费的主流。

5. 消费需求的差异性

从事网络营销的厂商要想取得成功，必须在整个生产过程中，认真思考从产品的构思、设计、制造，到产品的包装、运输、销售的这种差异性，并针对不同消费者的特点，采取有针对性的方法和措施。

（二）产品的实物营销地区范围及物流配送体系

在网上销售中，企业必须考虑自身产品在地域上的覆盖以取得良好的经营效果，谨防利用网络营销全球性的特点，忽视企业自身的区域范围，而使远距离的消费者发生购买时无法实现配送或者物流成本提高而使企业的声誉受到影响。

（三）产品的生命周期

在网上销售中，由于厂家和消费者建立了更加直接的联系，企业可以通过网络迅速、及时地了解和掌握消费者的需求状况，从而使新产品自网上销售起，就明确了产品改进和提高的方向；在老产品处于成长期，企业就开始下一代新产品的研制和开发。新产品开发和上市速度的加快取代了原有的饱和期和衰退期。因而，企业应特别重视产品生命周期的各个阶段的研究，并采取相应的营销策略。

二、适合网上零售商销售的产品类型

根据不同的产品划分方法，网上零售商可以找出适合在网上销售的产品，分类方法如下。

（一）根据产品的形态分类

1. 有形产品

有形产品是指有具有物理形状的物质产品。在网络上销售有形产品是由消费者或客户通过卖方的主页考察其产品，通过填写表格表达自己对品种、质量、价格、数量的选择；而卖方则将面对面的交货改为邮寄产品或送货上门的方式。有形产品由于涉及配送，鉴于目前的配送体系和支付方式等存在的问题，网上有形产品的销售受到一定的限制。在有形产品中，从网民的特性和购买动机来看，比较适合网上销售的有典型的知识含量高的商品，如书籍、娱乐性较强的音像制品等，这些可以借助网络的信息查询的方便性和多媒体特性，将产品的优点表现出来，更可以使用下载部分产品的方法增加客户对产品的了解和兴趣，成功的例子如亚马逊书店；通讯产品、电脑硬件、家电产品等 3C 产品在网上销售也比较合适；鲜花礼品等人们习惯了电话订购、邮寄订购、电视订购的商品在网上销售也比较好。

2. **数字化产品和服务**

数字化产品有软件、贺卡、报纸、杂志、各类有价证卡、可以下载的影音产品等。数字化产品是网上零售最成功的方面，它可以将其内容数字化，直接在网上以电子形式传递给客户，而不再需要某种物质形式和特定的包装。它跨越时空，突出体现了网上销售的优势，所以生命力强大。

服务可以分为普通服务和信息咨询服务两大类。普通服务包括远程医疗、法律救助、航空火车订票、入场券预定、饭店旅游服务预约、医院预约挂号、娱乐等，而信息咨询服务包括法律咨询、医药咨询、股市行情分析、金融咨询等。对于普通服务来说，客户不仅注重所能够得到的收益，还关心自身付出的成本。通过网络这种媒体，客户能够尽快地得到所需要的服务，免除排队等候的时间成本。同时，消费者能够得到更多、更快的信息和享受网络提供的各种娱乐方式。对于信息咨询服务来说，网络是一种最好的媒体选择。用户上网的最大需求就是寻求对自己有用的信息，信息服务正好提供了满足这种需求的机会。

(二) 根据信息经济学对产品划分

根据信息经济学对产品的划分，产品从大类上可划为两类。一类产品是消费者在购买时就能确定或评价其质量的产品，称为可鉴别性产品，如书籍、电脑等；一类是消费者只有在使用时才能确定或评价其质量的产品，称为经验性产品。或者是将产品划分为标准性产品和个性化产品。前者如书籍、电脑等，后者如服装、食品等。一般说来，可鉴别性产品或标准化较高的产品易于在网上销售中获得成功，而经验性产品或者个性化产品则难以实现大规模的网上销售。从这方面来考虑，可适当将可鉴别性高的产品或标准化高的产品作为首选对象和应用的起点。考虑到目前网民的消费呈现出个性化强的倾向，个性化强的商品可以在网上销售，但是要考虑商品的定价和配送的因素。

(三) 根据消费者购买行为的差异分类

1. **日用品**

在日用品的购买中，人们以方便性购买作为首选条件，买前无须太多计划和选择。这类商品目前由于配送的原因和人们购物观念的影响在网上的销售量还很低，但是随着限制因素的消失，可以预见，销售量会有明显的提高。

2. **选购品**

选购品价格相对较高，购买频率低，人们对产品不太熟悉，故购买过程的卷入程度高。对于一些人们主要通过品牌的知名度作为选择的主要因素的商品，在网上的销售会有比较大的市场，如电脑、电视等。对于以价格作为考虑的主要因素的商品，网上销售的吸引力较大，相对而言，网上销售的商品要便宜于在传统店铺中销售的商品。当然也有些选购品，要通过感官进行体验或者经过试穿、试戴才能决定，网上销售还是有很大的局限性，如鞋、帽、服装、手表、首饰等的销售。

3. **特殊品**

特殊品是消费者有特殊的偏好，在购买时不计较价格和地点是否方便的商品。这类商品只要满足消费者特殊的偏好，以及有良好的商品质量和完善的配套服务作支持，可以利用网络销售。如有特殊创意的产品,利用网络沟通的广泛性、便利性,创意独特的新产品可以更多地向人们展示,满足那些需求独特的客户。

三、网店商品分类技巧

刚开张的店铺可能商品不多,不会涉及商品分类的问题。但随着店铺规模的日益扩大,问题也就随之而来。面对纷繁复杂的商品,该如何做好商品分类才更加方便买家浏览、选购也成了很多店主思考解决的问题。这里提供几种解决方法。

1. 基础分类法

这是最基础的分类方法,也是最常见、最传统的分类方法,是根据商品的自有属性类别进行分类的,如服装销售,外套、毛衫、衬衫、内衣就可以成为商品分类依据。此种分类简单实用,方便客户查找。

2. 品牌分类法

品牌分类即按照商品的品牌进行分类,每一个品牌有一个自有空间,如,耐克、阿迪达斯单列,国产各种品牌为一类。品牌分类时要适度考虑品牌的重要性及网店主营、副营的性质以划分类别。

3. 数据分析分类法

这种分类方法较为复杂,需要借助数据整理工具来进行总结分析。如,淘宝店主可以使用自己的流量分析工具,查看分类页面被访问情况,主要统计"浏览量"和"出店人次"两个指标。浏览量指分类目录被查看的次数,浏览量高,意味着此时的分类目录名称吸引了客户。出店人次代表从该分类页面离开店铺的人次,人次越高说明该分类目录越不吸引访客,请考虑优化这个分类。

优化的方法可以将浏览量高的分类页,调整到更显眼,客户更容易找到或点击更方便的地方,吸引更多的点击,以提高转化率。

4. 图片分类法

商品分类最好体现出明显的个性特征,图片分类法是普遍使用的一种个性分类方法。如分别添加"新品推荐、特价促销、热卖促销、现货速递"等文字类图片,并设置成不同颜色,满足不同需求用户的选择。

第二节 采购管理

从零售店的内部运作过程看,商品采购环节处在供应链的起点,其功能和作用十分独特和重要。首先,采购是零售店全部运作的第一环节,只有这一步顺利,这一商店的核心盈利部分商品流才能开始运作起来,商店的全部业务才能得以运作。其次,商店运作的最终目的是要取得利润,利润主要来自商品的进销差价以及由于商品售出带来的利益。

传统的采购模式之下,绝大多数企业被以下这些问题困扰着:

(1) 高成本,采购费用居高不下。

(2) 采购时间过长。复杂的流程包括信息查询、发布、招标、投标、评标、洽谈、签约、结算、物流配送交割等全部手工作业,消耗极大的时间和人力成本,对市场的反应速度也不能满足客户需要。

(3) 生产部门与采购部门脱节,造成库存积压,占用大量流动资金。

(4) 企业没有能力进行全面细致的数据分析和采购管理能力,为确保生产顺利进行不中断,必须保证过量的安全库存。

(5) 采购、供应双方都不进行有效的信息沟通,互相封锁,呈典型的非信息对称博弈状态,采购很容易发展成为一种盲目行为。企业面对多变的市场,尽管付出很大努力,但是和供应商仍然摩擦不断,难以发展新的合格供应商,供应商转换成本太高。

紧随因特网时代的来临,采购活动被网络赋予了新的形式——网络采购。网络采购是指企业通过因特网购买产品和服务,它的出现改变了企业原有的采购流程和运作方式,给企业带来了新的竞争潜力。网络采购将网上信息处理与网下采购操作过程有机地结合起来,是传统采购技术在当代网络环境下的延伸和发展。这种采购模式是网络时代增强企业竞争力,降低成本,提高经济效益的最佳模式。

一、网络采购的优势

与传统采购模式相比,网络采购主要有以下五个方面的优势。

(1) 价格透明。价格清晰明了,交易账单记录在案,可以避免很多的暗箱操作,保证企业采购品质。

(2) 缩短采购周期。不用与供应商多次沟通询价,而直接可以在网上浏览不同地区的所有商品,工作内容更加简单,采购效率自然提高。

(3) 节约配送成本。省钱省时,可以定时交货,免费送货上门。

(4) 节约办公成本。采用电子单据形式,减少纸张、耗材的使用。

(5) 扩大采购范围,扩宽采购渠道,降低直接成本。可以使用互联网将以前的在本地采购的方式拓展到全国甚至全球,更为便利地找到更低的采购价格,根据价格找到最为合适的供应商,而不限制于在某一个地方。

二、网络环境下的采购实施步骤

第一步,要进行采购分析与策划,对现有采购流程进行优化,制定出适宜网上交易的标准采购流程。

第二步,建立网站。这是进行电子商务采购的基础平台,要按照采购标准流程来组织页面。可以通过虚拟主机、主机托管、自建主机等方式来建立网站,特别是加入一些有实力的采购网站,通过它们的专业服务,可以享受到非常丰富的供求信息,起到事半功倍的作用。

第三步,采购单位通过互联网发布招标采购信息(即发布招标书或招标公告),详细说明对物料的要求,包括质量、数量、时间、地点等,对供应商的资质要求等。也可以通过搜索引擎寻找供应商,主动向他们发送电子邮件,对所购物料进行询价,广泛收集报价信息。

第四步,供应商登录采购单位网站,进行网上资料填写和报价。

第五步,对供应商进行初步筛选,收集投标书或进行贸易洽谈。

第六步,网上评标,由程序按设定的标准进行自动选择或由评标小组进行分析评比选择。

第七步,在网上公布中标单位和价格,如有必要对供应商进行实地考察后签订采购合同。

第八步,采购实施。中标单位按采购订单通过运输交付货物,采购单位支付货款,处理有关善后事宜。按照供应链管理思想,供需双方需要进行战略合作,实现信息的共享。采购单位可以通过网络了解供应单位的物料质量及供应情况,供应单位可以随时掌握所供物料在采购单位中的库存情况及采购单位的生产变化需求,以便及时补货,实现准时化生产和采购。网店管家(V2.1企业版)指导流程如图4.1所示。

货品采购流程

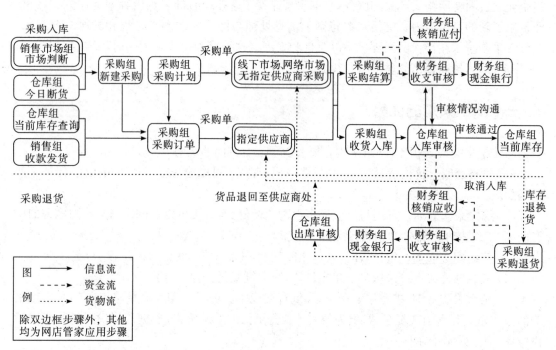

图 4.1　网店管家应用指导流程

网络采购是一种非常有前途的采购模式,它主要依赖于电子商务技术的发展和物流技术的提高,依赖于人们思想观念和管理理念的改变。我国目前已经有不少企业以及政府采用了网上采购的方式,对降低采购成本,提高采购效率,杜绝采购腐败起到了十分积极的作用,因此应该大力提倡这一新的采购方式。

三、网店进货渠道的选择

寻找到适合创业的货源是所有网上开店的创业者最关心的问题,也是网上创业行动的标志,下面介绍几种有效的进货渠道。

1. 从批发市场进货

这是寻找货源最简单、最常见的方法,但是很多卖家都会忽略这个简单的方法,而把目光转向商品的原产地。其实在开设网店最初的阶段,如果商品的销售量达不到一定量的话,在本地市场进货,已经完全可以满足需求了。如店铺经营服装,就可以去周围一些大型的服务批发市场进货,在批发市场进货需要有强大的议价能力,力争将批价压到最低;同时要与批发商建立好关系,在关于调换货的问题上要与批发商说清楚,以免日后起纠纷。在各地像这样的市场不少,比如广州流花服装批发市场、义乌小商品城等。

优点是更新快,品种多;缺点是容易断货,品质不易控制。适合于当地有这样的大市场,自己具备一定的谈价能力的人群。

2. 从厂家直接进货

正规的厂家货源充足,信用度高,如果长期合作的话,一般都能争取到产品调换。但是一般而言,厂家的起批量较高,不适合小批发客户,需要有足够的资金储备,有分销渠道,并且不会有压货的危险。如果去身边的亲戚、朋友工厂直接进货,基本不需要担心售后服务以及质量等问题,价钱也比较合理,而且当连续上架一段时间都不好销售时,还可以换货。

优点是价格有优势;缺点是有资金、库存压力,产品单一。适合于有一定的经济实力,并有自己的分销渠道的人群。

3. 从批发商处进货

一般用搜索引擎谷歌、百度等就能找到很多做这些贸易的批发商。他们一般直接由厂家供货,货源较稳定。不足的是因为他们已经做大了,订单较多,服务难免有时就跟不上。而且他们都有自己固定的老客户,当成为他们的大客户后才可能有折扣和其他优惠。因此,在开始合作时就要把发货时间、调换货品等问题讲清楚。

优点是货源充足,选择种类多;缺点是售后服务跟不上。适合于有自己的分销渠道,销售量较大的人群。

4. 作为品牌代理商

多注意一下正规专卖店,主动联系专卖店店主,肯定会有很多发现。但是相对来说,直接联系品牌经销商,需要更大的进货量。越是大品牌,它的价格折扣就越高,真正赚的钱,只是在完成销售额后拿的返利。在网店已经发展到一定程度,想走正规化路线时作品牌代理商是个不错的选择。

优点是货源稳定,渠道正规,商品不易断货;缺点是更新慢,价格相对较高,利润低。适合于做品牌旗舰店的人群。

5. 与代销式供应商合作

这是时下最流行最普遍的一种供应方式,由供货商提供图片及商品介绍,卖出后供应商可帮助直接发货(代发货)。尤其适用新手,因为所有的商品资料都是齐全的,关键是如何把商品卖出去。选择这种供货商时,一定要注意他的信用度和商品质量,否则遇到纠纷不好解决。比如,专注茶叶、茶具批发的一味茶城(www.evtea.com)就依靠广州芳村茶叶批发市场(亚洲最大茶叶市场)提供的上万种商品,在半年时间内分销渠道就发展了数十家网店代理加盟。

优点是简单省事,鼠标一点,连发货都不用自己管,坐收佣金,风险低,资金投入最省;缺点是商品不经过自己的手,品质难控制,由于对商品可能了解不够,与客户沟通较复杂,操作不好会得中评或差评。适合于低成本创业的C2C网店主。

6. 通过各种展会、交易会，联系厂商

全国每年每个行业都会召开各种展会，如服装展、农博会，这些展会所聚集的大部分都是厂商。因此，当生意已经有所起色，而苦于货源不够好的时候，参加相关产品的展会，接触真正一手货源，大胆的和厂商建立合作，对长期的发展壮大很有好处。各种行业的展会，都会在相应的B2B网站公布召开日期，参加这种展会有个小窍门，要以专业人士身份参加，带好名片和身份证，让厂商感觉你是专业人士，谈生意也比较容易。

优点是成本低，竞争力强，商品质量稳定，售后服务有保障；缺点是一般不能代销，需要有一定的经营和选货经验，资金投入大，风险较大。适合于资金实力较雄厚者。

7. 关注外贸产品或贴牌产品

目前，许多工厂在外贸订单之外或者为一些知名品牌贴牌生产之外，会有一些剩余产品的处理，这些产品的价格通常十分低廉，为市场价格的2～3折，但品质做工绝对有保证，这是一个不错的进货渠道。但一般要求进货者全部吃进，所以创业者要有经济实力。

适合于有一定的货源渠道，同时有一定的识别能力的人群。

8. 买入库存积压或清仓处理产品

因为急于处理，这类商品的价格通常是极低的，如果你有足够的砍价能力，可以用一个极低的价格买下，然后转到网上销售，利用网上销售的优势及地域、时空差价获得足够的利润。但买进这些产品，一定要对质量有识别能力，同时能把握发展趋势并要建立好自己的分销渠道。

优点是成本低；缺点是具有很多的不确定因素，比如进货的时间、地点、规格、数量、质量等都不能受自己控制。适合于有一定的资金实力，对这个行业比较了解的人群。

9. 特别的进货渠道

如海外有亲戚朋友，就可以托其购进一些国内市场上看不到的商品或是价格较高的产品，比如化妆品、品牌箱包等；若店主自身工作、生活在边境，就可以办张通行证，亲自出去进货，这样产品就很有特色或是价格优势。

如果自己家里有亲戚和朋友从事某种特色商品的制造或销售，也可以直接拿到网上卖，物以稀为贵。

第三节　价格管理

由于网络信息非常透明，客户可以很容易地得到同一类商品的价格信息。通常来说，客户来淘宝网上搜索商品，一般都会从最便宜的商品看起。因此，如果商品定价过高，而又没有其他明显的竞争优势，客户肯定会流向商品价格低的店铺；如果定价低，有可能会提高销售量，但如果长期没有利润，网店也不能生存。因此，给商品一个合适的定价，对于零售网店显得尤为重要。

首先，在给商品定价前，要清楚地知道这件商品提供给买家最基本的效用和利益是什么，能够用来做什么，又是哪些人使用，怎么用，它比同类卖家的宝贝好在哪里等。比如，一个便携式显微镜，可以定位成翡翠A、B、C货的现场鉴定，也可以进而扩展到一些收藏品的现场鉴定。只有在了解到你所销售商品的内涵与外延后，才能进一步确定相适宜的定价方法与策略。

一、网上商品定价目标

定价目标是卖家希望通过制定产品价格要达到的目的。这个目的决定了卖家选择什么样的定价方法。

网上商品的定价目标不是单一的,它是一个多元的结合体。常用的定价目标如下:
(1)以获得理想利润为目标。
(2)以获得适当的投资回报率为目标。
(3)以提高或维持市场占有率为目标。
(4)以稳定价格为目标。
(5)以应付或防止竞争为目标。
(6)以树立形象为目标。

二、网上商品定价策略

网络零售商品的定价是一种艺术,每个人都有可能把这种艺术发挥到极致。下面就是许多网上成功卖家的定价策略。

(一)产品组合定价策略

产品组合定价策略是指把店铺里一组相互关联的产品组合起来一起定价,而组合中的产品都是属于同一个商品大类别。例如,男装就是一个大类别,每一大类别都有许多品类群。男装可能有西装、衬衫、领带和袜子几个品类群,可以把这些商品品类群组合在一起定价。这些品类群商品的成本差异以及客户对这些产品的不同评价,再加上竞争者的产品价格等一系列因素,决定这些产品的组合定价。产品组合定价可以细化分为以下几个方面。

1. 不同等级的同种产品构成的产品组合定价

这类产品组合,可以根据这些不同等级的产品之间的成本差异,客户对这些产品不同外观的评价以及竞争者的产品价格,来决定各个相关产品之间的价格。如,高档品和低档品的价格差不多,消费者可能就会倾向购买高档品;如果两者差额大,客户大多就只能买低档品了。

2. 连带产品定价

这类产品定价,要有意识地降低连带产品中购买次数少、客户对降价比较敏感的产品价格。提高连带产品中消耗较大,需要多次重复购买,客户对它的价格提高反应不太敏感的产品价格。

3. 系列产品定价

对于既可以单个购买,又能配套购买的系列产品,可实行成套购买价格优惠的做法。由于成套销售可以节省流通费用,而减价优惠又可以扩大销售,这样资金流通和资金周转速度大大加快,有利于提高店铺的经济效益。很多成功卖家都是采取这种定价法。

4. 把同种产品按等级,分别定价

这种定价方法一般都是选其中一种产品作为标准品,其他分为低、中、高三档,再分别定价。对于低档产品,可以把它的价格逼近产品成本;对于高档产品,可使其价格较大幅度地超过产品成本。但要注意,一定要和客户说清楚这些级别的质量是不同的。

(二) 阶段性定价策略

阶段性定价就是要根据商品所处市场周期的不同阶段来定价。

1. 新上市产品定价

由于产品刚刚投入市场,许多消费者还不熟悉这个产品,因此销量低,也没有竞争者。为了打开新产品的销路,在定价方面,可以根据不同的情况采用高价定价方法、渗透定价方法和中价定价方法。

对于一些市场寿命周期短,花色、款式翻新较快的时尚产品,一般可以采用高价定价法。

对于一些有较大潜力的市场,能够从多销中获得利润的产品,可以采用渗透定价方法。这种方法是有意把新产品的价格定得很低,必要时甚至可以亏本出售,以多销产品达到渗透市场、迅速扩大市场占有率的目的。

对一些经营较稳定的大卖家可以选择中价定价法。这种办法是以价格稳定和预期销售额的稳定增长为目标,力求将价格定在一个适中的水平上。

2. 产品成长期定价

产品进入成长期后,店铺生产能力和销售能力不断扩大,表现在销售量迅速增长,利润也随之大大增加。这时候选择合适的竞争条件,是能保证店铺实现目标利润或目标回报率的目标定价策略。

3. 产品成熟期定价

产品进入成熟期后,市场需求已经日趋饱和,销售量也达到顶点,并有开始下降的趋势,表现在市场上竞争日趋尖锐激烈,仿制品和替代品日益增多,利润达到顶点。在这个阶段,一般采用将产品价格定得低于同类产品的策略,以排斥竞争者,维持销售额的稳定或进一步增大。

这时,正确掌握降价的依据和降价幅度是非常重要的。一般应该根据具体情况来慎重考虑。如果产品有明显的特色,有一批忠诚的客户,这时就可以维持原价;如果产品没有什么特色,就要用降价方法保持竞争力了。降价要小心,谨防价格战,最终导致店铺亏损就得不偿失了。

4. 产品衰退期定价

在产品衰退期,产品的市场需求和销售量开始大幅度下降,市场已发现了新的替代品,利润也日益缩减。这个时期常采用的定价方法有维持价格和驱逐价格方法。

如果希望处于衰退期的产品继续在客户心中留下好的印象,或是希望能继续获得利润,就要选择维持价格。维持定价策略能否成功,关键要看新的替代品的供给状况。如果新的替代品满足不了需求,那么你还可以维持一定的市场;如果替代品供应充足,客户肯定会转向替代品,这样一定会加速老产品退出市场的速度。

对于一些非必需的奢侈品,虽然它们已经处于衰退期,但它们的需求弹性大,这时可以把价格降低到无利可图的水平,将其他竞争者驱逐出市场,尽量扩大商品的市场占有率,以保证销量、回收投资。驱逐价格一般只在成本水平上定价,有时还可以低于成本。

(三) 薄利多销和折扣定价策略

网上客户一般都在各个购物网站查验过同样产品的价格,所以价格是否便宜是客户是否下单的重要因素。怎样定出既有利可图,又有竞争力的价格呢?

1. 薄利多销定价

对于一些社会需求量大、资源有保证的商品,适合采用薄利多销的定价方法。这时要有意识地压低单位利润水平,以相对低廉的价格,增大和提高市场占有率,争取长时间内实现利润目标。

2. 数量折扣定价

数量折扣是对购买商品数量达到一定数额的客户给予折扣,购买的数量越大,折扣也就越多。采用数量折扣定价可以降低产品的单位成本,加速资金周转。数量折扣有累积数量折扣和一次性数量折扣两种形式。

累积数量折扣是指在一定时期内购买商品的累计总额达到一定数量时,按总量给予的一定折扣,比如常说的会员价格;一次性折扣是指按一次购买数量的多少而给予的折扣。要决定最佳的、最合理的折扣率很困难,店铺应根据自身情况来酌情制定。

3. 心理性折扣定价

当某类商品的牌子、性能、使用寿命不为客户所了解,商品市场接受程度较低的时候,或者商品库存增加、销路又不太好的时候,采用心理性折扣一般都会收到较好的效果。因为消费者都有喜欢折价、优惠价和处理价的心理,只要商家采取降价促销手段,这些商品就有可能在众多的商品中脱颖而出,吸引住消费者的眼球,大大提高成交的机会。当然这种心理性折扣,必须要制定合理的折扣率才能达到销售的目的。

(四) 分析买家的心理,制定投其所好的定价策略

消费者的价格心理主要有:以价格区分商品档次的心理;追求名牌心理;求廉价心理;买涨不买落心理;追求时尚心理;对价格数字的喜好心理等。在商品定价过程中,必须要考虑客户在购买活动中的某种特殊心理,从而激发他们的购买欲望,达到扩大销售的目的。

商家须记住不要追求暴利,但也不能无利,更不能贴利。利润是网店生存的根本也是网店规模扩大的保障。

三、网上商品定价方法

1. 分割定价法

如果使用小单位定价,可以使客户在心理上有种"拣"到便宜的感觉。价格分割有下面两种形式。

(1) 用较小的单位定价。如每千克 1000 元的人参,定价成每克 1 元;小麦每吨 2000 元,定成每千克 2 元。

(2) 用较低单位的商品价格比较法。比如例:每天少抽一支烟,每日就可订一份牛奶。

2. 同价定价法

我们生活中常见的一元店,采用的就是这种同价定价法。这种方法干脆简单,省掉了讨价还价的麻烦,对一些货真价实、需求弹性不大的必需品非常有用。可以在店铺中设立 10 元专区、50 元专区、赠品专区等分类,这样的商品目录很清晰,便于客户选择。

3. 数字定价法

这种方法属于心理定价策略。比如"8"和"发"经常被人联系在一起,所以用"8"来定价,

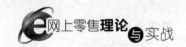

可以满足客户想"发"的心理需求,一般高档商品的定价都会带有8字。另外,经过多次试验表明,带有弧形线条的数字,如5、8、0、3、6容易被客户接受,而1、4、7不带弧形线条的数字就不太受欢迎。

在定价的数字应用上,要结合我国国情,尽量选用能给人带来好感的数字。比如很多中国人都喜欢8、9两个数字,会认为这些数字能给自己带来好运,但大部分人都不喜欢4字,因为和"死"同音。

4. 低价安全定价法

低价安全定价法属于薄利多销的定价策略。网上商品天生就有低价的优势,试想如果你卖得比超市价格还高,谁还会来买?这种定价方法比较适合快速消费品直接销售,因为它有很大的数量优势。低价,可以让产品很容易被消费者接受,优先在市场取得领先地位。所以,如果能够做厂家的网络营销代理,就可以采用这种安全低价法。成本加上正常利润加上邮费或快递费,就应该是安全的低价了。正常利润一般在成本的三分之一到三分之二之间。

四、运费的制定要合理

在定价时,要注意运费的设置要合理。在网上,一般卖家承担运费会让买家很高兴,所以卖家完全可以把邮费算到商品的价格里。比如在商品标题中写到:"一口价包邮烤面包机仅需35元"。这样客户一旦选择了商品就可以清楚地知道自己要付出的价钱。这类定价一般适合小物品,如邮票、书籍、CD等。

还有一种常见的定价方法是由买家承担运费,比如平邮5元,快递15元。对于服装、包、饰品等不太重的宝贝,这种定价是合理的,买家也容易接受。

网上客户最不喜欢的卖家做法是把商品价格定为1元,但邮费却定为30元、50元甚至更高,这会使买家有明显受到愚弄的感觉。

五、网上商品定价的基本原则

网上商品定价一定要遵从稳定性、目标性和盈利性的原则。

(1)稳定性是指同类产品价格不要在很短时间内波动很大,特别是降价。这样做的结果会使老客户感觉上当,新客户又会驻足观望。

(2)目标性是指要时刻注意自己的产品消费群体,因地、因时制定价格,不要把低档品高价卖出。

(3)盈利性意为不要打价格战,这样对谁也没有好处。对于卖家,因为利润太低,甚至亏本,势必会降低质量和服务;而对买家来说,因为价格太低,也会对产品质量产生怀疑。

第四节 促销管理

零售企业为了自身的生存和发展,要考虑如何为卖场争取到更多的客流量,并且实现销售额的提升。因此,许多零售经营者纷纷通过采取各种促销活动加强与消费者的信息沟通与交换,刺激消费者的购买欲望,从而达到扩大销售、增加盈利的目的。网上零售企业也不例外。

网店促销是指利用互联网展开的商品促销活动,目的在于加快商品的流通,增加店铺的收入,即提高店铺交易量。网店促销方法主要有以下六种。

一、网上折价促销

折价亦称打折、折扣,是目前网上最常用的一种促销方式。目前,网民在网上购物的热情远低于商场、超市等传统购物场所,因此网上商品的价格一般都要比传统方式销售时要低,以吸引人们购买。由于网上销售商品不能给人全面、直观的印象,也不可试用、触摸等原因,再加上配送成本和付款方式的复杂性,造成网民网上购物和订货的积极性下降。然而,幅度比较大的折扣可以促使消费者进行网上购物的尝试并做出购买决定。目前大部分网上销售商品都有不同程度的价格折扣,如8848、当当书店等。

折价券是进行直接价格打折的一种变化形式。有些商品因在网上直接销售有一定的困难,商家便结合传统营销方式,进行促销,即只要客户从网上下载、打印折价券或直接填写优惠表单,到指定地点购买商品时就可享受一定优惠。

二、网上变相折价促销

变相折价促销是指在不提高或稍微增加价格的前提下,提高产品或服务的品质数量,较大幅度地增加产品或服务的附加值,让消费者感到物有所值。由于网上直接价格折扣容易让人产生商品品质降低的怀疑,利用增加商品附加值的促销方法会更轻易获得消费者的信任。

三、网上赠品促销

目前,赠品促销在网上的应用不算太多,一般在新产品推出试用、产品更新、对抗竞争品牌、开辟新市场等情况下,利用赠品促销可以达到比较好的促销效果。

1. 赠品促销的优点
(1)可以提升品牌和网站的知名度。
(2)鼓励人们经常访问网站以获得更多的优惠信息。
(3)根据消费者索取赠品的热情程度而总结分析营销效果和产品本身的反应情况等。

2. 赠品促销应注重赠品的选择
(1)不要选择次品、劣质品作为赠品,这样做只会起到相反的作用。
(2)明确促销目的,选择适当的能够吸引消费者的产品或服务。
(3)注重时间和时机,注重赠品的时间性,如冬季不能赠予只在夏季才能用的物品。另外,在危机公关等情况下也可考虑不计成本的赠品活动以挽回客户信任。
(4)注重预算和市场需求,赠品要在能接受的预算内,不可过度赠予赠品而造成营销困境。

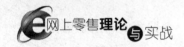

四、网上抽奖促销

抽奖促销是网上应用较广泛的促销形式之一,是大部分网站乐意采用的促销方式。抽奖促销是以一个人或数人获得超出参加活动成本的奖品为手段进行商品或服务的促销,网上抽奖活动主要附加于调查、产品销售、扩大用户群、庆典、推广某项活动等。消费者或访问者通过填写问卷、注册、购买产品或参加网上活动等方式获得抽奖机会。

网上抽奖促销活动应注重的几点:

(1) 奖品要有诱惑力。可考虑大额超值的产品吸引人们参加。

(2) 活动参加方式要简单化。因为目前上网费偏高,网络速度不够快,浏览者爱好不同。网上抽奖活动要策划的有趣味性和容易参加,太过复杂和难度太大的活动较难吸引匆匆的访客。

(3) 抽奖结果的公正公平性。由于网络的虚拟性和参加者的地域广泛性,对抽奖结果的真实性要有一定的保证,应该及时请公证人员进行全程公证,并及时能通过 E-mail、公告等形式向参加者通告活动进度和结果。

五、积分促销

积分促销在网络上的应用比起传统营销方式要简单和易操作。网上积分活动很轻易通过编程和数据库等来实现,并且结果可信度很高,操作起来较为简便。积分促销一般设置价值较高的奖品,消费者通过多次购买或多次参加某项活动来增加积分以获得奖品。

积分促销可以增加上网者访问网站和参加某项活动的次数,可以增加上网者对网站的忠诚度,可以提高活动的知名度等。

现在不少电子商务网站"发行"的"虚拟货币"应该是积分促销的另一种体现,如 8848 的"e 元"、酷必得的"酷币"等。网站通过举办活动来使会员"挣钱",同时可以用仅能在网站使用的"虚拟货币"来购买本站的商品,实际上是给会员购买者相应的优惠。

六、网上联合促销

由不同商家联合进行的促销活动称为联合促销,联合促销的产品或服务可以起到一定的优势互补、互相提升自身价值等效应。假如应用得当,联合促销可起到相当好的促销效果,如网络公司可以和传统商家联合,以提供在网络上无法实现的服务;网上销售汽车和润滑油公司联合等。

以上六种促销方法是网上促销活动中比较常见又较重要的方式,其他如节假日的促销、事件促销等都可从以上几种促销方式进行综合应用。但要想使促销活动达到良好的效果,必须事先进行市场分析竞争对手分析以及网络上活动实施的可行性分析,与整体营销计划结合,创意地组织实施促销活动,使促销活动新奇、富有销售力和影响力。

第五节　客户管理

企业与客户之间的关系是所有电子商务模式最宝贵的财富。对于在电子商务环境下运营的零售企业来说,若能与客户保持良好稳定的关系,恰当处理好与客户之间因产品或服务质量产生的纠纷问题,并对已拥有的客户资源加以合理的利用,必能为企业降低一大部分成本。

一、网上商店的客户关系管理现状

客户关系管理,简称为 CRM(Customer Relationship Management)。自 20 世纪 90 年代后期以来,客户关系管理成为营销界及 IT 行业流行的话题之一。客户关系管理是在关系营销学理论的基础上发展而来的,它强调企业在营销管理活动中应"以客户为中心",注重改善企业与其客户之间的关系,通过开展系统的客户研究以及优化企业的组织结构和业务流程,提高客户的满意度和忠诚度,以此使企业获取持续不断的竞争优势。

1. 网上商店的客户关系管理是投资回报

自中国成功加入 WTO 后,近几年,随着中国政府对零售市场准入条件的不断放宽,国外网络零售企业,如亚马逊书店、ebay、新蛋网等企业,相继在中国进行"抢滩登陆",抢占中国网络零售业市场份额。这些网络零售企业在零售过程中对消费者需求的研究,对产品市场趋势的把握以及为消费者提供的全天候、全方位的服务理念让消费者耳目一新,让国内零售企业的老板大吃一惊,越来越重视其网店的客户关系管理。市场竞争的激烈,让客户关系管理在零售业中的地位不断上升。事实证明,客户关系管理确实有助于更多的人了解企业文化,接受企业形象,增加企业销量,达到增加企业利润的目的。

2. 网上商店的客户关系管理可扩大客户群体

客户关系管理可以帮助增加潜在客户的二次购物机会,在稳定维持老客户的同时,还关注挖掘新客户。特别是利用互联网实行在线销售,改善了传统零售企业的销售流程,节约了销售成本,为销售活动提供价格优势,保障了销售活动的成功。

3. 网上商店的客户关系管理可优化企业经营战略

在因特网给人类生活带来前所未有的变化的同时,一批紧紧抓住因特网并全力在网上开展业务的企业得到了很好的发展,也获得了奇迹般的成功。亚马逊书店就是其中广为人知的成功范例之一。绝大多数人只知道亚马逊书店成功地开展业务,却不知道它还是客户关系管理的成功实施者和受益者。

亚马逊书店是互联网上的第一家虚拟书店,成立之初只是一个名不见经传的网店。经过短短五年的运营,亚马逊书店已成为全球最成功的网络公司,为全世界 100 多个国家的客户提供书籍、音乐、电子产品等服务。

作为全球最大、访问人数最多和利润最高的网上书店,亚马逊书店的销售收入至今仍保持着 1000% 的年增长率。面对着越来越多的竞争者,亚马逊书店保持长盛不衰的法宝之一就是客户关系管理(CRM)。同 Cisco 一样,亚马逊书店采用了 Oracle 的数据库、Internet 技

术平台及大量的 Oracle 电子商务应用程序。亚马逊书店在处理客户关系时充分利用了 CRM 的客户智能。当你在亚马逊购买图书以后，其销售系统会记录下你购买和浏览过的书目，当你再次进入该书店时，系统识别出你的身份后就会根据你的喜好推荐有关书目。你去该书店的次数越多，系统对你的了解也就越多，也就能更好地为你服务。显然，这种有针对性的服务对维持客户的忠诚度有极大帮助。

客户关系管理在亚马逊书店的成功实施不仅给它带来了 65% 的回头客，也极大地提高了该书店的声誉和影响力，使其成为公认的网上交易及电子商务的杰出代表。亚马逊书店实施客户关系管理的成功给了我们这样的启示：由 Oracle 公司所倡导的客户智能战略不仅在技术上被证明是完善的，在商业运作上也是完全可行的。统计数字表明，企业发展一个新客户往往要比保留一个老客户多花费八倍的投入。而 CRM 的客户智能可以给企业带来忠实和稳定的客户群，也必将带来良好的收益。

亚马逊书店以其在客户关系管理方面的特色服务，一直致力打造好品牌、好口碑。其实，好的口碑比支付广告的费用节省得多，所产生的效应也大得多。客户关系管理体现在广告中，讲究的是服务和关怀的内涵，不仅要向客户提供优质的服务，还要把客户看成是广告经营过程的有机组成部分。

二、网络零售企业发展的新趋势

（一）团购的优越性

从 2010 年起，互联网最热门的当属"团购"。2010 年 3 月，美国 Groupon 公司的商业模式被引入到中国后，网络团购迅速被国内网民接受。

团购，重点解决传统企业营销效率的瓶颈与弊端，激活自己的潜在客户的同时，最重要的是激活自己的老客户。但无论是哪种出发点，客户管理系统成为发起"团购"的重要基础。

（二）利用客户关系管理能发展团购业务

1. 发布团购信息

发布团购信息一般有两种方式。第一种是利用自身的网站建设，发布团购活动，利用客户关系管理系统或者会员管理系统有针对性地发送邮件、发送短信息等；第二种是和团购网站联合，选择好团购合作网站成为重中之重。

团购网站也有分类和侧重，如美团网、糯米网、拉手网这类网站的特点是消费的地域性；淘宝网、聚划算、优享团以实物类为主，可实现模式复制。客户资源的管理整合均是发起团购之前的必要准备。

2. 策划有延续性的团购活动

策划有延续性的团购活动，有利于"一团带动一团，团团相扣"。这需要着眼于业务的关联性，能面对喜欢团购的用户群推广不同的团购商品，还会涉及客户管理系统。另外，"如何把团购变成抢购"还需要非常规的销售策略和优惠策略。

3. 管理好团购的每一个客户

一个喜欢团购方式的老客户价值非常高，这也是团购网站能迅速发展的原因，团购的人群习惯基本固定。严格意义上，参加团购的消费者人群的消费心理大致相同，而笼络这些人的人气,手法一定要场场奏效。艾瑞咨询调研数据显示,一周关注 1~2 次团购信息的用户比重最高,达到 45.6%;其次是每天关注团购信息的,占 32.8%。用户对团购的习惯相对固化,用户查看团购信息的频次相对稳定。这也说明,这部分人群是能被团购拉动消费的人群。这些客户都是团购网站的资源,更重要的是如何把他们变成自己的客户资源,这就需要有一个客户管理平台管理这部分人群。

4. 发起自己的团购

通过客户关系管理的分类,我们可以准确地找到每一个客户的偏好。针对不同的分类,向我们的客户精准地发起团购信息,推出不同的团购策划。而对于已经参加过团购的客户,我们可以不必重复发送我们了团购消息。如此一来,既为团购企业降低了成本,同时也实现的团购客户价值的最大化。

5. 效果评估

每一次团购活动结束,团购企业都应及时算出这次团购的影响,即有多少老客户参加,带动了多少潜在客户。成本投入多少,利润多少,团购活动期间网站有多少流量、订单和流量之间的转换率有多少等数据都能由客户关系管理统计出来。当然面对特定的客户,具体的团购产品、团购模式、推广效果也可以出来。

三、网上零售客户关系管理注意事项

1. 售前服务要贴心
(1) 了解客户需求:只有了解客户需求,才能促进彼此的交流,更好地推销自己的产品。
(2) 掌握沟通技巧:沟通从心开始,用心服务好每位客户,从中获得双赢的利益。

2. 售中服务要细心
(1) 服务周到:更贴心的服务,才能让整个交易更愉快,增加客户的回头率。
(2) 质量保障:提供质量可靠的商品,才能真正赢得客户信赖。
(3) 效率更高:实现发货流程系统化、便捷、快速、效率高。
注意:巧用短信通知,包括发货时短信通知,可以增加客户的满意度;货物签收短信通知,使得服务更加完善。同时,做到发货细心,保证出货质量,细心包装让客户更放心。

3. 售后服务要耐心
(1) 做到:了解客户群体,掌握技巧与原则,化不满为忠诚。
(2) 处理售后问题的常见误区:
① 直接拒绝客户。
② 争辩、争吵、打断客户。
③ 批评、讽刺客户。
④ 暗示客户有错误。
⑤ 不及时通知订单变更。
(3) 不断探询客户的评价,明确自己的长处与短处。

4. 客户关怀带来回头客

增加节庆温暖问候,如节日期间以短信方式问候;客户生日时送出精美礼品;经常回馈老客户。

5. 记住客户数据是"金山"

全面、准确地分析客户数据,如目标客户地域分布、年龄分布和性别比例等;及时监测每一种营销手段上线前后的差别,辅助决策营销。

对客户数据进行科学汇总:统计出访问数量、询盘数量和成交相关数据;采集客户信息,如 ID、姓名、性别、地址、电话、E-mail、年龄、生日、爱好等;汇总交易相关信息,如品名、数量、日期、使用反馈等。

采集方式可通过从交易记录中人工摘录采集或通过网店管理软件导出。

6. 持续改进是关键

通过客户服务回访,积极查找服务短板,持续改进细节来不断提升客户服务质量和水平。

第六节 服务管理

一、网络服务质量概述

随着网络技术的日新月异,中国的电子商务蓬勃发展。对于电子商务企业而言,其竞争程度也日益加剧。而在一个竞争的市场中,客户决定着企业的生存与发展,获取和保持忠诚的客户不仅是企业获利的直接来源,也是其维持竞争优势的重要源泉,客户忠诚才是电子商务成功的关键。

随着网络购物市场的发展,消费者日渐成熟起来,消费心理逐渐开始趋向理性化。相对于几年前一味追求低价的网购特点,真正有品质保证的购物体验成为了消费者新的追求。网络零售商想要维系忠诚的客户,就必须将注意力从电子商务聚焦到电子服务(包括交易前、交易中及交易后的所有程序)上来,通过有效利用网络技术和信息技术,给客户提供高品质的服务,并系统地构建客户关系,才能更有效地实现客户忠诚度的提升与企业利润的赢取。

因此,网络服务质量可以界定为:网络消费者通过网络进行产品或服务的购买、消费时,对于网络商店服务提供的卓越程度与整体质量的评价与判断,包括消费者购前和购中与网站交互的过程质量,接收到商品或服务后所感知的结果质量以及遭遇失败服务时所感知到的商家所提供的补救服务质量。

网络服务质量包含三个具体因素:服务过程质量、结果质量和补救质量。

二、我国网上零售服务质量存在的问题

为了解目前网络零售行业整体服务水平,中国服务贸易协会客户服务委员会(以下简称中国客服委,英文缩写 CNCSC)曾对 12 家知名 B2C 网站服务进行了暗访调查,并正式公布网络零售服务结果。

中国客服委是专门致力于推动中国服务水平提升的国家级专业社团组织,隶属商务部。

由北京移动、嘉实基金、中国民生银行、招商银行、中国银行、华夏基金、中国联通等三十多家企业发起成立。

本次调查,中国客服委采用了神秘客户暗访体验形式,分别对12家知名B2C网站的电话服务、配送服务、退换货、投诉处理等方面进行了全面测评,涉及评价指标超过30项。

为了保证服务体验真实、客观,中国客服委安排调查小组对每家网站进行了100次购物、退货、换货、咨询、投诉等服务体验,并对各网站的电话服务及上门服务录音、录像,通过中国客服委"服务质量评价系统"对服务过程及服务结果进行综合评价。

1. 人工接通率低,电话服务缺陷明显

对消费者来说,服务热线是与零售网站进行直接沟通的重要渠道,服务投诉、查询、退换货处理、问题咨询等均需要通过电话进行,可以说,服务热线是各零售网站服务形象最直接的体现。

本次调查发现,12家知名B2C网站20秒内电话人工接通率平均值为64.91%,达到20秒人工接通率80%的仅有三家企业,最差的企业电话接通率不足10%,差距非常明显。

调查还发现,其中5家B2C网站无法在首页找到企业的客服热线号码,占被调查企业的42%,给消费者造成不便。

客服号码"躲猫猫"是网络企业节省成本的策略,变相逼迫消费者使用网络解决服务问题或者放弃服务需求,借以减少企业在电话服务上的投入,从而节省企业的成本。

2. 服务基本礼仪欠缺

为了测评各零售网站的基本服务管理,中国客服委对网站配送人员及电话服务人员的礼貌用语、服务态度等基本服务要素进行了测评。

暗访结果表明,85%的暗访案例中,配送人员着装随意,没有统一的工作服,也没有身份标识牌等。暗访发现,52.63%的配送工作人员态度冷淡,没有任何笑容,极其不热情,连"您好""再见"这些最基本的礼貌用语都不使用。

从调查结果看,电商企业的配送只是解决了送货上门的基本问题,距离规范服务还有一定的差距。

3. 配送加急变普通,费用照样收

配送服务是网络零售最重要的服务环节,中国客服委从配送速度、上门服务规范等指标对各网站的配送服务进行了暗访。

为了体验各网站的最快配送速度,中国客服委特别调查了加急配送服务。调查发现,7家网站不提供加急配送服务。本次调查专门指定加急配送的购物暗访案例中,29.6%购物未按照规定时限承诺完成加急配送,并且在未按照加急配送的时限将商品送达时,网站也不主动提供相应的退款。使用加急服务配送时购物者需要额外支付加急费用,花钱没享受到服务,加急费理应退还,而且耽误了客户的事情,还应该酌情加以补偿。

从暗访结果看,配送服务各企业平均得分为71.18分,仅5家达到行业平均值。

4. 主动服务意识差

为了促进销售及服务客户,积分或代金券成为各网站的重要服务内容。在调查中,66.67%的企业不提供积分兑换或代金券到期提醒信息,容易导致客户积分过期或无效,客户利益受损。

客户在被暗访企业网站修改个人信息后,只有两家网站提供邮件或短信形式的确认通知服务,其余10家都不提供。

5. 上门服务不提前确认时间

本次暗访中,中国客服委专门对配送人员是否与消费者预约或确认上门时间进行了调查。调查发现,67%的配送人员上门前未使用电话或短信与客户进行预约,经常出现客户为了收货等待一天的情况。

6. 退换货问题明显

无法直接触摸商品是网络购物的最大特点,因此,完善的退换货制度是解除消费者网络购物后顾之忧最重要的保障。对于本次调查的12家知名网络零售企业来说,关于退换货的承诺是各网站公开的服务承诺。

本次暗访发现,关于服务退换货的表现并不能让人满意。

暗访发现,有4家企业要求客户退货前必须出示商品生产厂家的质检报告,无法出具则不予退换货。因此,除因产品已过保质期成功退货1次外,其余17次退换货请求均遭到此4家企业的拒绝。在此环节中,其余8家网站表现良好,退换货均按公开承诺及时予以办理。

另外,网站承诺退货后,一定时限内会有工作人员致电客户核实退货执行情况,但在暗访中,有43.1%的退货案例没有在企业承诺的回访时限内接到企业的回访电话。

三、网商提高网络零售服务质量的措施

1. 提高网络服务过程质量,优化网站设计,完善网站功能

消费者从事网络购物活动时,网络商店的服务过程质量是消费者最初感知到的服务质量,也是使客户形成满意感和忠诚度的最重要的前置因素,这一结论也为电子商务环境下的网络零售商提供了新的提升整体服务质量的思路,即通过增强网站功能,简化购物程序,提供真实有效、及时更新的信息内容,确保交易的安全性等措施,使消费者能够享受到更加人性化的购物体验。而在这些努力方向中,网络零售商首当其冲的任务就是要提供给消费者一个专业整洁、简单易用、操作方便、更富于人性化的购物页面,这样不仅可以使消费者方便、快速地找到他们想要的产品,以节省其在线购买所花费的搜寻成本,还能帮助和刺激消费者迅速作出购物决策,完成交易操作,为商家留住客户、赢取利润提供保障。

2. 注重网络服务结果质量,培养客户的信任感

网络零售商还应该意识到,仅仅完善与消费者在网上的服务水平是不够的,他们还必须关注线下订单是在何时何地,以何种方式递送到消费者手中。因为优良的服务质量是消费者对商家产生信任感的主要源泉,而这种累积的信任感最终会形成对商家的忠诚度。因此,网络商店不仅要保证所销售商品的质量和完好,更要及时准确地履行契约,耐心友好地完成配送服务。

3. 关注网络服务补救质量,重塑消费者的满意感和忠诚度

随着网络交易的迅速发展,各种服务缺失也逐渐显现,要想获得忠诚的客户,企业就必须学会运用及时有效的补救措施。有效的服务补救不仅能使企业从服务失败中恢复过来,还能增强客户对企业形象的认知。如果客户对企业的补救措施感到满意,那么他们可能比那些没有经历过服务补救的客户更加忠诚,更可能发生再次购买行为。商家在出现失败服务后,要快速有效地化解客户抱怨,按照承诺给予合理补偿,并积极主动与消费者沟通交流,以及时了解消费者对补救结果的满意程度,从而培养并保持与消费者长期良好的关系与互动,不断提高客户的忠诚度。

第七节 物流管理

网络零售具有超时空、跨地域、低成本的特点,因而更符合当代消费者的消费习惯,对传统的实体零售形成了直接挑战。面对这样的挑战,传统零售企业当然无法回避与退让。要想扬长避短,走出创新之路,传统零售企业首先需要明确自身与对手的差异及特点。

一、网络零售与实体零售的物流特点

网络零售与实体零售的主要差异在于商品形态、交易地点、交易模式、商品交付形式等方面,并据此差异形成各自的优缺点。在网络零售形式中,商品虚拟化、空间陈列多样化,而且商品品类广而全,但消费者看得到商品,却拿不到,更摸不到,必须依靠物流配送到消费者手中,并当场结账(或当场确认),这样商业交易行为才算完成。

而在实体零售形式中,商品以实物形式摆设,消费者既看得到,也拿得到,更摸得到。而且,消费者在销售现场结账后,即完成了商业交易行为。由此看出,商品销售至客户的交付形式是网络零售和实体零售的最重要的区别所在。因此,最后一公里城市配送成为网络零售成败的关键。

二、物流配送在网上零售业中的地位与影响

1. 物流配送是网上零售的关键环节

物流配送的质量,直接影响到公司的运作效率、公司的信誉、客户的满意度等。

2. 物流配送成本是网上零售的主要成本支出

成本低廉是网络零售业的一大竞争优势,在网上进行的交易流程成本都是非常低廉的,但物流配送的费用是脱离于网络的。

3. 物流配送直接影响网上零售的管理

一个好的物流配送体系,从接到订单时起,就开始了采购、配送和分拨物流的同步流程。每一步都以最合理的时间、最合理的分配、最合理的路线来构建,在最大程度上减少产品的积压和库存开支。

4. 物流是网上零售中的"瓶颈问题"

在网上实现商流活动之后,没有一个有效的社会物流配送系统对实物的转移提供低成本的、适时的、适当的转移服务以及配送的成本过高、速度过慢是物流成为"瓶颈"的集中表现。

三、网络零售物流面临的难题

由于网络零售的跨地域性,在给予其丰富品种和客源的同时,也带来了两个管理难题。

1. 如何规划全国范围内的配送网络

目前,网络零售配送网络的规划大致分为三种模式:① 所有订单全部由一个中央物流中心进行配送。② 划分大区,建设区域物流中心,各区域物流中心以配送管辖范围内的订单为主,同时承担部分区域外的订单配送,区域间的商品流动采取仓间调拨的方法进行调配。③ 在原有大区物流中心基础上,建设二级/多级地方配送中心。

显然,第一种中央物流中心的方法对于辐射范围及规模较小的网络零售商而言是可行的,但随着配送范围的扩展,物流配送成本的急剧增加将使此法变为制约企业发展的瓶颈。

第二种区域物流中心相对独立的方法,能够在帮助网络零售商增大销售范围的同时,有效减少区域内配送成本的支出。但是,在订单量和品种数继续急速扩张的阶段,地方的配送成本会第二次反弹,中央物流中心的问题再次出现。

这时,第三种多级物流配送中心的建设应运而生。但这种方法需要对多区多仓的商品库存和采购配送进行合理地统筹和分配,这是网络零售商面临的物流"难题"。

2. 如何决定跨省市订单财务发票的属地

网络零售对地方的实体零售造成了直接冲击,客户从实体零售转移到了网络零售后,不但致使实体零售的营业额减少,同时上缴地方政府的税金也会减少,并最终形成商品集散地与配送目的地之间的贸易顺差,在各个配送地注册公司来分配财务发票显然不够实际。因此,与地方财政收入的矛盾如何解决是各网络零售商需要进一步探讨的课题。

网络零售物流与实体零售物流最大的区别在于:网络零售物流直接面对终端客户,以服务的形式提供给客户并获得满意度。对终端客户而言,网络零售物流是一种看得见(包装)并感受得到(时效)的商品。网络零售物流面临了比实体零售物流更加严格的物流品质提升课题,实体零售物流虽无法直接让在门店购物的终端客户感受到,但零售门店的需求满足度也需要逐步地提高。

四、网络零售业对应物流解决方案

(一) B2C 模式网络零售业物流解决方案

就 B2C 模式而言,解决问题的关键还是在第三方物流。但是这里所说的第三方物流是指具备专业物流公司的物流能力,但不依靠物流来赢利的企业。例如大型的连锁企业。

大型的连锁企业具备强大的物流实力,一般店铺铺设范围比较广泛,例如沃尔玛、家乐福、西单商场等,在全国各地都有卖场。众多的卖场需要频繁的配送,这些连锁企业一般都有自己的物流部门。

这些企业的物流部门并不是企业主要盈利的来源,这些连锁企业的主要利润来自于商品的销售,物流部门的设立是为了保证商品供应得及时。换句话说,即使不接受其他企业的物流业务,它们的物流部门也要照常运作,该跑的车还是要跑,该跑几趟的还是要跑几趟。所以,不难发现,这些企业虽然不是专业的物流公司,但它们同样具备强大的物流能力,操作高效、快捷,网点遍布全国各地,这些条件非常符合 B2C 模式的物流要求,并且双方合作可以达到双赢的效果。

利用连锁企业的物流系统将商品运送到离客户最近的网点,客户可以上门取货,收货付款。在时间上这样的商品传递方式要比其他方式短,并且客户可以当场决定是接收还是退回,省去了客户不满意又得去邮局退回商品的麻烦,也降低了售后成本。而在物流费用方面,和这些连锁企业合作要比找专业的物流公司便宜。另一方面,对于连锁企业来说,顺便捎带一些商品是举手之劳,却可以获取一定的物流费用,并且,客户来门店取货的时候无形中又成为连锁企业的潜在客户,可以说是数利并得。

(二) C2C模式物流解决方案

就C2C模式而言,物流解决方案可分为以下三种。

1. 加强与邮政的合作

邮政是一个特殊的物流企业,在发展C2C物流方面很有优势:① 宽广的网络覆盖面。② 强大的运输能力。③ 先进的支付系统。④ 特有的信任感。对用户而言,邮政员工上门服务具有很强的安全感,对于委托商而言,邮政在确保其商品运输安全、商业机密等方面又有着良好的信誉。邮政"百年老店"的良好信誉是参与电子商务发展的强大优势。⑤ 企业性质的制约。众所周知,中国邮政是一个国有企业,它的存在有其特殊的社会意义。如果中国邮政与C2C网站合作,承担了所有的C2C物流业务,势必会对其行业性质造成影响。

2. 发展自己的物流企业

由电子商务网站自己组建一个专门的物流企业,负责C2C物流业务。在发展C2C物流方面有这些优势:① 信息传递快。商品从成交到发货,到收货,到确认付款,整个交易的信息都可以在企业内部完成,信息传递当然快,而且不容易出错。② 保密性好。现在利用商家信息获取利益的事情屡见不鲜,所以信息保密对C2C说至关重要,如果能实现买卖物流一体化,商品和商家的信息不会外泄。即使出现纰漏,追究责任时也容易处理,不会出现C2C公司与快递公司相互推诿的情况。

3. 多种模式综合发展

不管是与邮政合作还是建立自己的快递公司,出现垄断的可能性都相当大。如果能有一两家企业形成竞争,这是客户们最乐意看到的局面。所以实现多种模式综合发展,由C2C网站自己决定是"自营"还是"外包"可以算得上是上上策。

随着我国社会信息化程度的提高,网络用户的增多,网络零售业显示出其美好的前景。但是其发展除了受到这些有利的外部环境的推动之外,还受到物流配送的成本制约。网络零售公司不能只考虑网站的点击率和订单的数量,还应开拓思路,勇于创新,尽量降低配送成本,这样才能使企业在竞争中真正利用起现代物流这个"第三利润源泉",才能使网上零售企业取得持续、健康的发展,才能最终得到消费者的认可和在市场上立足。

本章从理论和实施技巧角度对网上零售管理进行了综合阐述,网上零售管理活动应围绕商品规划、采购管理、价格管理、促销管理、客户管理、服务管理以及物流管理等有序展开,以实现网上零售各环节的高效联动。

一、名词解释
    采购管理　　价格管理　　促销管理　　客户管理　　物流管理
二、简答题
    1. 制约网上零售产品策略的因素有哪些？
    2. 网络采购的优势有哪些？
    3. 网上商品定价策略有哪些？
    4. 如何进行网上商店的促销管理？
    5. 提高网上零售商的服务质量有哪些措施？

下篇 实战篇

第五章　网上开店实战

通过本章学习,掌握网上零售商网上开店的基本知识和流程;掌握各大平台入驻的标准及条件;掌握网上商店管理的基本知识。

尚客茶品,成立于2009年,主营各色天然花草茶、功能保健茶、养生茶以及中国十大传统名茶,是现代都市年轻一族的一站式购茶平台。"时尚、健康、简约、品味"是尚客茶品一贯的性格,从产品开发到生产,到包装,尚客茶品苛求的不仅是产品质量,还有简约与时尚、品味与优雅等视觉、听觉、味觉的完美享受。茶时尚是健康生活的引领者,尚客茶品通过以下途径开展全网零售:

途径一:入驻天猫,开"尚客茶品旗舰店",如图5.1所示。

图5.1　尚客茶品天猫旗舰店

途径二：入驻拍拍，开"尚客茶品旗舰店"，如图5.2所示。

图 5.2　尚客茶品拍拍旗舰店

途径三：入驻1号店，开"尚客茶品旗舰店"，如图5.3所示。

图 5.3　尚客茶品1号店旗舰店

途径四：入驻当当网，开"尚客茶品专营店"，如图5.4所示。

图 5.4　尚客茶品当当网专营店

途径五:搭建独立的尚客茶品网上零售店铺,如图5.5所示。

图5.5　尚客茶品独立的网上商城

通过百度购物平台搜索"尚客茶品"时,尚客茶品不仅在天猫、拍拍、京东商城、当当网等平台进行网上零售,还包括在唯品会、亚马逊中国、顺丰优选、蘑菇家、蘑菇街等平台有其网上零售产品,如图5.6所示。

图5.6　尚客茶品"全国销售"战略

通过以上途径,尚客茶品真正实现"全网销售"。

思考：
传统零售商，如何搭建全网销售平台？在其搭建全网销售平台过程中，应选择哪些平台进行开店？

第一节　网上商店店铺入驻

网上商店店铺入驻之前，首先要解决入驻主体资质的问题，即是以自然人还是以法人形式入驻。以自然人形式入驻，我们称之为开C店，对应于电子商务的C2C模式；以法人入驻，我们称之为开B店，对应于电子商务的B2C模式。其次，要解决的是选择什么平台入驻。当前国内，开C店的平台主要有淘宝、拍拍以及易趣平台；开B店的平台主要有天猫、京东商城、当当网、亚马逊中国、邮乐购网等。如表5.1所示的国内主要C店平台简介和表5.2所示的国内主要B店平台简介。

表5.1　国内主要C店平台简介

序号	平台名称	平台简介
1	淘宝网 （www.taobao.com）	淘宝网成立于2003年5月10日，由阿里巴巴集团投资创办，是中国深受欢迎的网购零售平台，目前拥有近5亿的注册用户数，每天有超过6000万的固定访客。同时，每天的在线商品数已经超过了8亿件，平均每分钟售出4.8万件商品。截至2011年年底，淘宝网单日交易额峰值达到43.8亿元，创造270.8万直接且充分就业机会。随着淘宝网规模的扩大和用户数量的增加，淘宝也从单一的C2C网络集市变成了包括C2C、团购、分销、拍卖等多种电子商务模式在内的综合性零售商圈。目前，淘宝网已经成为世界范围的电子商务交易平台之一
2	拍拍网 （www.paipai.com）	拍拍网是腾讯旗下电子商务的交易平台，网站于2005年9月12日上线发布，2006年3月13日宣布正式运营。拍拍网目前主要有网游、数码、女人、男人、生活、运动、学生、特惠、明星等几大频道，其中的QQ特区还包括QCC、QQ宠物、QQ秀、QQ公仔等腾讯特色产品及服务。依托于腾讯QQ超过7.147亿的庞大用户群以及3.002亿活跃用户的优势资源，拍拍网已发展成为国内成长速度最快C2C电子商务交易平台
3	易趣网 （www.eachnet.com）	易趣网为Tom集团的全资子公司，1999年8月18日成立，提供美国代购、英国代购、eBay代购等众多海外国家的代购服务，汇集来自eBay和海外官网的海量商品，属于C2C电子商务交易平台

表 5.2　国内主要 B 店平台简介

序号	平台名称	平台简介
1	天猫 (www.tmall.com)	天猫原名"淘宝商城",是一个综合性购物网站,淘宝网全新打造的B2C(Business to Consumer,商业零售)。其整合数千家品牌商、生产商,为商家和消费者之间提供一站式解决方案,提供100%品质保证的商品,七天无理由退货的售后服务,以及购物积分返现等优质服务。2012年1月11日上午,淘宝商城正式宣布更名为"天猫"。迄今为止,天猫已经拥有4亿多买家,5万多家商户,7万多个品牌
2	京东商城 (www.360buy.com)	京东商城是中国最大的综合网络零售商,是中国电子商务领域最受消费者欢迎和最具有影响力的电子商务网站之一,在线销售家电、数码通讯、电脑、家居百货、服装服饰、母婴、图书、食品、在线旅游等12大类、数万个品牌、百万种优质商品。2012年第一季度,京东商城以50.1%的市场占有率在中国自主经营式B2C网站中排名第一。目前,京东商城已经建立华北、华东、华南、西南、华中、东北六大物流中心,同时在全国超过300座城市建立核心城市配送站
3	当当网 (www.dangdang.com)	当当网是北京当当网信息技术有限公司营运的一家中文购物网站,从1999年11月当当网正式开通至今,当当已从早期的网上卖书拓展到网上卖各品类百货,包括图书音像、美妆、家居、母婴、服装和3C数码等几十个大类,其中在库图书、音像商品超过80万种,百货50余万种
4	亚马逊中国 (www.amazon.cn)	亚马逊中国原名卓越-亚马逊,是一家B2C电子商务网站,前身为卓越网,为消费者提供图书、音乐、影视、手机数码、家电、家居、玩具、健康、美容化妆、钟表首饰、服饰箱包、鞋靴、运动、食品、母婴、户外和休闲等29大类、上千万种的产品,通过"货到付款"等多种支付方式实现网上销售
5	邮乐购网 (www.ule.com)	邮乐购由中国邮政与TOM集团携手呈献,是一个结合高端线上网购和线下零售于一体的独特创新购物服务平台。拥有全面、可靠、完善的物流配送系统,2011年获得由商务部颁发的中国网络零售业金蚕奖之年度十大最具投资价值网络商城奖

最重要的是,选择完入驻平台后,一定要对入驻平台进行"在线"调研,就如现实中要在某个地区、某条街道开一个实体店铺一样,通过"实地"调研,获得即将开店的一些重要市场信息,缺乏"在线"调研,盲目开一个网上店铺将直接影响到网店的后期运营。具体"在线"调研的项目依不同网上商店定位的不同而有所不同,但一般来说,在进行以下几个项目时必须考虑调研。

1. 市场行情调研项目(必须进行)

(1) 市场是否成熟,可否带来持续收入?

(2) 所在行业竞争状况如何?

(3) 客户是否可以接受产品和服务,并愿意为之付费?

(4) 产品的附加价值是否高?

(5) 货源方面,是否拥有低成本的供货商?

对于市场行情调研,可充分利用互联网开展,但要注意掌握技巧。对于开网店,市场调研最核心的是围绕"产品"而进行,从货源、竞争对手、价格、销量等多角度进行。可充分利用 B2B 平台(阿里巴巴网、慧聪网、中国制造网等)、B2C 平台和 C2C 平台进行。例如,某人在中央电视台获得一条重要资讯:"巴勒斯坦,世界上最古老的手工精油皂",萌发想在淘宝网中开个 C 店,销售巴勒斯坦手工精油皂,其调研过程可进行如下设计:

第一步,确定即将调研的单品名称的关键字,例如"Nablus soap""纳布卢斯香皂"。

第二步,进行货源调研。登录阿里巴巴网(http://www.alibaba.com),输入"Nablus soap"关键词,进行搜索,获得"Nablus soap"的报价为 US＄70/Carton,Each carton contain 48 soap item,如图 5.7 所示。折合每个"Nablus soap"进货成本约为 9 元人民币。

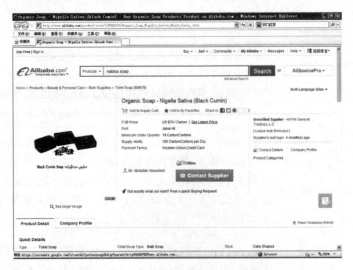

图 5.7　alibaba 中 Nablus soap 的报价

第三步,进行市场行情调研。登陆淘宝网(www.taobao.com),输入"手工精油皂",进行调研,获悉"手工精油皂"在淘宝网中热销品的售价在 40 元人民币左右,如图 5.8 所示。

图 5.8　淘宝网中"手工精油皂"销售价格

有了上面几步调研,基本上可以得出在淘宝网销售"巴勒斯坦,世界上最古老的手工精油皂"的项目是否可行了。

2. 平台调研

平台调研也是必不可少的,对即将开店的平台要进行一定的必要调研,重点了解平台的日均访问量、平台的入驻成本(开店成本)、平台入驻流程等信息。

以上问题解决后,进入网上商店店铺的具体入驻,入驻流程及步骤大致有以下几个步骤(以淘宝网为例)。

一、淘宝网C店入驻流程及步骤

第一步:注册淘宝账号

(1) 如实填写资料。

(2) 完成账户验证。使用邮箱验证,推荐使用网易、雅虎邮箱。

(3) 确认邮件激活账户。如果没有邮箱,也可直接使用手机进行验证注册。

第二步:申请支付宝认证

(1) 填写个人信息,上传证件图片。

(2) 填写银行卡信息。

(3) 输入银行打款金额。

(4) 认证成功。

第三步:了解淘宝相关规则,并参加淘宝在线考试

开始在淘宝发布商品前,请务必仔细阅读淘宝相关规则,以免账户被处罚。

(1) 商品发布规则。

(2) 卖家交易规则。

学习完后,参加淘宝在线考试。

第四步:店铺创建

创建店铺时,设置好店标、店名、店铺公告及个人介绍等,定义店铺风格,并对店铺中的宝贝进行分类。

第五步:寻找网店货源,发布宝贝,完成店铺的入驻

新手卖家常常不知道去哪儿找货源,如表5.3所示几种网店货源的途径:

表5.3 网店货源渠道

	批发市场	品牌代理商	代销式供应商	网店代理货源网站	买入库存积压或清仓产品
优点	更新快,品种多	货源稳定,渠道正规,商品不易断货	简单省事,鼠标一点,连发货都不用自己管,坐收佣金。风险低,资金投入最省	专业,可选择货源较多,各类商品类源一般都有	成本相对较低
缺点	容易断货,品质不易控制	更新慢,价格相对较高	商品不经过自己的手,品质难控制,由于对商品可能了解不够,与客户沟通较复杂,操作不好会得中评或差评	通常以代理类型为主,货源商多,但是无法完全保证商家质量,需要进行甄别	具有很多的不确定因素,比如进货的时间、地点、规格、数量、质量等都不能受自己控制

二、天猫B店入驻流程及步骤

如图5.9所示天猫入驻流程。

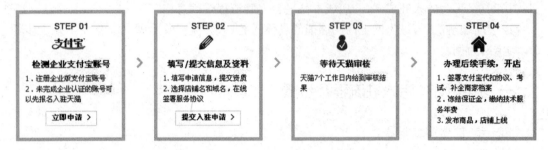

图5.9 天猫入驻流程

第一步：申请企业支付宝账号且通过商家认证

登录www.alipay.com，点击"免费注册"，选择"企业注册"，申请企业支付宝账号，并申请通过支付宝商家认证。

第二步：在线申请并签约

登录在线申请页面http://zhaoshang.tmall.com，点击"立即入驻"，并在线参加天猫入驻考试。

第三步：提交资料并等待审核

（1）提交信息并线上签约。考试通过验证支付宝后在线输入申请公司信息及在线签订天猫服务条款、服务协议及支付宝代扣协议。

（2）上传品牌Logo。上传品牌Logo，要求上传的Logo必须和商标局备案的一致。

（3）等待审核。邮寄企业资质及品牌资料，等待天猫工作人员审核。所提供资料全部为复印件材料，均须由商户加盖公章。同时以天猫账号登录"我的淘宝—我是卖家—天猫服务专区"，进行保证金/技术服务年费的冻结缴纳操作。

第四步：发布商品、店铺上线

（1）请以天猫账号登录"我的淘宝—我是卖家—天猫服务专区"，点击"发布商品"，根据页面提示，发布满规定数量商品。

（2）点击"下一步，店铺上线"，店铺正式入驻天猫。

其他平台的入驻流程及条件，详见本书附录部分。

第二节　网上商城店铺管理

网上商城店铺入驻后，店铺的管理应围绕三个方面进行：一是店铺页面的管理，二是产品及其品类的管理，三是网上零售店铺运营团队的管理。

一、店铺页面的管理

进入网上商城店铺的后台,进行以下管理:
(1) 确定店铺的整体风格,做好各个区域的美工工作。
(2) 设计网店的 Logo 和促销 Banner。
(3) 细化买家须知内容,尽量做到客户可以自主购物。
(4) 美工负责将待售产品的图片做好处理,编辑配置好相关的文案说明。
(5) 编辑好各个产品的标题,介绍描述产品单品并核实价格及库存信息后全部上架。

二、产品及其品类的管理

产品及品类的管理,详细见本书"第七章　网店运营实战"的"第一节　品类管理实战"部分。

三、网上零售店铺运营团队的管理

(一) 搭建网上零售店铺运营团队

如图 5.10 所示网上零售店铺运营团队。

图 5.10　网上零售店铺运营团队

(二) 明确网上零售店铺各工作人员的工作职责和工作内容

1. 店长(总策划)

工作职责如下:
(1) 负责网店整体规划、营销、推广、客户关系管理等系统经营性工作。
(2) 负责网店日常改版策划、上架、推广、销售、售后服务等经营与管理工作。
(3) 负责网店日常维护,保证网店的正常运作,优化店铺及商品排名。
(4) 负责执行与配合公司相关营销活动,策划店铺促销活动方案。
(5) 负责收集市场和行业信息,提供有效应对方案。
(6) 制订销售计划,带领团队完成销售业绩目标。
(7) 客户关系维护,处理相关客户投诉及纠纷问题。

2. 客服人员(前期两名)

工作职责如下：

(1) 通过聊天软件，耐心回答客户提出各种问题，达成双方愉快交易，处理订货信息。

(2) 熟悉入驻平台的各种操作规则，处理客户要求，修改价格，管理店铺等。

(3) 解答客户提问，引导客户进行购买，促成交易。

(4) 为网上客户提供售后服务，并以良好的心态及时解决客户提出的问题和要求，提供售后服务并能解决一般投诉。

(5) 配合网上商城店铺或独立网站进行推广宣传，在各种群和论坛发帖宣传、推广店铺。

3. 网店美工(前期一名)

主要工作内容(熟练 PS 合成、调色及抠图技术)：

(1) 负责网络店铺视觉规划、设计，以及产品描述工作。

(2) 负责网站产品模特后期图片的处理和排版。

对于美工人员，一般要求有优秀的视觉设计能力，对设计有天生的触觉，追求完美；具有网页美工设计能力和平面设计能力，有一年以上的工作经验；熟悉入驻平台的货品上架、宝贝编辑等功能；熟悉 Dreamweaver、Photoshop 等相关设计软件；有良好的团队合作精神，有耐心，做事认真细心负责，诚实可靠，能承受一定的工作压力；熟练编写 DIV/CSS 者优先。

4. 网店编辑(前期一名)

工作职责如下：

(1) 负责网店产品上架和下架的相关工作。

(2) 负责网店产品的宝贝描述文字的撰写，配图文字的撰写。

(3) 负责促销活动文案的构思和撰写。

(4) 负责网店产品标题的编辑和修改等。

5. 配送人员

主要职责如下：

(1) 按照要求对货物产品进行包装，负责进货和发货等物流方面的事项，清点库存。

(2) 有较强的服务客户的意识及团队合作精神。

(3) 能吃苦、踏实、细心、能长期稳定的合作。

(4) 有网店打包工作经验的优先考虑。

(5) 负责商品进库、出库，发货包装。

(6) 准确无误地核对面单与商品货号、数量等。

(7) 登记商品出库记录。

(8) 定期对库房进行盘点，做到能拍即有货。

本章主要讲述了网上商城开店以及网上商城店铺管理的基本知识和业务流程。

一、名词解释

网上开店　　入驻

二、简答题

1. 网上零售商如何在淘宝、拍拍开设 C 店？
2. 网上零售商如何入驻京东商城、天猫等 B2C 平台？

三、实战题

请分别登录以下国内主流网上零售平台，了解其开店或入驻流程及标准。

1. 淘宝网：www.taobao.com。
2. 拍拍网：www.paipai.com。
3. 天猫网：www.tmall.com。
4. 京东商城：www.jd.com。
5. 当当网：www.dangdang.com。
6. 亚马逊网：www.amazon.cn。

第六章 网店装修实战

通过本章学习,熟练掌握网上零售商进行网店装修的各种装修工具;熟悉网店 Logo 设计的基本知识和流程;熟悉网店 Banner 设计的基本知识和流程,熟悉网店图文广告设计的基本知识和流程。

如图 6.1 所示。

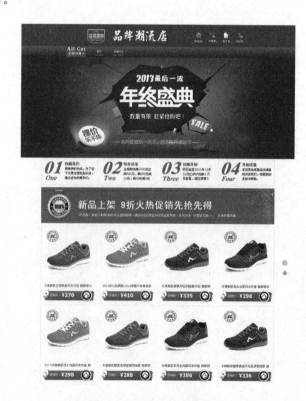

图 6.1 店铺首页模板样例

思考：

观察图6.1，思考网上零售店铺中，什么叫店招？什么叫促销区？什么是店铺首页模板？什么是产品介绍页模板？Logo是什么？Banner是什么？图文广告又是什么？

第一节 网店装修

网店装修，又称网店装饰，是指在网上零售店铺的一定区域和范围内进行的，依据一定设计理念和美观规则形成的一整套设计方案。设计方案中一般应包括店铺首页设计、产品列表页设计、产品详情页设计、自定义内容页设计等方案。无论是店铺首页的设计，还是产品页面（列表页和详情页）的设计，都必然要通过图片制作工具（如Photoshop）、代码编写工具（如Dreamweaver、HTML、DIV＋CSS）的使用得以实现。因此，网店装修准确来说属于网页设计的范畴，设计者通过对文字、图像、音频、视频、动画等文件的创意组合来设计出漂亮迷人且功能实用的页面，从而吸引客户，创造网店视觉销售力。

为了方便网上零售商对其店铺进行装修，一般来说网上零售店铺平台的提供者都会提供店铺装修模板供网上零售商进行选择。如淘宝网在其卖家服务装修市场（http://zxn.taobao.com/）中提供了10万套精品店铺装修模板供选择，网上零售商只需要根据其店铺类型（旺铺基础版、旺铺专业版、旺铺天猫版）以及店铺所属行业选择相应的店铺装修模板，一键安装后即可完成店铺的装修，如图6.2所示。拍拍网在其卖家服务（http://fuwu.paipai.com/）工具类中提供了由第三方应用服务商开发的"店铺装修-SDK智能模板"，方便网上零售商在拍拍网店铺的装修工作，如图6.3所示。独立网店系统提供商的上海商派在模板堂（http://mb.shopex.cn/）提供的网店模板，简化了网上零售商的网店装修工作，如图6.4所示。

图6.2 淘宝网的店铺装修市场

图 6.3　拍拍网的 SDK 智能模板

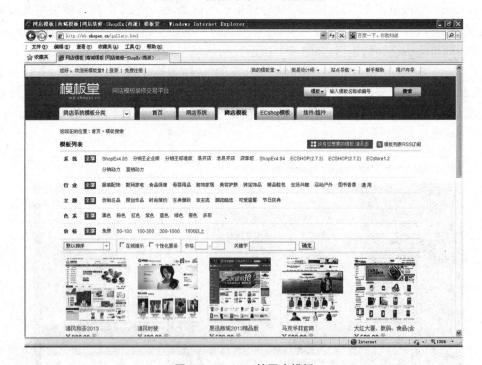

图 6.4　ShopEx 的网店模板

因此,网上零售店铺的装修,可以依托网店所选的平台,灵活运用 SDK(Software Development Kit,即软件开发工具包)模板进行。对于模板的选择,应重点围绕"店铺首页"和"产品介绍页",选择适合自己店铺风格的模板。

一、网店装修的基本思路

网店装修,应围绕网店布局方案,通过结构化和模块化的页面来实现。因此,网上零售商装修其网店的基本思路,首先应该是店铺页面风格的整体设计,要考虑店铺应设计出哪些页面(至少包括店铺首页和产品详情介绍页),每一个页面的布局方案和风格,店招与导航的设计,以及动画、图片、字体、颜色设计元素的组合。然后用 Photoshop 或者 Fireworks 画出来、切割成小图。最后再通过编辑 HTML 将所有设计还原表现在页面上。

店铺页面,应包括店铺首页、产品列表页、产品详情页和自定义内容页等页面。每个页面可以由页头、页中和页尾三部分组成。页头是一个店铺所有页面均公用的区域,其核心在于提供店铺全局导航,为买家从产品详情介绍页跳转到店铺首页提供关键入口。页面中主要是店铺的产品介绍区域,应提供清晰的产品品类,为买家购物提供类目导航,同时还要提供产品促销信息。页尾也是一个店铺所有页面均公用的区域,主要用于展现店铺基本服务及帮助信息等,提升店铺的可信度与专业性。实践中,网上零售商进行店铺装修的,由于店铺所在平台的提供者大都提供 SDK(Software Development Kit,即软件开发工具包)模板,因此,其店铺页面的装修过程可以这样:首先,在店铺页面中添加具备不同功能的模块,并根据店铺页面的布局和风格,拖动各个模块所处的位置;然后,再在店铺页面上将网上零售商添加的模块组合在一起,形成店铺页面的装修效果,完成店铺页面整体上的展示。图 6.5 至图 6.8 具体展示了一个完整的网上零售店铺装修方案在设计过程中应考虑的因素。

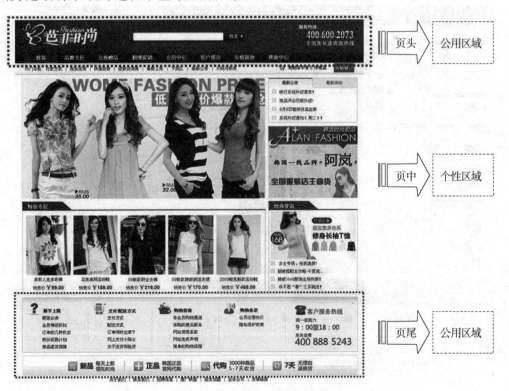

图 6.5 店铺首页的设计

图 6.6　产品列表页的设计

图 6.7　产品详情页的设计

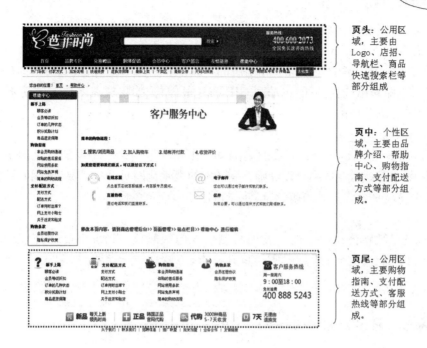

图 6.8　自定义内容页的设计

二、网店装修常用工具

网店装修工具分为图片制作工具和代码编写工具。图片制作常用的工具有 Photoshop、Fireworks、光影魔术手、Ulead GIF Animator 等，代码编写常用的工具有 Dreamweaver、Frontpage 等。

1. Photoshop

Photoshop 是由 Adobe 公司开发的图形处理系列软件之一，是一款图像处理、广告设计的专业软件，是世界上公认的功能最强大的图像编辑软件，由于网店装修是利用精美图片对网店进行装饰，需要先设计好图片，店铺装修中一般采用 Photoshop 制作图片。同时，设计者还可以运用 Photoshop 的切片工具，进行网店模板的设计。

2. Fireworks

Fireworks 是 Adobe 推出的一款网页作图软件，软件可以加速 Web 设计与开发，是一款创建与优化 Web 图像和快速构建网站与 Web 界面原型的理想工具。Fireworks 不仅具备编辑矢量图形与位图图像的灵活性，还提供了一个预先构建资源的公用库，由 Photoshop、Illustrator、Dreamweaver 和 Flash 软件集成。Fireworks 将设计迅速转变为模型，或利用来自 Illustrator、Photoshop 和 Flash 的其他资源，然后直接置入 Dreamweaver 中轻松地进行开发与部署。

3. 光影魔术手

光影魔术手(nEO iMAGING)是一个对数码照片画质进行改善及效果处理的软件，简单、易用，每个人都能制作精美相框、艺术照、专业胶片效果，而且完全免费。不需要任何专业的图像技术，就可以制作出专业胶片摄影的色彩效果，是摄影作品后期处理、图片快速美容、数码照片冲印整理时必备的图像处理软件。光影魔术手可用于批量生成网店中产品图

片的水印效果,方便、快捷、迅速。

4. Ulead GIF Animator

Ulead GIF Animator是由友立公司出版的一款专业制作GIF动画的软件,内建许多现成的特效可以立即套用,而且还能将动画GIF图片最佳化,如将放在网页上的动画GIF图档减肥,以便能更快速地浏览网页。

5. Dreamweaver

Dreamweaver是Adobe公司开发的集网页制作和管理网站于一身的所见即所得网页编辑器,它是第一套针对专业网页设计师特别开发的视觉化网页开发工具,利用它可以轻而易举地制作出跨越平台限制和跨越浏览器限制的充满动感的网页。

6. Frontpage

Frontpage是微软公司出品的一款网页制作入门级软件。Frontpage的使用方便、简单,会用Word就能做网页,所见即所得是其特点,该软件结合了设计、程式码、预览三种模式。

三、网店装修的注意事项

当前的网店装修,大都存在一些问题,能够考虑周全的网店装修方案并不多。网上零售商以年轻人为主,其在进行网店装修时,过于看重网店的绚丽元素,而忽视网店装修最内涵的东西——方便消费者购物,导致其装修出来的网店,虽是给消费者看的,本意想取悦消费者,却最终阻碍消费者在其设计的网店中购物。因此,网上零售在装修网店时,应注意以下几点。

1. **店铺名称——突出店铺个性,突显特色品牌和产品**

由于店铺名称受店铺所处的平台及店铺页面的宽度限制,网上零售商在设计店铺名称时,都会尽可能地追求简洁,但简洁不意味着一味追求短。过短的网店名字的结果就是雷同的太多,没有特色,客户想在此以后通过搜索找到其店铺就很困难。比如A做话费充值网店,起一个店名叫"话费快快冲",搜索关键词"话费快快冲"出来的结果一大堆,客户基本上找不到A的店铺了。

建议要突出本店个性,突显特色品牌和产品。

2. **店铺页面——不能过度依赖图片**

图片产生的效果确实非常丰富,能让网店看起来丰富多彩、美观。但是过多地使用图片造成的就是网店加载速度慢,稀释了网页关键词密度。加载速度慢就不用说了,直接导致客户看都不看就关闭网页。稀释网页关键词密度的结果就是影响店铺的搜索结果及其搜索结果排名,消费者找到目标店铺几率大大地减小。

建议:店铺产品品类管理方面,不用或者少用图片做产品分类导航,尽量使用文字,文字中多多涉及关键词;在店铺产品详情介绍方面,能不用图片的地方,尽量直接用文字进行产品的介绍,需要用图片辅助产品的介绍,也一定要处理好图片的大小,尽量不影响网页的加载速度。

3. **背景音乐——不建议使用**

网上零售商装修网店的时候总是喜欢在网页里面加上背景音乐。本意是想营造一个消费者购物时心情舒畅的环境,但是客户不一定就这么想。很多客户安静地浏览网页时,突然音响放出大声的音乐,请问此时的他会怎么做?还有客户本来已经听着优美的音乐来到你的店铺浏览产品,打开你的网店就出现了大量的杂音,他又会怎么做?当然是找到有音乐的网页,尽快关闭。另外,音乐文件都比较大,对网速的影响也是不言而喻的,客户半天打不开网店,自然就将网页关了。而且在浏览产品的时候有的背景音乐是重复播放的,相信这一点很多人都会感到厌烦。

为了让客户选购的时候心情更舒畅,更快打开网页,方便客户购物,不要加载音乐。如果实在想加背景音乐,也要注意优化音乐大小,建议使用 MID 格式的音乐作为背景音乐,并设置好背景音乐的播放次数。

4. 店铺页面模板——少用图片,多用代码

很多网上零售商的网店装修模板多为第三方设计,这些设计师为了迎合网上零售商的喜爱,将模板设计得非常花哨。为了方便,很多也是通过对图片的切割拼凑而来,使用代码设计的少之又少。大量图片占用大量的空间,加载大量图片也让网页打开速度大打折扣。网店描述模板太过于华丽,商品描述也就被淹没在了其中。

建议店铺页面模板少用图片,多用代码,不要过于花哨,要突出宝贝的描述。

四、网店装修师应具备的能力

基于网店所处平台的不同而有所区别,对网店装修师的要求也有所不同。但一般来说,网店装修师应具备基本的图片制作能力和代码编写能力,包括:

(1) Photoshop 图像处理能力。
(2) HTML 基础技能。
(3) DIV+CSS 布局的基础技能。
(4) 简单的 PHP 输出语句能力。
(5) 对国内主流网店平台(包括淘宝、京东、亚马逊等)的店铺装修和独立网店系统(包括 ShopEx、ECShop、Hishop)有一个基本的了解。

第二节 网店 Logo 设计

一、网店进行 Logo 设计原因

Logo 是徽标或者商标的英文说法,起到对徽标拥有公司的识别和推广的作用,通过形象的 Logo 可以让消费者记住公司主体和品牌文化。网店中的 Logo 徽标主要是各个网店用来与其他网店链接的图形标志,代表一个网店。

1. 网店 Logo 的作用

(1) 因特网之所以又叫做"互联网",因其在各个网站之间可以链接。网站与网站之间的链接,非常常见。随着网上零售竞争的加剧,未来网店与网站之间的链接会越来越多。网上零售商在网店的运营与推广中,要想从别的网站吸引流量,就必须在别的网站设置链接,而要设置

链接,就必须提供一个让其客户进入其店铺的标志。而 Logo 图形化的形式,特别是动态的 Logo,比文字形式的链接更能吸引人的注意。在如今争夺眼球的时代,这一点尤其重要。

(2) 网店 Logo 是网店形象的重要体现。传统零售商在开展商务往来时,都很注重名片的设计。同样,网上零售商的"名片"就是其网店 Logo。就一个网店而言,Logo 即是网店的名片。而对于一个追求精美的网店,Logo 更是它的灵魂所在,即所谓的"点睛"之处,是网店形象所在,是网店区别于其他网店的重要途径之一,更是网店特色品牌文化之体现。

(3) 网店 Logo 能使客户便于选择。一个好的网店 Logo 往往会反映网店及品牌文化、产品消费理念、网店运营团队的专业性等信息,特别是在消费者网上购物越来越挑剔的年代,好的网店 Logo 更容易吸引消费者的眼球。

2. 网店 Logo 的标准规范

为了便于网店在互联网上进行信息的传播,一个统一标准的网店 Logo 是需要的。实际上已经有了这样的一整套标准。其中关于网店的 Logo,目前有三种规格:第一种标准:88×31 像素,这是互联网上最普遍的 Logo 规格;第二种标准:120×60 像素,这种规格用于一般大小的 Logo;第三种标准:120×90 像素,这种规格用于大型 Logo。

3. 网店 Logo 的制作工具和方法

网店 Logo 的制作工具由图像处理软件加上动画制作软件(如果需要做一个动画 Logo 的话)组成,如 Photoshop、Fireworks、Ulead GIF Animator 等。而 Logo 的制作方法也和制作普通的图片及动画没什么两样,不同的只是规定了它的大小而已。

4. 网店 Logo 应具备的条件

一个好的网店 Logo 应具备这几个条件:第一是符合 Logo 标准规范;第二是精美、独特,具有原创性和新颖性;第三是与网店的整体风格相融;第四是能够体现网店经营产品的类型、经营风格或品牌文化理念,并将网店地址包含在内。

二、网店 Logo 设计实战

使用到的软件:Photoshop、ImageReady、Firework。

第一步:选择图片

(1) 打开 Photoshop,在"文件"里打开一张你准备使用的图片,最好是 JPG 格式的静态图片,同时注意图片的选取要有作为 Logo 图标的价值。如图 6.9 所示。

图 6.9　选择图片

（2）然后，选择工具栏的"裁切工具"，裁切一个120×40大小的图片，图片切得大了就继续切，切到合适为止，切得小了就重来。这里裁切的尺度是120×40。如图6.10所示。

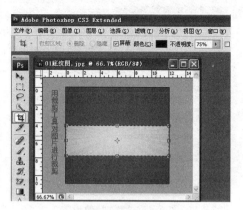

图6.10　裁剪图片

（3）若在（2）中图片裁剪宽度不够，裁切出来的大小是140×40，可修改为120×40。如图6.11所示。

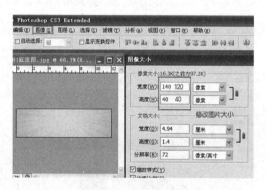

图6.11　修改图像大小

第二步：加入文字

在Logo中显示的一般是网店名称和地址，这里以网店名称"润思旗舰店"和地址"run-si.tmall.cn"为例。做网店Logo最主要的是用各种显示的方法突出文字信息，以给人深刻和良好的印象。下面就举例介绍一下几种常用的文字变换的显示方法：滑行效果、模糊效果、渐变效果、打字效果、颜色过渡效果、闪光效果。

（1）滑行效果：字体从旁边慢慢滑行出来的效果。

①在工具栏选择"文字工具"——文字工具的样子如大写的"T"，在合适的地方输入文字"润思旗舰店"，Logo的文字格式可选这里以微软雅黑为例，12号大小，浑厚。如图6.12所示。

图6.12　设置字体

字体常用的特效有投影、描边、模糊等,这里举例用红色字体,白色描边。进入特效设置的方法是在右下角的图层上用右键点出"混合选项",如图6.13所示。

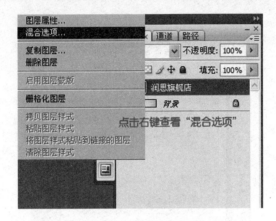

图6.13 字体特效设置

② 简单介绍一下这几种效果的使用方法。点击"投影"字样(而不是点击它前面的选框),把投影选项中的"距离""大小"改为1,"角度"改为150或120,"不透明度"自己定——不透明度是指投影颜色的深浅,在"混合模式"后面的黑框里选择颜色。如图6.14所示。

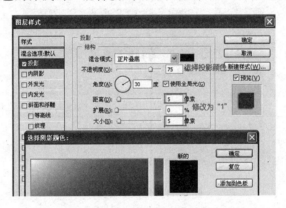

图6.14 摄影效果设置

③ 点击"描边",把"大小"改为1,把颜色改成你想要的。如图6.15所示。

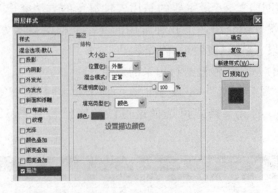

图6.15 描边设置

④ 为了让 Logo 更加形象。突出主题，设计时可加入相关矢量图点缀，如图 6.16 所示。

图 6.16　添加图层

⑤ 输入文字并设置好效果后，用移动工具拖动文字的位置。如图 6.17 所示。

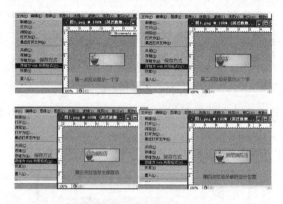

图 6.17　拖动文字

在这里可以用"缩放工具"放大图片，以便更好地设置。注意文字移动的曲线要在同一条直线上，分毫都不可偏差。比如从左移到右，一般是用移动工具移动四或五次，每一次移动之后就要保存。保存的时候也要注意，先新建一个文件夹，把保存的图片按照顺序用 01、02、03 这样的文件名保存起来，这是一定必要的，也可以使用"存储为"保存为 PSD 图片，方便以后修改，但这种格式不能作为网页图片发布。

⑥ 用同样的方法移"runsi.tmall.cn"字体。如图 6.18、图 6.19 所示。

图 6.18　添加网址

图 6.19　拖动网址

⑦ 字体的移动设置保存完毕后，进入 ImageReady 合成动画——点击工具栏最下边的图标进入。进入 ImageReady 后，选择"文件"—"导入"—"作为帧的文件夹"，选择保存着图片的那个文件夹，然后点击"确定"。

⑧ 图片间维持时间的设置，点击动画显示栏里图片下边的标志，设置间隔时间，如图 6.20 所示。

图 6.20　设置间隔时间

然后保存，注意要用"将优化结果存储为……"那个键。保存后看看效果，建议用 ACDSee 看，动画显示真实些，速度也快些。

单纯使用滑动效果后的 Logo 如图 6.21 所示。

图 6.21　滑动效果 Logo

（2）模糊效果：字体呈现瞬间模糊的效果，看起来比较动态。

① 类似滑动效果的制作，选择要使用模糊效果的图层，并去掉描边特效，使用"滤镜"—"模糊"—"动感模糊"，把字体弄成模糊后再进行移动，这样看起来更有动感。

② 完成后的 Logo 如图 6.22 所示。

图 6.22　瞬间模糊效果 Logo

（3）渐变效果：字体从无到有渐渐显示出来。

① 渐变效果是利用 ImageReady 的功能键完成的，在动画显示栏里，先在心里默认两张图片，第一张会慢慢渐变到第二张，然后用鼠标选择第二张，点击功能键里的"过渡"，选择过渡图片的张数，一般为 3～5 张，然后点击"确定"就行了。如图 6.23 所示。

图 6.23 选择"过渡"

② 最后的渐变效果 Logo 如图 6.24 所示。

图 6.24 渐变效果 Logo

(4) 打字效果:字体一个一个逐渐显示出来。

① 这种效果比较麻烦,并且只能针对中文,英文最好不要用。先在已经确定的位置上输入文字和效果,不要移动。五个字的话,图片的数量一般为五张。那么就从第五张做起,逐渐到第一张。而输入文字后的图片则保存为 06.gif。如图 6.25 所示。

图 6.25 横排文字工具运用

② 选择"图层"—"合并可见图层",再选择"矩形选框工具",选择并框出最后一个字,如图 6.26 所示。(很多功能的操作都必须先合并图层,但合并图层后不利于保存为 PSD 修改。)

图 6.26 矩形选框工具运用

③ 在选好的字里点右键选择"填充"—"白色"。在新建文件夹里保存为 05.gif。如图 6.27 所示。

图 6.27　填充白色

④ 按"编辑"中"返回"回到合并图层前,用文字工具删掉最后一个字,再选择矩形选框工具(很多时候需要选择这个工具,菜单栏里的项目才会正常显示),再合并可见图层,用矩形选框工具选出第三个字,用同样方法填充为白色,保存为 04.gif。如图 6.28 所示。

图 6.28　合并图形

⑤ 用同样方法把第二个、第一个字填充为白色,保存为 03.gif、02.gif。原始图片作为 01.gif。

⑥ 在 06.gif 的基础上加入网站地址,可以自己选择效果。

⑦ 进入 ImageReady 合成动画,时间间隔设置为 0.2 秒较好。

⑧ 完成后的 Logo 如图 6.29 所示。

图 6.29　打字效果 Logo

(5) 颜色过渡效果:字体上有一种不同于字体的颜色逐字滑过的效果。

① 在确定的地方输入文字,加上效果,不再移动,保存为 01.gif。

② 用文字工具选择第一个字,把它改成与其他字体不同的颜色,保存为 02.gif,如图 6.30 所示。

图 6.30　选中字体，修改颜色

③ 选择"返回"至未修改颜色前，用同样方法只选择第二个字，把它改为红色，保存为 03.gif。

④ 用同样方法保存完四个字，需要的话也可以对网址进行颜色过渡处理，不过每次变色最好选择两个字母同时进行。

⑤ 文字过渡效果也是用这种方法，并且更简单，写一个字就保存一次，然后再合成动画。

⑥ 最后的效果 Logo 如图 6.31 所示。

图 6.31　颜色过渡效果 Logo

(6) 闪光效果：常见的一道闪光滑过图片表面的效果。

① 在 Firework 2004 中打开一张图片，在右上角的地方新建一个图层，如图 6.32 所示。

图 6.32　新建图层

② 用鼠标选择本来的图层，而不是新建的图层，否则无法继续。如图 6.33 所示。

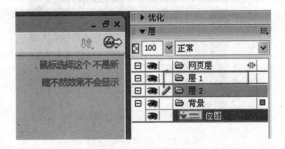

图 6.33　选择图层

③ 用"矩形工具"选取一道闪光的矩形,如图6.34所示。

图6.34 矩形工具设置

④ 对选择好的矩形进行加工,方法有两种:淡化或者模糊。如图6.35所示。

图6.35 对矩形加工

⑤ 如果需要倾斜的矩形,只需使用"修改"—"变形"—"任意变形",如图6.36、图6.37所示。

图6.36 高斯模糊设置

图6.37 倾斜矩形设置

⑥ 选择本来的图层按快捷键 F8，选择"动画"，选择帧的数目和动画的范围，如图 6.38 所示。

图 6.38　设置动画

⑦ 回到图片，拉动两头的小点调整动画范围，有时需要按住 Ctrl 键才能拉动，如图 6.39 所示。

图 6.39　调整动画范围

⑧ 在开始新建图层的地方再选择"共享图层"，如图 6.40 所示。

图 6.40　共享图层

⑨ 然后选择"文件"—"导出向导"—"继续"—"导出"就行了。完成的图片在 ImageReady 中导入的时候会自动变成一帧帧的图片。

⑩ 用这个方法完成的 Logo 如图 6.41 所示。

图 6.41　闪光效果 Logo

第三节 网店 Banner 设计

一、网店设计 Banner 的原因

Banner,又称旗帜广告、横幅广告,是网店运营过程中网络广告的主要形式之一,尺寸有 468×60 像素,或 233×30 像素,一般使用 GIF 格式的图像文件,可以使用静态图形,也可用多帧图像拼接为动画图像。当客户访问一个网店的时候,第一屏的信息展示是非常重要的,很大程度上影响了用户是否决定停留,然而光靠文字大面积的堆积,很难直观而迅速地告诉用户来到这里会得到什么有用的信息,因此网店 Banner 的设计在这里起到了至关重要的展示作用,特别是对于首页 Banner 和产品介绍详细页面,有效的 Banner 信息传达让客户和文字之间的互动变得生动而有趣。

(一) 网店 Banner 的作用

对网店而言,Banner 的主要作用是宣传企业形象和展示企业产品,以及促销宣传。一个优秀的网店,美工的好坏主要是通过 Banner 图来体现,其次是整个网店的细节处理。所以,我们一定要将网店的 Banner 设计独特,吸引用户眼球,在这一作用的基础上,对 Banner 的设计尤为重要,我们要体现出企业文化,突出产品特点,元素和色彩搭配至关重要。

(二) 网店 Banner 的标准规范

Internet Advertising Bureau (IAB,国际广告局)的"标准和管理委员会"联合 Coalition for Advertising Supported Information and Entertainment(CASIE,广告支持信息和娱乐联合会)推出了一系列网络广告宣传物的标准尺寸。这些尺寸作为建议,提供给广告生产者和消费者,使大家都能接受。现在网店上的广告几乎都遵循 IAC/CASIE 标准,如图 6.1 所示。

表 6.1 IAC/CASIE Banner 标准

1997 年第一次标准公布		2001 年第二次标准公布	
Number	Size(Pix) Name	Number	Size(Pix) Name
1	468×60 全尺寸 Banner	1	120×600 "摩天大楼"形
2	392×72 全尺寸带导航条 Banner	2	160×600 宽"摩天大楼"形
3	234×60 半尺寸 Banner	3	180×150 长方形
4	125×125 方形按钮	4	300×250 中级长方形
5	120×90 按钮#1 或小图标	5	336×280 大长方形
6	120×60 按钮#2 或小图标	6	240×400 竖长方形
7	88×31 小按钮或 Banner	7	250×250 "正方形弹出式"广告
8	120×240 垂直 Banner	* IAB 将不再支持 1997 年第一次公布 392×72 形	

（三）网店 Banner 的制作工具和方法

网店 Banner 的制作工具和方法主要有两种：第一种是 Photoshop 图片处理软件；第二种是阿里妈妈的 Banner Maker 在线设计平台（http://banner.alimama.com/）。

（四）网店 Banner 设计要点

自然界的万物形态构成都离不开点、线、面。它们是视觉构成的基本元素，具有不同的情感特征。因此，网店 Banner 的设计，要善于采用不同的点、线、面加之色彩的运用进行组合去体现不同 Banner 的情感诉求。

1. 点的聚合

点的排列所引起的视觉流动，引入了时间的因素，利用点的大小、形状与距离的变化，可以设计出富于节奏韵律的画面。点的连续排列构成线，点与点之间的距离越近，线的特性就越显著。点的密集排列构成面，同样，点的距离越近，面的特性就越显著。无数图形的点聚合在一起，增强了画面的韵律感。

2. 线的流动

线分为四类：直线、曲线、折线以及三者的混合。直线又有水平线、垂直线、斜线三种形式。其中，水平线给人安逸的感受；垂直线给人崇高、挺拔、严肃的感受；曲、折、弧线具有强烈的动感，更容易引起视线的前进、后退或摆动。严谨的线条，使页面稳重富有理性。

3. 面的分割

面在设计中的概念，可以理解为点的放大；点的密集或线的重复。Banner 元素在不同大小色块元素的风格对比下，能获得清晰、条理的秩序，同时在整体上也显得和谐统一。

4. 色彩的运用

色彩能带给客户情感的联想，能引起客户具体联想和抽象联想两种维度的联想，如图 6.42 所示。

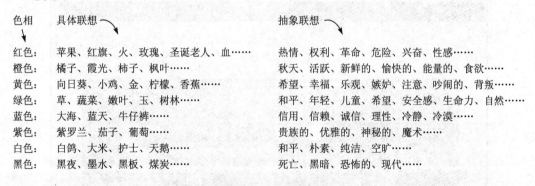

图 6.42　色彩的联想

一个好的网店 Banner 的设计，应从点、线、面加之色彩的运用进行组合，并注意以下几点：

第一，预留大面积的 Banner 空间创作。

Banner 设计占用很大的空间，且占用的空间是重要而有价值的面积，需要万分小心地处理。如果处理好的话，它将会事半功倍，而且信息传达非常有效。

第二,设置有效的措辞与行为导向按钮。

在 Banner 设计中,通过真实产品的展示,并配以鼓动人心的措辞口号及醒目的可以直接诱导用户点击的行为导向按钮,让网店获得更多的用户点击和关注目光。

第三,插图及清新手绘让页面倍感亲切。

在现代设计领域中,插画设计可以说是最具有表现意味的,它与清新手绘有着亲近的血缘关系。插图及清新手绘在 Banner 设计中,可以让页面倍感亲切。

第四,引入肢体语言让画面变得生动。

肢体语言可以通过头、眼、颈、手、肘、臂、身、胯、足等人体部位的协调活动来传达人物的思想,形象地借以表情达意。因此,引入肢体语言到 Banner 设计画面中,让画面变得更加生动。

第五,丰富的产品展示组合效果。

用堆积这种布局特效来展示不同的作品示例,并附上一条介绍性质的口号,网页变得更有说服力,丰富而富有层次感。

第六,特殊肌理的组合。

适当地运用肌理以及拼贴效果,让画面变得有质感且意味深长,这是让 Banner 与众不同的好办法之一。

二、网店 Banner 设计实战

以阿里妈妈的 Banner Maker 在线设计平台(http://banner.alimama.com/)为例,快速的设计一个网店 Banner。

第一步:登录 http://banner.alimama.com/,进入"通栏/店招"栏目,选择 Banner 模板,如图 6.43 所示。

图 6.43 登录 Banner Maker 在线设计平台

第二步：点击对应模板上方的"开始制作"按钮，进入在线设计页面，进行设计，如图 6.44 所示。

图 6.44　Banner Maker 在线设计页面

第三步：设计完后，点击"预览/保存"按钮，输出在线设计结果。可选在下载 Flash 动画、下载图片两种方式输出在线设计结果，也可选择代码输出，如图 6.45 所示。

图 6.45　Banner 设计结果输出

第四节　图文促销广告设计

有位著名的设计家曾说过：等待设计师进行创作的一个平面——一张招贴广告、一个包装的立面或样本广告的封面，都是有生命的、会呼吸的。网上零售商的图文促销广告，更是如此。当设计师面对他的设计对象一张白纸时，他会调动自己所拥有的全部智慧、感情与想像力,将各种文字图形按照视觉美感和内容上的逻辑统一起来,形成一个具有视觉魅力和组织严密的载体。这个过程就是给予平面特定生命的过程,使原来物质的东西变成了具有精神力量的东西,这个被"设计"过的图文促销平面会呐喊,会喧嚣,会抓住人的视线,会打动人的情感,会将特定的信息"清晰、迅捷、有力"地灌输给每一个用眼睛接触过它的人。在图文促销广告设计过程中,编排起着非常重要的作用。本节以登录 http://banner.alimama.com/为例,进行图文促销广告的编排和设计。

Banner Maker 是一个网络广告牌在线即时生成工具,无需任何设计经验,就可以使用其准备的大量精致动画模版,进行修改、添加、DIY 自己的设计作品。用 Banner Maker 设计图文促销广告流程如下。

第一步:登录 http://banner.alimama.com/,点击"图文",如图 6.46 所示,选择别人的模板,进行设计。对于不会设计的人来说,这样可以省去不少时间和精力。当然,如果有时间和能力的话,在这里也可以自己设计。

图 6.46　登陆 Banner Maker 平台,定义"图文"尺寸

第二步:对"图文"基本属性进行设置,包括背景色、全局链接等。如图 6.47 所示。

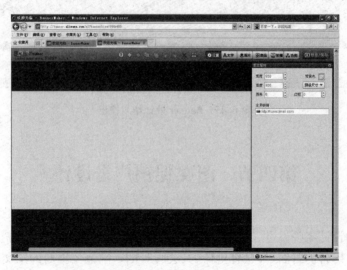

图 6.47　图文基本属性设置

第三步:根据网店促销的需要,灵活运用 Banner Maker 中"文字""图片""商品""轮播"和"功能"菜单,进行图文的在线设计。如图 6.48 所示。

图 6.48 对图文广告进行编辑

第四步:点击右上方的的"预览/保存"按钮,获取设计结果,如图 6.49 所示。

图 6.49 输出图文促销广告设计结果

第五步:将获取的图文促销广告设计结果运用到网店中去。可以通过 Flash 动画 URL、HTML 代码和 JavaScript 代码进行。

本章主要讲述了网店装修的基本思路及常用网店装修工具,并结合实例进行了网店装修环节中 Logo 的设计、Banner 的设计以及图文促销广告的设计。

一、名词解释

  网店装修 Logo Banner 店招 图文广告

二、简答题

  1. 网店装修中,常用的装修工具有哪些?

  2. 网店装修设计师,应具备哪些能力?

三、实战题

  请为"润思旗舰店"设计以下内容:

  1. 店铺的 Logo。

  2. 店铺的 Banner。

  3. 店铺的图文促销广告。

第七章　网店运营实战

通过本章学习,掌握网上零售商开展网店运营过程中涉及的品类管理基本知识、货源渠道基本知识和单品爆款基本知识,熟练掌握品类管理实战流程、货源的具体渠道、单品爆款打造的实战流程和店铺分销流程。

张琳琳于2008年7月创立羚羊早安。经过几年的发展,位列淘宝服饰配件类目第一,是中国最大的围巾网上零售企业。2012年3月12日,升双金冠,成为淘宝首家专业围巾双金冠店。

张琳琳毕业于安徽大学,头顶社会学和行政管理两个硕士头衔,入职令人羡慕的高校,抱着充实生活以及尝试新事物的想法,张琳琳踏上了业余淘宝店主之路,做的是小而精致的围巾类目。初始阶段,小店仅有她一个人,进货、拍照、上传、客服、发货,全部都是一人完成,同时小店装饰得颇具文化感。她一旦有时间,还要在淘宝大学学习打理店铺的基础知识,朝九晚五之余的时间都扑在了淘宝小店上,经常是一抬头,已经凌晨两三点钟。2008年9月,张琳琳正式辞职,全职经营起了羚羊早安。

羚羊早安的围巾在配饰类目里很小,张琳琳从细节着手,让每一处看似平凡的小细节都尽可能地做到精致而完美,让走进小店、看到产品的客人有种幸福感。感性的张琳琳,觉得每一条围巾都是有生命的,每每指尖滑过那些做工精美、花色别致的围巾,心中都会涌起阵阵感动,更会为它们配上一些词,分享和传递这份感触。这也形成了羚羊早安自己的特色,借助围巾,以心灵之声与买家形成互动,不喧哗、不浮躁,在小世界里做最大的"美好"。

到2008年年底,羚羊早安的销售额已经接近100万元,人数也增加到6个。凭借着自己刻苦钻研的精神,选货上货的眼光和真诚与人沟通的能力,小店生意蒸蒸日上。2009年

销售额超过 1000 万元,2010 年销售额超过 3000 万元,2011 年羚羊早安销售业绩达到 6000 多万。此外,羚羊早安是 2011 年 12 月份安徽唯一一位销售额突破 1000 万的卖家,为安徽电商之翘楚。雇员人数也从 2008 年年底的 6 人,增至 2009 年的 20 人,2010 年扩充到 50 人。2011 年,羚羊早安规模继续壮大,三年一金冠,整个公司运作有条不紊,朝着品牌化的方向迈进。

(资料来源:dengta.aliresearch.com/index.php? doc-view-3243)

思考:

运营一个成功的网店,应在品类管理、货源渠道、单品爆款的打造等方面,注意哪些事项?

第一节 品类管理实战

一、品类管理基本知识

品类(Category)是指消费者认为相关且可相互替代的一组特殊商品或服务。依据 FBI Best Practices Definition 的定义,品类管理(Category Management,CM)是"分销商和供应商合作,将品类视为策略性事业单位来经营的过程,通过创造商品中消费者价值来创造更佳的经营绩效"。品类管理是把所经营的商品分为不同的类别,并把每一类商品作为企业经营战略的基本活动单位进行管理的一系列相关活动。它通过强调向消费者提供超值的产品或服务来提高企业的营运效果。

在网店运营中,品类管理是网店运营的前提。网上零售商在进行网店运营之前,应结合目标市场的定位,确定其网店经营商品的品类,将一个品类的商品作为独立的生意单元经营,在品类管理的理念基础上形成适合自己网店运营的一套比较完整的商品结构和网店货架空间管理体系。品类管理的实质是为了从根本上解决一个问题:如何把正确的商品按照客户购物的选择逻辑和兼顾销售与库存的最佳数量陈列在网店平台上;商品结构管理解决如何正确选择商品组合的问题;网店平台的货架空间管理解决如何正确陈列商品的问题。品类管理就是通过这两部分工作的结合与互动完成的。

二、品类管理实战

网上零售商在运营自己的网店过程时,应常常问自己的一个问题就是"我的店铺产品摆放、搭配和促销组合是否能够吸引每一位经过的消费者呢?如果不能的话,这对于产品的销售量影响到底有多大呢?"实际上,这种影响是非常巨大的。网上零售店铺的设计将给客户留下第一印象,在竞争惨烈的现代经营环境里,品类管理对于刺激消费、加速产品流动、增加品牌和零售商的竞争力都起到了至关重要的作用。按照美国快速用户反馈(Efficient Consumer Response)计划的定义,品类管理是指"消费品生产商、零售商以品类为业务单元的管理流程,通过消费者研究,以数据为基础,对一个品类做出以消费者为中心的决策思维。"这个定义的范围包括:了解客户需要,提高客户需求,确保货品在适当的时候,放置在适当的地点,并且以客户接受的价钱发售等。网店的品类管理实战过程如图7.1所示。

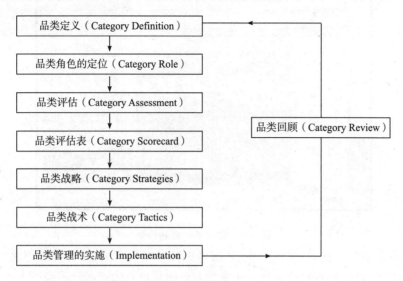

图7.1 品类管理的过程

1. **品类定义**

品类的定义过程,其实是一个确定品类的商品组成和品类的结构分类的过程。作为商品的品类,应该是一组能被消费者了解为可以相互关联的、可以管理的、特定的商品的组合。网店品类的定义过程,应结合网店的消费者定位以及市场细分来确定其品类的定义。京东商城的商品分类如图7.2所示,红孩子的商品分类如图7.3所示。

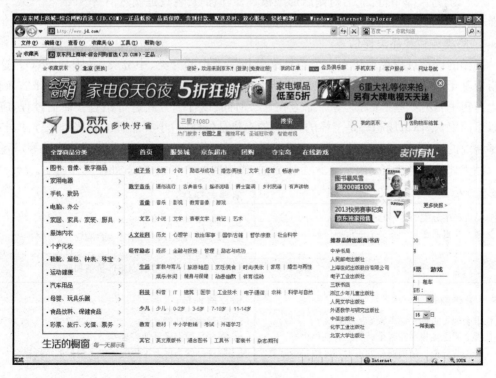

图7.2 京东商城的商品分类

图 7.3 红孩子的商品分类

对比京东商城和红孩子,不难发现,任何一个网上零售店铺运营之前,都必须根据其目标消费者的定位,确定其独特的品类结构分类和每组品类具体商品的组成。

2. 品类角色的定位

品类角色的定位,是确定一个品类在网店所有品类中扮演的角色。扮演的角色越重要,其在网店品类管理中排名越靠前。在确定品类角色的定位时,应根据以下几点进行考虑。

(1)目标品类:针对目标客户具有独一无二的价值。

(2)常规品类:重要但并不具有高度的敏感性。

(3)场合性、季节性品类:对网店形象很重要,但消费者只是偶然消费。

(4)便利性品类:给消费者每日购物提供便利。

3. 品类评估和品类评估表

品类的评估过程要求建立一个系统来分析品类中的分类、中分类、品牌和 SKU。这一分析应基于消费者、网上零售商、产品供应商以及市场的信息进行。通过品类的评估,确定网上零售平台有哪些产品,这些产品应在什么时间、以什么方式进行销售。评估过程,应考虑以下因素:整体市场趋势是怎样的,中类的趋势是怎样的,小类品牌的趋势是怎样的,与其他零售商的比较(市场份额的比较、商品品种的比较、价格的比较、商品营销的比较等)等。

品类评估应从市场、消费者、网上零售商、供应商四个方面评估,如图 7.4 所示。

市场评估:	消费者评估:
☑ 品类和中分类的销售趋势如何? ☑ 网上零售商在这个品类上的市场份额和机会缺口是什么?	☑ 哪些人购买这个品类? ☑ 哪些人在这个网上零售平台购物? ☑ 消费者为什么,何时,何地,怎样购买这个品类? ☑ 购买者对网上零售商整体价值如何?
网上零售商评估:	供应商评估:
☑ 谁表现得更好?谁不太好?为什么? ☑ 哪个网上零售商在哪个品类中表现得更好? ☑ 品类的分类,品类商品的定价和促销是否有效?	☑ 品牌表现如何? ☑ 哪些品牌有最好的表现? ☑ 哪些品牌为网上零售商提供了最好的市场机会?

图 7.4 品类评估内容

根据评估,形成品类评估表。该评估表要能反映网店运营的现实情况和理想状态(目标),并比照目标对市场行为进行衡量和监测,如表7.1、表7.2所示。

表7.1 品类评估简表1

品类评估指标	品类指标	去年状态	品类现状	与去年同期比	与指标比
销售额					
毛利额					
库存天数					

表7.2 品类评估简表2

网上零售商最具优势的前五强品类	消费者需求最强烈的前五强品类	供应商资源最优的品类	竞争对手最具优势的前五强品类

4. 品类战略和品类战术

品类战略,即根据品类评估,制定相应的策略以满足品类的角色并达到评估的目标。品类战略包括:

(1)提高客流量策略。达到吸引网店消费者流量的目标,适合此类策略的产品具备高市场份额、高销售额和频繁购买的特性。

(2)提高交易量策略。达到增加总交易规模的目标,适合此类策略的产品具备高冲动购买率的特性。

(3)产生利润策略。达到促进利润产生的目标,适合此类策略的产品具备高毛利率和高周转率的特性。

(4)产生现金流量策略。达到促进现金流量的产品的目标,适合此类策略的产品具备高周转率和频繁购买的特性。

(5)形象提高策略。达到将网上零售商的形象传达给消费的目标,适合此类策略的产品具备独特、促销力度大和高冲动购买的特性。

(6)保卫市场策略。达到保卫网上零售商免受竞争对手侵害的目标,适合此类策略的产品具备能留住核心客户群、对消费者具有吸引力的特性。

(7)快乐购买策略。达到传达消费者一种紧迫感或机会的目标,适合此类策略的产品具备冲动购买性,着重于生活形态,季节性产品和新产品特性。

品类战术,即制定特定的行动计划以达到品类战略要求。品类战术制定内容如表7.3所示。

表 7.3　品类战术

品类战术	行动计划内容
品种	市场机会
	贡献
	策略
价格	竞争位置
	敏感
	策略
促销手段	手段
	商品
	频率
	期限
	时间
	关联销售
宣传和推广	是否进行搜索引擎推广
	在门户网站进行图文广告
	网站联盟策略
……	……

5. 品类管理的实施

品类管理的实施,即根据品类管理的战略和战术的安排,制定品类管理的实施计划,明确实施过程中责任人的分配和实施的时间表。根据品类管理的实施效果,适时调整品类定义和品类角色。图 7.5 为品类管理流程图。

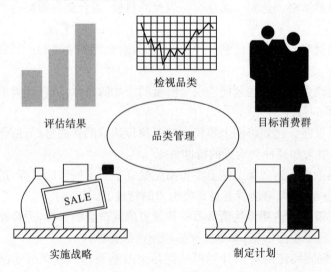

图 7.5　品类管理流程

第二节 货源渠道解决实战

一、货源渠道基础知识

随着网上购物的热潮兴起,通过开网店致富的人也越来越多,尤其是很多大学生也想通过开网店摆脱严峻的就业压力。开网店最先要解决的是货源问题,如果将网店比作一个人,那么,货源就一定是他的双脚。拥有好的货源,是网店成功的一半。在网店运营过程中,货源渠道主要分为两大类:一是网络渠道,二是线下实体渠道。

网络渠道包括一些著名的 B2B 平台,如阿里巴巴网、慧聪网、中国制造网以及淘宝的分销平台。

在线下实体渠道方面,站在供应链角度理解,原材料提供商、产品生产商、产品经销商和产品零售商都可以成为网上零售商的拿货渠道。货源渠道的选择如图 7.6 所示。

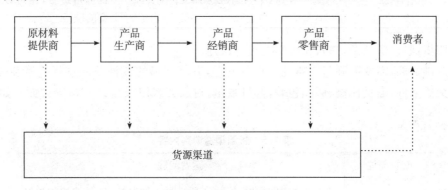

图 7.6 货源渠道的选择

二、货源渠道解决实战

第一步,熟悉货源渠道有哪些。

一般来说,货源渠道主要有批发市场、厂家、批发商、品牌代理商、代销式供应商、网络渠道、各种展会或交易会、外贸产品或 OEM 产品、库存积压产品或清仓处理产品、特别进货渠道等九种渠道。很多网店运营商常常通过批发市场、厂商以及网络渠道获得货源。

第二步,获取货源渠道相关信息。

可以通过搜索引擎、产品包装、商标网站、展会资料等多方面获取货源渠道相关信息。

第三步:分析各种货源渠道的优劣势。

许多想开网店人员或是新手卖家刚开始考虑最多的恐怕就是网店货源问题。既然开网店,那么目的就是盈利,想把一家小店做大除了价格优惠,还一定要有较好的产品质量作保证。那么,寻找合适的货源肯定是令卖家头疼的问题了。为此,要会分析各种货源渠道。如表 7.4 所示。

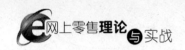

表7.4 货源渠道分析

货源渠道	货源特点	货源策略	谈判技巧
批发市场	品类丰富多样、信息不对称、价格相对较高、同质化严重、存在一定风险(批发市场的价格比代理商的价格高)	多问多比、小批量尝试、建立关系(主动询问价格,对于店主来说询问就是商机,批发商是根据长期合作的情况来确定价格)	装备齐全、表现内行、准备充分(表现出进货商的态势)
厂家	货品充足、要求较高、比较规范、价格体系严格、品质售后有保障(不同地区的价格不同)	联合同行进货(数量大,价格就低,厂商考虑的是量),热销冲量,享受返点(量上去了,厂商会返点)	准备充分、电话预约、体现专业、展现实力、直接高效
网络渠道	产品良莠不齐、价格较低、图片精美、快捷、存在一定风险	充分比较,重视评价,全方位了解,小批量尝试,谨慎防骗(必须用支付宝交易)	展现实力(爽快下单是优势),关注周边(当进货量达到什么规模时,可以较低价格进货,还可以谈运费问题)

第四步:联系供货商,并就相关问题进行谈判。

联系供货商,需要明确与供货商争取的利益,并就交易的各种条件进行洽谈和磋商,具体包括交货条件、退货比例、产品包装、起订数量、付款方式以及售后支持等方面。如表7.5所示。

表7.5 货源渠道谈判内容

交货条件	运费问题
退货比例	是出现质量问题时就退还,还是无条件退换,还是按比例退换(如每季度20%)
产品包装	产品包装关系到产品的档次和售价,争取包装好一点
起订数量	商讨起订数量和商品种类
付款方式	按阶段金额付款,还是按照其他方式
售后支持	出现质量问题后,在不退货的情况下进行保修

第五步:进货并做好进货的检验和管理。

进货工作可划分为三大作业管理流程:进货管理、存货管理和滞销产品管理。网上零售商应根据网店运营情况做好补货、进货、退换货三大作业管理。初次进货时,一定要做好进货商品的检验。

第三节　单品爆款打造实战

一、单品爆款的基本知识

对于网上零售店铺，打造单品爆款很重要。单品爆款也就是网上零售店铺中的明星产品，是网上零售店铺销售量最好，人气最高的产品。

1. 单品爆款背后的规律

要想发现单品爆款背后的逻辑，抓住其中的规律，应从消费者的网上购物的过程和网上零售平台搜索结果排列规律两个角度进行分析。

消费者网上购物时，一般会经历三个阶段来完成一笔交易：搜索商品→选择购物商品→进行购买。对于搜索结果中的商品，由于消费者的从众心理，也就是俗话说的"随大流"，一般喜欢选择销量高、人气高的产品进行购买。有更多人购买和更多人评价的产品往往会更多地得到消费者的青睐，消费者越加青睐，产品的销量也就越高，逐步形成"单品爆款"。

网上零售平台搜索结果排列规律，也进一步解释了单品爆款背后的规律。笔者分别登录国内几个著名的网上零售平台，选择"绿茶"进行搜索，搜索结果分如图 7.7、图 7.8 所示。

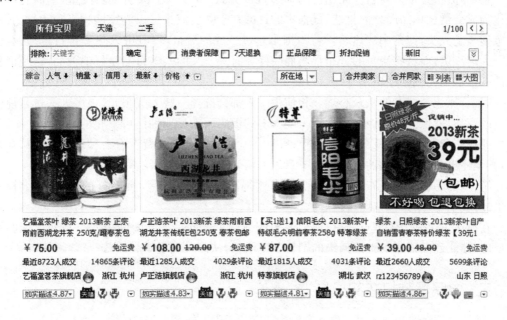

图 7.7　淘宝中"绿茶"搜索结果

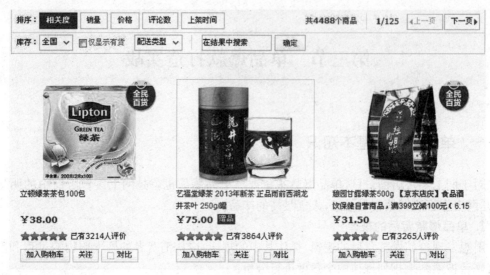

图7.8 京东商城中"绿茶"搜索结果

对比后不难发现,销售量越好、人气越高的产品,排在搜索结果的前列几率越大。搜索的产品,越排在搜索结果前列,产品成交的转化率也就越高,销量也就越大,逐步形成"单品爆款"。

因此,单品爆款的打造,已经成为每个网上零售商进行网店运营中必然要做的事情。

2. 单品爆款的关键点

单品爆款的打造,应考虑以下三个基本要素:

第一,流量是根本要素。无论使用何种推广方式,都是为了吸引更多流量,从而有效地转化为成交量。单品爆款的打造,最根本的目的在于吸引流量。以淘宝购物平台为例,其中淘宝搜索是大头,搜索中的热卖排行占据了超过三成的流量,一旦进入热卖排行,势必会引来巨大的流量,而这些流量的分布都与商品好坏有关。买的人多自然是好的商品,这是消费者的一个基本的判断逻辑。

第二,抓住消费者的从众心理。相信很多人都会选择一些人气很旺、很多人买过且评价不错的商品,就像人们吃饭也喜欢到一些人多的饭店而不是那种门可罗雀的小餐馆。所以,只要抓住消费者的这种从众心理,着重推广人气产品,这会让消费者有一种延续性的从众判断,甚至还没有看到实物的时候也会下意识地认为这是一件不错的商品。

第三,商品自身质量有保证。商品本身才是销售活动的主题,要有好的商品,才会提高性价比,吸引更多客户,从而打造爆款。

在抓住了这三个关键点之后,网上零售店铺的主推商品才会瞬间引发一系列连锁的销售反应,使此商品形成一种几何级的销售速度增长,从而来实现单品爆款。

二、单品爆款打造实战

我们从单品爆款的三个关键点中可以明白,打造单品爆款是一个循环的营销过程。在整个过程中,前期的准备工作就显得至关重要。其中,单品爆款的挑选和推广是决定爆款成败的关键因素。挑选一个好的商品作为爆款,是成功的开端。能不能正确地选择到一个具有潜质的爆款商品,直接关系到爆款是否成功。如何来进行选择和准备的过程呢?

首先，应分析市场数据，抢占先机。很多中小卖家在设置爆款商品的时候，都会选择跟随一些大卖家的策略。看到大卖家在销售什么，就马上跟着找到这些货源甚至仿造，然后放在自己的店内销售，但是这样是很少能够成功的。因为中小卖家在这样做的时候，与大卖家相比明显有一种滞后性。当大卖家在销售这些热卖商品的时候，其实已经预示着这款商品在不久后就会慢慢消退现在火热的销售势头，开始渐渐地走下坡路，最后淡出市场。如果中小卖家在这个时候才开始准备进货销售的话，将明显滞后于市场，从而处于劣势。

其次，注意挖掘真正有价值的机遇。不要只着眼于当下的数据分析，因为当分析出来什么产品在现阶段比较畅销，然后再进货，等到上架的时候，这款产品已经过了其销售的旺季，也失去了其爆款的价值。所以，要目光长远，分析在接下来的时间里可能会出现的爆款，再提前着手准备，在竞争中抢得先机，从而打造爆款。爆款推广一定要早，要有提前量。要想获得更好效果，只有比别人跑得更早、更快。一定要及时关注有关热门类目变化，关注重点大流量关键词变化，提前布局，有的放矢。

最后，在选择商品时注意其性价比和审美趋势。在分析了数据之后，便可以将其付诸实践。在选择爆款商品时，要注重其性价比。因为商品要热销，首先的一个因素是价格不能太高，同时质量也要过关。所以性价比就显得尤为重要，把握好质量和盈利的中间点就是卖家们这个时候要做的事情。其次，商品的款式选择要符合当时消费者的审美趋势，要抓住时尚的引向和趋势，可以先试一试哪个款式比较受欢迎。把几个款式同时上架，保证每个款式所获得的流量基本一致，然后一段时间后，成交量比较大的那个款式就是比较有潜质打造爆款的款式。

在准备好一切之后，网上零售商就可以着手打造单品爆款了。在准备打造单品爆款的前期，网上零售商可以选择适当的营销推广工具等来吸引更多的流量，同时检验自己挑选的爆款商品是否被消费者所接受。之后，便进入了单品爆款的四个时期：

（1）导入期。导入期即商品刚上架的时期，这是很重要的一个时期，并不需要很大的投入来刺激流量，只需保持基本的流量即可。这个阶段是用来检验此商品是否能被消费者接受，是否可以用来做爆款商品的时期，如果在这个时期的转化率高，则代表在接下来引入大量流量的时候，此商品的销售转化将非常好，适合打造爆款。

（2）成长期。在这个时期，卖家可以加大对此商品的推广力度，增加在营销工具上的投入，同时还要保持观察以判断商品是否值得作巨大的投入。这个阶段是商品流量和成交量增长最快的时期，可以使用如直通车这种性价比高、见效快的营销推广工具。商品能不能成为爆款，就取决于卖家们在成长期的操作。

（3）成熟期。当商品在成长期中获得大量的成交之后，网店系统将会自动判定这是热销宝贝，同时网店中的消费者也会注意到此商品。在这个环境里，卖家应该使自己的推广力度和投入达到顶峰，在加大对流量推送的时候，也要留意一些活动，尽可能地参加淘宝等组织的一些活动，引入更多额外流量，同时促进关联销售。

（4）衰退期。在大势期接近尾声的时候，爆款商品的成交量已经开始逐渐下降，在推广力度和投入稳定的情况下，流量也开始下滑，这就证明这款商品已经过时，到达衰退期。这个时候应该减少在此商品上的推广投入，开始想办法做关联销售，让客户们充分了解自己的店铺，留住回头客，同时要开始致力于挖掘新的有潜质的爆款商品。

在这样的一个周期循环里，网上零售商应该注意控制节奏，留意市场大势，做到收放自如，从而不断地继续这个打造爆款的循环。

第四节 店铺分销实战

网店的分销是网上零售商开展网上零售的必由之路,如何成功地拓展网络市场,对于长期磨合于传统渠道的企业是一个大难题。网上零售商的网络分销渠道,一般包括准备阶段和实施阶段。

一、分销前准备阶段

网店分销前准备阶段应进行备货,即准备充足的货源,这是网店分销的基础;分销的商品应具备足够的商品价格优势;制定一套完整的管理体系和搭建一个成熟的分销系统平台。

二、分销实施阶段

1. 制定分销规则

网上零售商应制定一套科学的分销规则。无规矩不成方圆,一套好的分销代理规则是开展网络分销的企业必不可少的。

2. 设置分销等级

网上零售商最好能在自己的 B2C 商城制定几个价格或者优惠措施,以对应不同的分销商等级。等级最好能得到自然晋升,如通过考核分销商的销售能力,将店铺信誉作为参考。等级之间的优惠措施,都必须严格按照可循的规则。

3. 设置代理标准

很多网上零售商现在都不再收取费用,但这种做法不利于评估分销商。虽然这样能增加竞争优势,但是往往吸引来的下级用户都是一些价值不高的分销商,所以可以通过收取一定费用先淘汰一部分不太合格的商家。

4. 进行分销商审核

对招募到的分销商进行审核,判断其是否具备分销能力。并不是下级分销商越多越好,特别是自己有绝对优势商品的货源商家,要更多地关注分销商的质量,而不是数量。

5. 选择一套成熟的分销系统

选择一套好的网店货源分销平台,对自己业务的开展将事半功倍。它甚至能替代以上环节中的许多重要工作,帮助企业缩减人力成本,并有利于统筹管理与规划。上海商派推出的易分销货源分销系统,就是一套比较成功的系统。原淘宝的分销平台(http://fenxiao.taobao.com/)和现天猫的供销平台(http://gongxiao.tmall.com/)也是比较不错的在线分销系统。

三、分销注意事项

1. 提供详细资料

最好能为分销商提供详细的商品资料,注意不仅仅限于商品图片。特别是对于淘宝的下级代理商家,最好能生成数据供下级商家直接使用。所以建设自己网店的时候,商品的资料应详细,图片应美观。

2. 诚信最重要

应该认真对待每一个分销商,因为他们都是你的下属,不要希望通过不正当手段减少或没收本该属于分销商的利润,这样容易挫伤分销商的积极性,最后将导致搬起石头砸自己的脚。

3. 写好相关文案

不要小看给分销商的文案,好的文案不仅能简单明了地向分销商说明问题,更能够提升企业的形象,树立企业严谨而细致的形象。

本章主要讲述了网店运营过程中的品类管理、货源渠道、单品爆款和网店分销的基本知识和实战流程。

一、名词解释

  品类 品类管理 货源渠道 单品爆款 网店分销

二、简答题

  1. 网上零售商如何进行网店的品类管理?
  2. 网上零售商的货源渠道有哪些?
  3. 网上零售商如何打造单品爆款?
  4. 网上零售商如何开展网店的分销?

三、实战题

  请分别登录以下国内主流网上零售平台,搜索"祁门红茶"产品,分析其产品搜索结果的排序规律。

  1. 淘宝网:www.taobao.com。
  2. 京东商城:www.jd.com。
  3. 当当网:www.dangdang.com。
  4. 亚马逊网:www.amazon.cn。

第八章　网店营销与推广实战

通过本章学习,掌握信息传播的基本要素,熟悉店铺店内营销和推广的手段和方法,站内和外部营销及推广的手段和方法。

某大学生在淘宝开了个店铺,店铺网址 http://shop＊＊＊.taobao.com/,网店已经完成店铺的装修以及产品的上架,请问在后期运用过程中,该同学该如何进行店铺的营销和推广工作?

第一节　信息传播要素

推广是传播商业信息的行为过程,营销就是在将这一传播行为结果转化为利益时所采用的方法和策略。客户在进店铺之前想得到什么呢?明确这一问题必须预先对受众群体的需求进行分析,与此同时,我们还要通过分析来判断,如果推出这个商业活动是否就能够满足这些需求,由此来设计出完整的推广和营销方案,并通过适当的媒介和方法将信息传播出去,以吸引大量的潜在消费者来参与,最终目的是实现店铺销量的大幅增长和品牌认知的广泛传播。

一、分析受众需求

每个人都有一系列复杂的需求,按其优先次序可以排成梯式的层次结构。马斯洛将人类需求按照从低到高的顺序,依次分为生理需求、安全需求、社交需求、尊重需求和自我实现需求,如图8.1所示,并提出四个基本假设:已经满足的需求,不再是激励因素;大多数人的需求结构很复杂,无论何时都有许多需求影响行为;一般来说,只有在较低层次的需求得到满足之后,较高层次的需求才会有足够的活力驱动行为;满足较低层次需求的途径多于满足较高层次需求的途径。

根据马斯洛需求层次理论的阐述,对于网上购物来说,消费者的需求呈现出新的特点,可将其划分为四个层次:原始需求、个人利益需求、情感需求、高级需求,如图 8.1 所示。其中,原始需求是消费者在网购过程中最低层次的需求,比如所需商品、款式、数量等,这些都属于物质性需求范畴。除此以外,还有满足一些人对网购的好奇心之类的精神性需求。

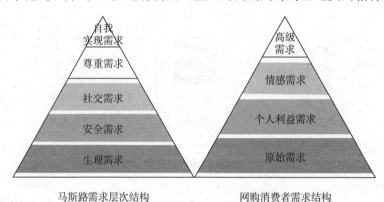

图 8.1　马斯洛需求层次结构与网购消费者需求结构对比

当原始需求获得满足之后,消费者就有产生个人利益的需求,如商品性价比高、商家提供小礼品赠送及其他附加服务、购物愉悦程度高等。

人类有别于其他低级动物的最大区别在于我们拥有丰富的情感,懂得亲情、爱情、友情的珍贵,习惯与别人分担痛苦和分享快乐。因此,当我们的个人利益得到满足的时候,很自然地会考虑与亲朋好友的利益,出现如传情、尽孝、送礼等与人际关系和感情有关的需求。

在满足上述一系列较低层次的需求后,商家和消费者都会产生更高层次的需求,即商家希望提高消费者的忠诚度,而消费者则希望获得有别于其他人的尊贵身份。在这种情况下,商家会推出老客户特惠、会员制度、VIP 折扣等优惠措施,一方面可以培养客户的忠诚度,一方面也满足了他们需要特殊身份和待遇的高层次需求。

越低层次的需求越容易得到满足,这意味着能够提供需求的商家也就最多。因此,仅仅满足较低层次的需求让消费者的选择余地较大,变心指数也最高,因为人对需求和利益的索取是无止境的,这说明单纯的销售并不能给商家带来长久的合作关系。我们除了要尽量满足客户最简单的需求,还要学会分析和挖掘他们更深的需求,这样才能培养出消费者的忠诚度,因为客户并不是在购买商品,而是在购买商品带给他们的利益。

二、了解传播条件

商家的推广和营销方案都是针对某些特定受众群体的,即潜在消费者,因此,在充分了解这些受众群体需求的基础上,我们的营销与推广方案才更具有针对性,更容易取得成效。这就说明营销与推广这一传播过程是以正向影响潜在消费者为目的的行为过程。商业信息的传播过程如图 8.2 所示,整个过程必须具备五个基本条件,分别是受众群、接触点、传播内容、时间点及手段策略。五个基本条件在商业信息的传播中缺一不可,并会直接影响到最终的传播效果。

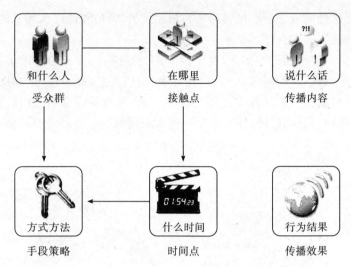

图 8.2 商业信息传播的五个维度

1. 受众群

它是信息的接收者、信息再加工的传播者和传播活动的反馈源,是整个传播活动产生的动因之一与中心环节之一,具有极其重要的地位。对于网店的商业营销与推广来说,受众群就是潜在客户。

2. 接触点

它是传播过程中的各种因素相互连接起来的纽带,是传播渠道中精准的关键节点。对于网店的商业营销与推广来说,接触点就是潜在客户可能会浏览的页面。

3. 传播内容

它是传播活动的中心,是指所有通过大众传播媒介传播给受众的信息。对于网店的商业营销与推广来说,传播内容主要是宣传商品或店铺。

4. 时间点

它是传播者和受众群信息传递的交叉点。在网店的商业信息传播过程中,接触点和时间点决定着参与的受众人数。

5. 手段策略

它是传播者根据实施传播活动之前对受众特点、喜好及反馈进行预估与分析,所采用的具有一定针对性的传播方式和方法。对于网店的商业营销与推广来说,采用的传播方式与方法是否恰当,直接影响着受众群体接收到信息后出现的反应或回馈。

因此,商业信息的传播必须要出现在正确的时间、地点和对象面前,用他们喜闻乐见的方式提供对其有价值的信息,具备这五个基本要素的传播活动才会取得理想的传播效果,达到商业推广的最根本目标。

第二节 店内的营销与推广

根据网店营销与推广工具的适用范围,一般可将网店的营销与推广分为店内、站内和外部的营销与推广三种类型。本节主要介绍店内的推广和营销,后面还会有专门的章节来介绍站内及外部的推广和营销方式。

一、商品发布的三要素

商品发布的三要素包括:商品名称、商品图片和商品描述。商品名称可以使用标题关键字增加商品曝光度,适当使用多角度商品展现图来促进销售,同时在描述时加入详细的商品介绍来提高转化率等。这些都是网店运营人员常用的店内营销与推广方式,也是我们必须了解和掌握的基本技能与技巧。正所谓"借力发力不费力",在网店与商品营销和推广过程中同样如此,以下就从借力的角度来阐述如何利用商品发布的三要素进行网店和商品的营销与推广。

(一)借品牌的力

我们能够借力的品牌存在多种形式,比如产品品牌、店铺品牌、品牌授权和淘宝品牌商城。

1. 商品名称如何借品牌的力

在如图 8.3 所示的商品名称里,"骆驼""特步""百丽"和"李宁"都是具有一定市场认知度产品的品牌。当我们销售这类商品时,添加上品牌名称,就可以增加被搜索到的机会,如果加上"正品"二字可信度更高,推广效果将会更好。

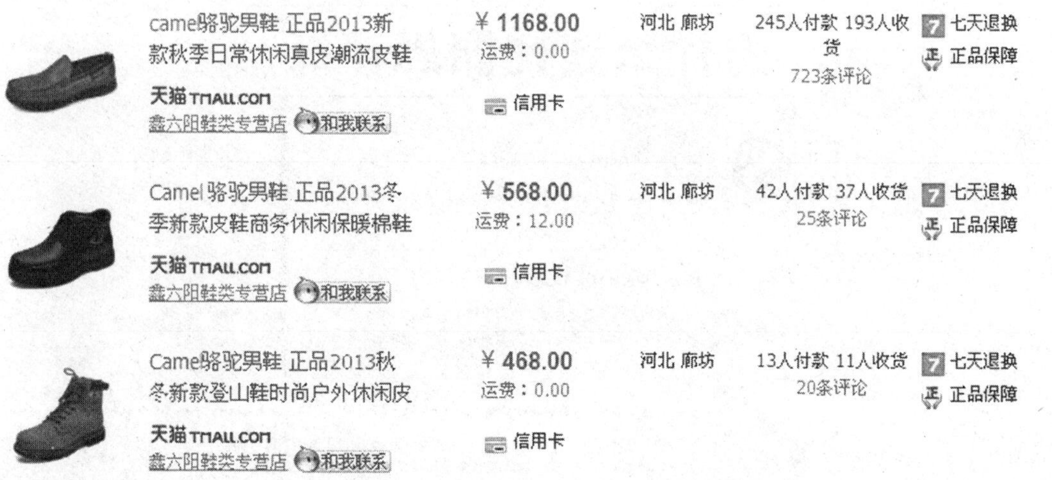

图 8.3 借品牌的力——商品名称

2. 商品图片如何借品牌的力

在商品图片上添加店铺 Logo 不仅可以防止被别人盗用图片,还能够适当地体现个性化,提高店铺的整体形象。同时,美观的 Logo 还能加深别人的记忆,有利于达到我们预定的推广效果,如图 8.4 所示。

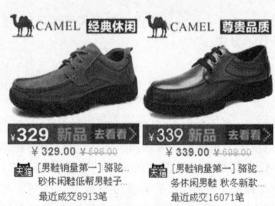

图 8.4 借品牌的力——商品图片

将所售商品的品牌标识设计在商品图片上也是一种推广的好方法,将有效地借助产品品牌的知名度,降低商品销售的难度。"授权卖家"是获得许可的特定身份,能够提高消费者产生对商品品质和卖家信誉度的信任度。

3. 商品描述如何借品牌的力

图 8.5 所示的就是一种在商品描述里推广店铺品牌的方式,通过图文方式描述店铺的承诺、品牌故事、品牌的由来、品牌的愿景等相关内容,促进客户对店铺、商品及其品牌的了解和信任。

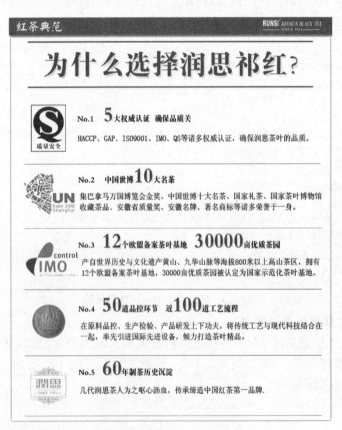

图 8.5 借品牌的力——商品描述

(二) 借名人的力

名人泛指各行各业中能力很高而备受景仰的人物。他们的言行对世人具有一定的榜样作用,即会产生"名人效应"。因而在营销与推广过程中借助名人的力具有较强的说服力。

1. 商品名称如何借名人的力

无论是娱乐界的明星还是体育界的明星,都可以作为借力对象。他们代言或偏爱的品牌和款式都是受市场追捧的热门商品,如图 8.6 所示。

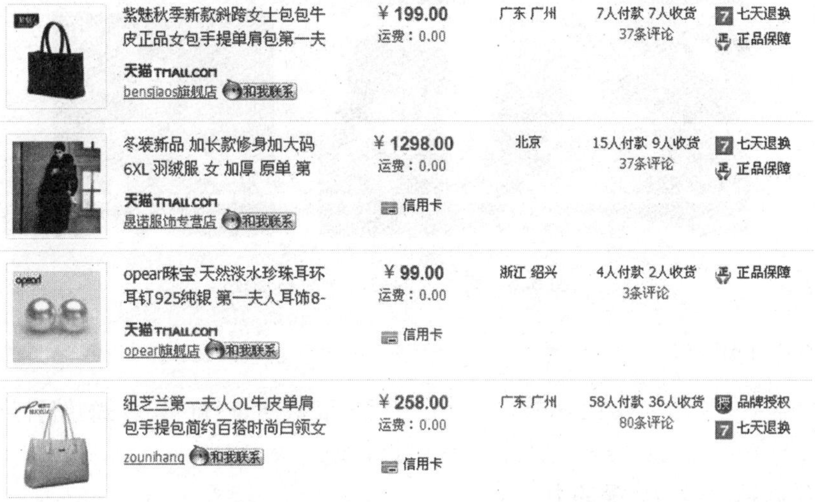

图 8.6 借名人的力——商品名称

2. 商品图片如何借名人的力

与文章和马伊琍身上穿的同款 T 恤、黄圣依电视剧中同款小西装、大 S 同样的卷翘的长睫毛、公主小凡戴的相同的黑胶框平光眼镜等,将给客户带来强烈的视觉冲击效果,如图 8.7 所示。

图 8.7 借名人的力——商品图片

3. 商品描述如何借名人的力

名人也会像普通人一样生活、工作和学习，因而可以将他们生活中"非正式代言"的照片放在商品描述中，能够大大提升商品原有的价值，如图8.8所示。

图 8.8　借名人的力——商品描述

（三）借产品的力

每个产品都会存在许多的营销点，比如产品的品牌、质量、价格、款式、销售量等，可将这些营销点进行浓缩，在商品营销与推广过程加以运用。

1. 商品名称如何借产品的力

大家都知道，原单产品属于可遇而不可求的抢手货，专柜正品意味着商品的品质保障，款式是客户选择商品重要的参考指标，而最新款也是时尚人群关注的产品优势，如图8.9所示。将商品的营销点通过商品名称关键字凸显出来，有助于获取更多的流量，为提高转化率创造机会。

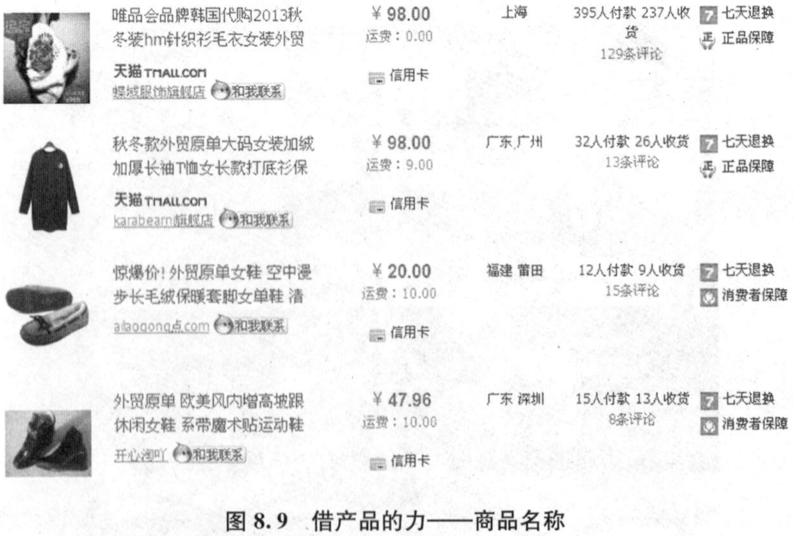

图 8.9　借产品的力——商品名称

2. 商品图片如何借产品的力

在设计商品图片时，可将商品的营销点进行浓缩，比如商品功效、销售量、专柜正品、热销情况、使用前后对比等信息,更能吸引客户的眼球,进而产生购买的欲望和冲动,如图 8.10 所示。

图 8.10　借产品的力——商品图片

3. 商品描述如何借产品的力

在商品描述中,可放入店铺之前促销成绩不错商品的推荐页面截图,也可以放入成交记录或客户评价的截图,如图 8.11 所示,这样能够起到很好地暗示、引导客户消费的作用。

图 8.11　借产品的力——商品描述

(四) 借促销的力

店铺除了参加淘宝网组织的各类促销活动之外,还可以随时根据商品的销售和库存情况来推出多种多样的促销活动,同样也能吸引消费者的关注。

1. 商品名称如何借促销的力

在图 8.12 中,商品的折扣促销、让利促销、包邮促销、买赠促销等都是很有效的促销手段。

图 8.12 借促销的力——商品名称

2. 商品图片如何借促销的力

在商品图片中,可以添加秒杀、折扣、包邮、买赠等优惠和折扣信息,通过醒目的字体、图示标注出来,如图 8.13 所示,能够很好地引起消费者的注意,直接刺激他们的购买欲望。

图 8.13 借促销的力——商品图片

3. 商品描述如何借促销的力

在商品描述中,我们可以详细、全面、完整地介绍商品促销活动的细则和方法,如图 8.14 所示。商家通过捆绑销售,更直接地推荐商品。

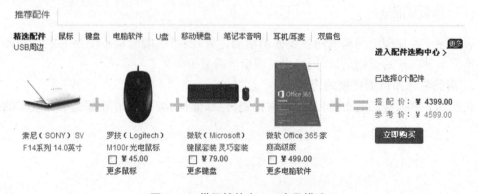

图 8.14 借促销的力——商品描述

(五)借服务的力

除了商品品质和优惠信息之外,客户还比较关注商家所提供的相关服务。

1. 商品名称如何借服务的力

在图 8.15 中,所有商品在标题中都注明了"七天退换"的字样,体现了商家对客户的一种承诺,能让客户对商家所提供的商品的品质及服务产生信任感。

图 8.15　借服务的力——商品名称

2. 商品图片如何借服务的力

在商品图片中,关于服务方面的信息主要包括七天无条件退换货、全国联保、假一赔十、无效退款、先行赔付和货到付款等,如图 8.16 所示。

图 8.16　借服务的力——商品图片

3. **商品描述如何借服务的力**

在图 8.17 中，商家提供的各项优质服务都体现在商品描述里，通常会采用插入图片和直接编辑文字这两种形式。

货到付款	到货满意后付款，100%无风险。
专柜正品	郑州专卖店直供，100%专柜正品。
支持验货	支持全国专柜验货，100%让你放心。
假一赔三	绝对正品的承诺，100%货真价实。
7天包退	货到手6天再退不迟，100%诚信之诺。
30天包换	一月包换，胜过传统三包，100%千金一诺。

图 8.17　借服务的力——商品描述

以上主要讲述了如何借助品牌、名人、产品、服务等外力来优化商品的名称、图片和描述。总体上来说，体现的是对整个店铺的单页面的优化，它直接决定着客户的访问深度和时间。

二、聊天工具的宣传作用

客户在网上购物时，一般都会通过聊天工具与商家进行实时交流，这也为商家提供了营销与推广的机会。因此，商家完全可以利用聊天工具进行一些日常的、零散的推广宣传，下面以淘宝网的淘宝旺旺聊天工具为例作介绍。

1. **合理利用旺旺头像**

旺旺头像是我们与别人交流时彼此留下的第一印象，也是我们对商家信息的补充说明，作用相当于店铺里的店招。头像可以使用店内的商品、近期的促销活动、加入的联盟等信息来设计，目的是让别人一看就知道我们的主营内容和经营定位，如果再加入一些促销的优惠信息，跟客户聊天时就像是在不断地播放店铺的广告短片，能够起到很好的推广作用。

2. **滚动播放签名**

我们可以将五条旺旺签名设置成各种促销信息并选择滚动显示，如元旦特价促销、岁末大清仓、冲钻特惠、全场买就送等，这些促销型签名，正在与我们进行旺旺交流的新老客户都能即时从对话框上看到，那些加我们为淘友的人也都能随时看到。

3. **设置自动回复**

如果需要暂时离开电脑去处理其他事务，一般都会启用旺旺的自动回复功能，可以将一些促销信息设置在自动回复里。如，本店正在推出满就送活动，只要一次性购物满 100 元即送小礼物一份，礼物请至本店的会员赠品专区去挑选……只要有人联系，系统都会自动将这段文字回复给对方，一些本来不知道有促销活动的客户，通过系统的自动回复就知道了。当旺旺接待很繁忙的时候,也可以使用自动回复来安抚等待我们答复的客户,除了有一定的缓冲作用以外,还能够有效地吸引一部分客户进入店铺活动区浏览促销商品。

4. 建立或加入旺旺群

在旺旺群里发布纯广告性质的商业信息会让人非常反感,可以通过聊天做一些软性广告,比如产品的搭配建议、使用步骤等,用自然而然的方式将店铺的商品信息传播出去,这样的广告不仅接受度较高,而且显得非常专业,在推广的同时还有利于树立正面的店铺形象。

5. 分组好友信息

在添加淘友的时候进行合理的分组,例如将客户分为新客户组和老客户组,还可以在此组之下,再根据客户购买的商品属性来分各个子组,以后这些客户再来购买商品时,只要看旺旺提示的所属分组就能大致了解客户的情况。

三、申请消费者保障服务

无论商家店铺的信用级别如何,只要加入消费者保障服务,都会促使客户对商家和商品产生信任感和安全感。鉴于消费者保障计划对商家在销售上的帮助和对买家在购物信心上所起到的积极作用,淘宝网从2010年起开始实行全网消保。

淘宝的消费者保障服务是指商家自行申请,由淘宝在审核并确认接受其申请后,针对该商家在淘宝网这一交易平台上与其他淘宝用户达成的支付宝交易,在商家有违反服务规则的情况出现并受到买家投诉的时候,淘宝网会根据事实向买家提供先行赔付的售后服务。商家只要达到下列条件即可申请加入消费者保障服务项目:

(1) 用户必须是淘宝网注册用户。
(2) 用户的卖家好评率在97%以上(包括97%)。
(3) 用户被投诉的交易比例不超过1%。
(4) 用户不是"腾讯QQ专区"和"成人用品/避孕用品/情趣内衣"店铺类目的卖家。

满足以上要求即可通过"我的淘宝"—"我是卖家"—"消费者保障服务"通道,自行提交申请加入消费者保障服务。

消费者保障服务默认只加入了"如实描述"这一服务,如果商家还想加入更多服务项目的话,则可以通过"我的淘宝"—"我是卖家"—"消费者保障服务"通道自行提交加入其他售后服务项目的申请,如假一赔三、七天无理由退换货、虚拟物品闪电发货、数码与家电30天维修等,如图8.18所示。选择相应的服务,点击"下一步"按钮,确认服务协议后申请便算提交成功,淘宝将在三个工作日里审核该申请,一旦审核通过以后,即是加入了新的售后保障服务。

一旦成功加入了消费者保障服务,店铺里的所有商品都会出现"如实描述"的图标。如果还成功加入了其他消保售后服务项目,商品里面也会出现相应的图标。客户购物时可以将这些服务项目作为搜索商品的筛选条件,而且参加淘宝VIP和抵价券活动也都必须先加入消费者保障服务,在购买淘宝旺铺增值服务功能时,消保卖家的收费标准也只有普通卖家的六折。因此,消费者保障服务可以使网上零售商省钱且得到更多的促销机会。

图 8.18　申请加入消费者保障服务

四、利用管理工具跟进客户

相关数据显示,维护一个老客户的成本是开发一个新客户的 1/6。对于店铺来说,老客户与其之前成功的交易是双方建立信任的基础,因此,维护好老客户所带来的商机比寻找新客户要容易得多。

回访老客户是我们日常工作中的一个重要内容,如果借助店铺管理工具"钱掌柜网店版"的"客户关怀"功能,只需经过简单的设置,系统便会自动帮我们关怀客户,让每一个来店里消费过的客户都能感受到我们的热情,让我们的客户享受到店铺 VIP 的贴心服务。具体如下:

在"钱掌柜网店版"首页点击"客户"标签,进入如图 8.19 所示的"客户关怀"设置页面,可以按如下方式设置这四项回访内容:

(1)"当天确认付款的客户"——可以设置如"您好,感谢购买本店的产品,期待与您的再次合作!"等感谢的文字。

(2)"当天过生日的客户"——可以设置如"生日快乐!在这个特殊的日子里送上×××店诚挚的祝福!"等祝福的文字。

(3)"一个月没联系的客户"——可以设置如"店内近期有×××会员优惠活动"等促销的文字。

(4)"收到货物七天的客户"——可以设置如"请问使用本店产品的感受如何?是否有建议给店主?"等征询意见的文字。

设置好以后,系统就会自动用阿里旺旺将此信息发送给符合条件的客户。花一点时间进行简单的设置,带给客户的却是百分百的热情和无微不至的关心,不仅能维护客户关系,还能够提高客户的忠诚度。

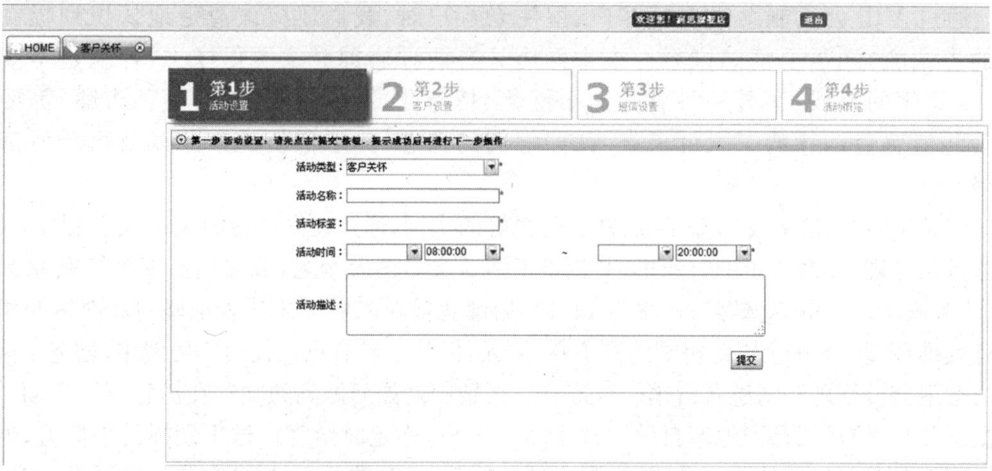

图 8.19　客户关怀设置页面

五、VIP 会员制与情感营销

随着商业竞争的日趋激烈，为了争取更多的销售机会，商家们都会用各种促销手段来吸引客户，通过会员打折的方式留住老客户是最常见的方法之一。从营销的角度来说，只对会员实行折扣优惠的做法叫"价格歧视"，但这属于普通大众都能接受的一种游戏规则。在"钱掌柜网店版"里，我们可以设置买家的级别，并将采取的会员制在店铺里公示出来，如图 8.20 所示，凡是达到标准的客户都可以享受相应的会员优惠折扣。

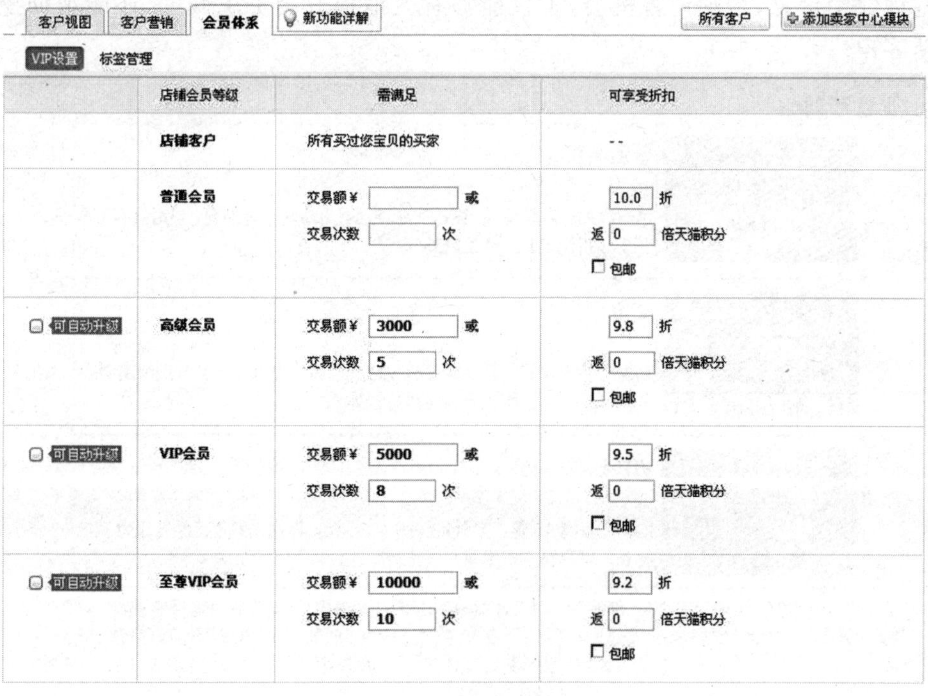

图 8.20　设置店铺会员制

通过 VIP 会员制会吸引新客户、留住老客户时，我们还应该清楚地认识到提高客户的忠诚度，还需要情感维系。未来网店只有两种店铺会发展得好：一种就是走规模化、专业化的路线；另外一种就是走个性化、情感化的路线。无论哪一种店铺，都要注意关注消费者购物的三大诉求点：认同他们的情感、给予优质的产品以及物超所值的价格。

网店卖家嫣儿的"秘密盒子"店铺就是很好的实例，通过设立独特的 VIP 会员制度，并实施会员化管理，在两年半的时间里，共积累了活跃会员两万余名，成交回头率维持在 60% 左右，购买三次以上的忠诚客户比率为 14%。店铺凭借对衣服品质执着地坚持和对客户情感的有效维系，2011 年全年销售额达到 1000 万元，但几乎没有投入任何广告费用，创造了网店成功运用会员管理和情感式营销的奇迹。那么她们是如何做到的呢？在情感营销方面，"秘密盒子"的每位员工怀旧地亲自手写片卡寄发客户；不定时给客户送出别样的小惊喜；通过手机短信向客户告知发货信息、预售周期过长的歉意、时常的问候等；在包裹盒子上设计"笑脸"标签。在 VIP 会员制方面，秘密盒子设立了三个客户等级：银卡 VIP、金卡 VIP 和至尊 VIP。商家非常注重每位 VIP 客户的情感需求，不仅对 VIP 设立了基本折扣，还特别建立 VIP 绿色通道。

六、淘宝的增值服务

从"我的淘宝"—"软件产品/服务订购"进入，可以看到一系列对网店的推广和销售有帮助的增值服务，如图 8.21 所示的是其中的两个新功能。如果推出店铺会员卡的同时，又配合使用"会员关系管理"和"消息通道服务"，可以轻松与老客户保持日常沟通，发送各种促销信息，增加销售机会，不仅能够有效地提升会员忠诚度，还能帮助挖掘潜在的新客户。

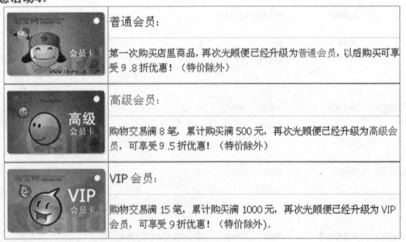

图 8.21　使用淘宝的增值服务

图片毕竟是静止的画面,其在展示上有一定的局限,而图8.22里提供的这类视频展示服务的都是发展成熟的视频网站,播放速度和稳定性都有一定的保障,如果我们在店铺的热销商品里使用这类动态的展示方式,就能够在一定程度上弥补网购看不到实物的缺陷,不仅有利于商品的推广,还可以降低销售的难度,提高店铺的转化率。

56.com视频展示 功能描述	1. 简单强大的相片制作视频功能。 2. 全面、直观、多角度展示宝贝。 3. 有效提升买家购物体验及增加销售业绩。 开发者:广州市千钧网络科技有限公司	引用5个视频: 10元/月
土豆网视频展示 功能描述	为你提供无限的个人视频上传空间,支持各类主流媒体文件,全方位展现你的产品。 开发者:未序网络科技(上海)有限公司	引用5个视频: 10元/月
酷6网视频展示 功能描述	1. 提供无限视频空间、在线录制视频、动感相册及酷6商城推广等功能服务。 2. 通过视频和动感相册全面、直观展示商品,让你流量倍增! 开发者:酷溜网(北京)信息技术有限公司	引用5个视频: 10元/月
忧酷网视频展示 功能描述	1. 通过视频,全方位、多角度的展示宝贝。 2. 增加网络购物的真实体验。 3. 提升宝贝的浏览量。 开发者:合一信息技术(北京)有限公司	引用5个视频: 10元/月

图8.22 视频展示功能

网上购物与传统购物相比,在商品体验方面明显处于弱势,如果使用"试衣间服务",可以看到全方位的真人模特试衣效果,会使商品的展示更加直观和真实。而图8.23里的"满就送""搭配套餐"和"限时打折"也都是很好的营销工具,我们应该好好地加以利用。

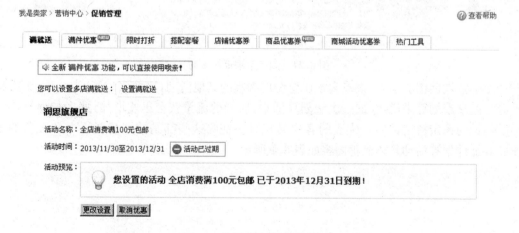

图8.23 帮助销售的增值服务

第三节 站内、站外的营销和推广

一、淘宝的促销活动

从"我的淘宝"—"我是卖家"—"活动报名专区"进入活动页面,如图 8.24 所示,目前淘宝的部分活动会作为增值服务进行适当的收费,我们可以根据店铺的具体情况选择适合参加的活动。

图 8.24 淘宝常规促销活动

除了常规促销活动外,很多卖家还想参加淘宝的其他活动,比如聚划算、淘金币、天天特价等。就拿聚划算来说,参加一次聚划算活动,店铺的流量就会迅速增加,那么如何维持活动后销量的稳定持续性呢?优质的客户又在哪里呢?这些都是前期需要思考和准备的工作。参加计划算活动具体流程内容如表 8.1 所示。

表 8.1　参加淘宝聚划算活动具体流程

聚划算活动流程	活动前	货源准备	确定颜色数量
			包装吊牌
			包装质检
		店铺装修	单品描述
			关联销售
			首页装修
		拟定活动方案	搭配套餐
			满就减
		接单准备	设置快捷短语
			人员分配
			电脑杀毒清理
			打印机准备
	活动中	发促销短信给老客户	
		反馈问题	
		及时整理	
		催单	
		注意事项:修改地址	
		打印订单	
		打包发货	
		补货	
	活动后	总结	哪种颜色卖得好
			哪种促销方式最受欢迎
			哪些新款受欢迎
		库存核对整理	
		售后人员安排	
	注意事项	货物的颜色区分及摆放	
		打单时如何避免错单及提交效率	
		买家要求加单、改单、退单处理	
		聚划算的单子是否分开放,以方便查底单	

二、直通车的使用

淘宝直通车是淘宝网为淘宝卖家量身定制的推广工具,是通过关键词竞价,按照点击付费进行商品精准推广的服务。参加直通车竞价的商品不仅可以在淘宝网上以"图片＋文字"的形式充分展示,还可以在雅虎搜索引擎上显示;参加直通车的卖家不仅可以针对每个竞价词自由定价,出价时还可以看到该出价在雅虎和淘宝网上的排名位置,而且最终的收费也是按实际被点击次数来计算的。以下介绍润思旗舰店供选择与优化直通车的方法。

1. 产品价位的选择

润思旗舰店供所售宝贝的最高价格上千元,也有售价在几十元的引流商品,但店铺主要销售的产品是定位在 300～500 元的红茶。

直通车推广宝贝可以根据整个市场趋势来选择,也可以根据自身店铺来选择。例如,淘宝网中卖红茶的卖家可以根据目前整个市场的趋势——购买红茶人数最多的价位在100元左右,因而在产品直通车推广时可选择100元左右的红茶,这样符合市场的趋势。同时,也可以根据自身店铺销售情况,选择销售高、退换率低的女包进行直通车推广。

2. 产品品质的选择

润思旗舰店供选择的两款主打直通车推广宝贝都有较为不同的卖点,如专为线上渠道开发的符合消费者市场需求的"精致灌装"红茶和"同春茶号"红茶两款茶叶。具体效果比较如图8.25和图8.26所示。一款注重灌装,分红、黄、黑三种颜色灌装;另一款注重盒装,分"真""颂""上礼"三种型号。

图8.25 "精致灌装"红茶

图8.26 "同春茶号"红茶

3. 选择可持续销售的产品

对于卖家来说,产品销售后每卖出一件商品都会进行统计,从而成为累计销量。客户在选择宝贝的时候,大多会关注宝贝的销量排名情况,进入店铺或宝贝页面也会注意累计销量。因此,从长远来看,选择可持续销售的产品对于卖家来说是百利无一害的。

三、论坛推荐位与活动赞助

淘宝论坛是十分活跃的网上社区,同时也蕴含着大量的生活、工作、商品等信息。因此,在论坛中的推荐位、"帮派"活动赞助等都是不错的营销推广方式。

1. 论坛广告位

在论坛首页里，存在着大小、位置不等的各种付费购买的广告位，还有直通车活动的"热卖单品"广告位。这些广告位每天都能为商家带来很多的流量，但也需要一定的资金投入。

2. "帮派"活动赞助

相对于付费广告和直通车活动来说，商家提供店铺商品来赞助"帮派"活动所花费的成本较低。很多热门"帮派"的成员人数达万人，通过赞助他们的活动，从而获取醒目的广告展示位，这对商品推广能产生良好的效果。

四、友情链接和联合推广

淘宝店铺有一个非常宝贵的免费推广资源——友情链接，位于店铺左侧的宝贝分类下面。只要交换过友情链接的店铺，彼此都能出现在对方的店铺页面里。以下介绍几种联合推广的方式，如图 8.27 所示。

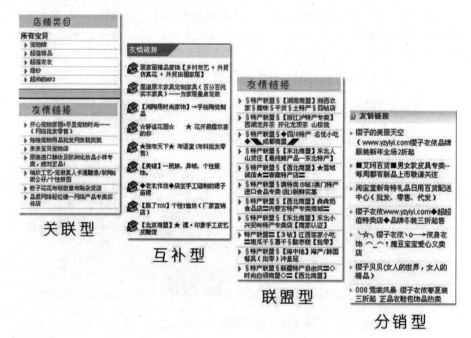

图 8.27 利用友情链接来做联合推广

1. 关联型

具有一定关联性商品的商家可以采取此种方式，主要体现在商品的种类、功能、使用等方面。

2. 互补型

这种方式适合于一些经营特色商品的店铺，因产品特色、渠道特殊，市场竞争程度相对较低，每家店铺拥有固定的消费群体，比如特色手工制作店铺等。这些店铺的商品属性都是属于定制型的手工制品，然而它们在商品种类上存在互补，因而可以联合起来。

3. 联盟型

"关联型"和"互补型"的联合方式主要是以推荐为主，来实现客户资源共享，然而，店铺相互之间并没有组织真正的共同促销活动，"联盟型"则强调店铺之间的联合营销。

所有店铺的客户都享受共同的优惠政策，购物时只要凭在其他联盟店的购物好评即可享受该店老客户的优惠折扣。这种联合推广、联合促销的方式使合作变得更加紧密,大范围的优惠策略也更容易吸引客户。

4. 分销型

采取分销型方式,一方面扩宽了商品的营销渠道和推广范围;另一方面能够将不同种类的商品进行有效的分类销售,以总店或旗舰店及某类商品专卖店的形式,在友情链接里进行联合推广。

五、在"江湖帮派"里增加影响力

淘宝里的"江湖帮派"汇集了大量的卖家和买家,成为相互之间沟通交流的有效平台。因此,利用帮派建立店铺的 VIP 会所,经常与新老客户进行互动交流,增加店铺的黏性。同时,可以利用帮派发布商品流行趋势方面的资讯信息,对客户进行购物或搭配的指导,打造出店铺的专业形象。此外,还可以加入一些和本身店铺有关的热门帮派,积极参与热点讨论,在帮派里逐渐积累人气;也可通过提供试用品的方式增强客户的体验感,更直观,也更直接地推销商品。如 MSSHE 品牌利用"妖果儿帮"平台(如图 8.28 所示),通过客服旺旺邀请和在包裹中放宣传单的方式,吸引了大批新老买家加入帮派成为 VIP 会员,并通过跳蚤街、真人秀、新品发布、优惠活动等主题帖,达到活跃粉丝黏度、提升新款宝贝销量的双重效果。

图 8.28 利用帮派与买家互动

六、淘客推广

淘客推广是一种按成交计费的推广模式,淘客只要从淘宝淘客推广专区获取商品代码,任何买家经过淘客的推广进入淘宝卖家店铺完成购买后,就可得到由卖家支付的佣金。

卖家只要加入消费者保障计划、信用级别达到一心以上,即可精选店铺内 20 件商品来设定个性佣金,店铺其他商品可以设定一个统一的佣金,让整个店铺都能得到推广。加入淘宝客推广无需预先支付任何费用,并且整个推广过程完全免费,只有通过淘宝客的推广使商品成交后才需支付佣金。成交后支付宝会自动扣除佣金付给淘客,商家还可以随时查看推广效果明细,让我们能够详细地认清每一笔推广费用的用处。

网店营销与推广的最终目的是提高 ROI(投入产出比),而淘宝客毋庸置疑是目前所有推广方式中最高的。因为其推广展现不收费,客户点击进入店铺不收费,只有在有了成交之后才给一定的佣金,所以对于卖家来说淘宝客是最安全、最有保障的一种推广方式。如时尚橘子店铺的淘宝客推广在短短半年内ROI达到1∶10以上,也就是说,每支付1元佣金淘宝客就产生了10元卖家购物金额。那么,它是如何做到的呢?该店铺主要运用了两种方法:一是淘客官方频道活动,二是淘宝客招募。

(一)淘客官网频道活动

参加淘客官方频道活动后图片展现位置有:淘宝特卖频道中的首页焦点图、焦点图第一屏以及右侧广告图。

淘客官网频道是按不同类目来划分的,因此首先要分析自己店铺属于哪个类目,有针对性地进行报名。值得一提的是,这些资源位都是免费的,报名参加这些资源活动的时候只要设置好相应类目要求的工具佣金就可以了。正因为是免费资源位,因而报名的人数众多,能否选上需要具备以下六个条件:

1. 应季商品

首先要考虑的是商品是否符合季节,应季的商品市场需求量大,销售量才会高,比如冬季卖羽绒服,夏季卖T恤。

2. 销售高

淘宝以商品在30天的销售量为参考,销售量越高代表越被买家所接受和认可,受欢迎程度就越高。

3. 设置的佣金高

给淘宝客的佣金越高,淘宝客为你推广的力度就越大。作为淘宝客,同样去给一件商品做推广,除了考量商品的市场销售前景外,就是要看佣金的比例。

4. 店铺信誉佳

店铺信誉是客户消费后对商品与店铺给出的总评,即好评率。满意度高的店铺信誉就好,好评率分数也就高,这也是报名参加活动时需要被考量的重要因素之一。

5. DSR三项动态评分高

DSR三项动态评价与店铺信誉是有区别的,分别是指宝贝与描述相符的程度、卖家服务态度的优劣、卖家发货速度的快慢。DSR分数具有与同行平均水平相比的功能,能直观地反映出店铺在行业中所处的位置。

6. 图片素材

好的图片能够第一时间吸引客户眼光,增加成交的机会。平时多留意参加淘宝官方活动的卖家,从他们如何设置排版方式以及活动信息入手,并且查看其商品的价格、内页的描述等细节问题。

(二)淘宝客招募

作为卖家要招募淘宝客主要有三种方法:官方招募、自主招募、报团招募。

1. 官方招募

这种方式就是在阿里妈妈,也就是淘宝联盟首页里的优质掌柜里报名,因报名人数较多,能参加上活动的机会较小。

2. 自主招募

自主招募首先要制作一个招募贴，具体步骤如下：

(1) 找淘宝客板块发帖：联盟社区(http://club.alimama.com/)。

(2) 到各大淘宝客及站长论坛发布招募帖子，如 A5 论坛、28 推论坛等。

(3) 通过 SNS 网站进行发布招募信息，如人人网、开心网、微博等。

(4) 在购物分享社区招募分享"达人"，如美丽说、疯魔网等。

(5) 与同样大型淘客站和返利网进行合作，如皇冠店铺、返利网、返现网、导航网站等。

(6) 利用搜索引擎找到淘宝客网站并联系进行合作。

(7) 利用淘宝量子统计工具来查找。其路径为：量子恒道统计—来源分析—浏览量分析—详细报表—淘宝付费流量—淘宝客—详情。

3. 报团推广

目前有些大卖家已经自发地组织在一起，以报团的形式共同购买淘客资源或者与一些淘宝客群进行合作。

本章主要讲述了信息传播的基本要素和条件，并从网店店内、站内和站外三个角度阐释了网店的营销和推广的手段与方法。

一、名词解释

　　信息传播　　店内营销　　站内营销　　站外营销

二、简答题

　　1. 信息传播的基本要素和条件是什么？

　　2. 网上零售商如何开展店内营销？

三、实战题

　　某大学生在淘宝中开店，产品定位于中老年服装，已完成店铺的装修及产品的上架，但经营一段时间后，业绩始终未上升。请为该大学生的网店，设计一份完整的店铺营销和推广方案。

第九章　网店客服实战

通过本章学习,掌握网店的客服流程;掌握客服接待与沟通的技巧和流程;掌握客户关系管理的基本知识和业务流程要求。

网上零售的店铺出现中差评、售后、维权、退款等售后问题总是让人很头疼,但这些数据对店铺的影响却日益重要。作为网上零售商,如何处理好这些售后问题,不断提升客户满意度,总结出网店客服的不足,使店铺健康发展,是摆在网上零售商面前必须要解决的难题。

第一节　客服流程实战

一、客户订单服务流程

作为一名合格的网店客服,必须熟练掌握淘宝网的购物流程。当客户在遇到实际操作上的具体问题时,应能够及时予以操作指导,保证流畅的完成购物流程,将每一个订单转化为有效订单,提高工作业绩。

网购订单一般是通过浏览商品—决定购买—支付货款—物流发货—确认收货—交易评价六个步骤完成,如9.1所示。

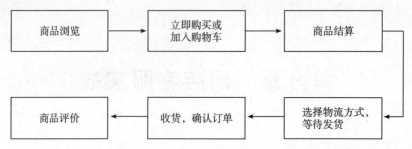

图 9.1　淘宝交易流程

当我们上网遇见心仪商品时，只需点击宝贝链接，然后进入商品详情页点击页面上的"立即购买"即可，购买时候可以自主选择商品数量，如果想购买多件不同商品可以使用购物车购买，更加便捷，如图 9.2 所示。

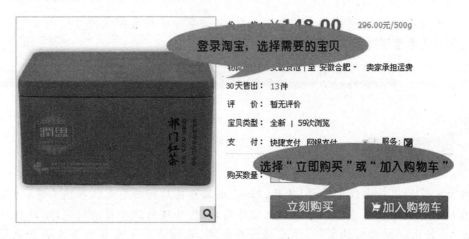

图 9.2　购买流程一

进入到订单提交页面时候，首先我们要检查下个人信息是否填写正确，确认下商品的颜色、尺寸、邮费发货时间、特殊的需求可以在卖家留言框里填写，如快递方式、小赠品等，然后点击确认，提交购物订单，如图 9.3 所示。

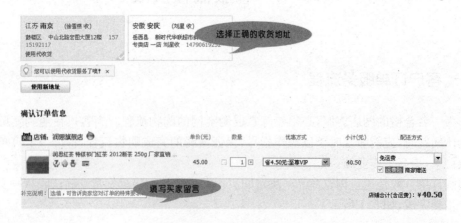

图 9.3　购买流程二

提交购物订单之后，就进入了支付方式页面，我们可以根据自身需要选择网银支付、支付宝支付、信用卡支付等方式，点击"确认付款"按钮，如图 9.4 所示。

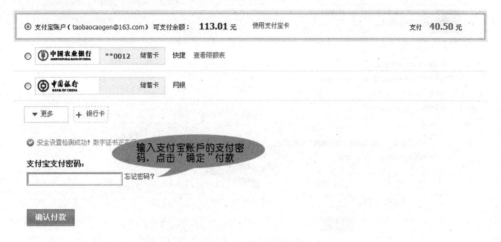

图 9.4　购买流程三

支付成功之后，系统会自动弹出支付成功页面，可以点击"查看本笔交易详情"，再次核对交易信息是否正确，如图 9.5 所示。

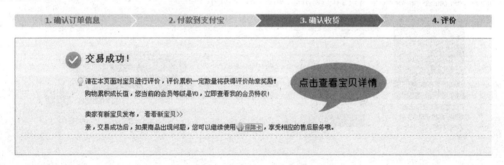

图 9.5　购买流程四

卖家收到货款之后通常在 48 小时内就会发货（最迟不得超过 72 小时），当买家收到快递包裹时，为了确保商品无损坏，最好当面验货，确认无损坏再签收。签收后既可登录买家后台，找到此笔交易记录，点击"确认收货"按钮，如图 9.6 所示。

图 9.6　购买流程五

然后输入支付宝支付密码,将支付宝代管的货款支付到卖家账户。如图9.7所示。

图9.7 购物流程六

这时候,买卖双方已经达成了正常的商品交易了,点击"给对方评价"按钮,给卖家的商品、服务、物流速度等一个中肯的评价。如图9.8所示。

图9.8 购物流程七

有时候交易过程会产生一些争议和误会从而产生了中差评,这时候卖家要通过及时沟通协商,达成一致。如果买家愿意将中差评改成好评,我们就可以借助淘宝后台的工具进行及时修改。

买家只需要进入"我的淘宝"点击"评价管理"进入,点击"给他人的评价",找到需要修改的评价,点击右边的"修改评价"就可以进入修改页面,如图9.9所示。

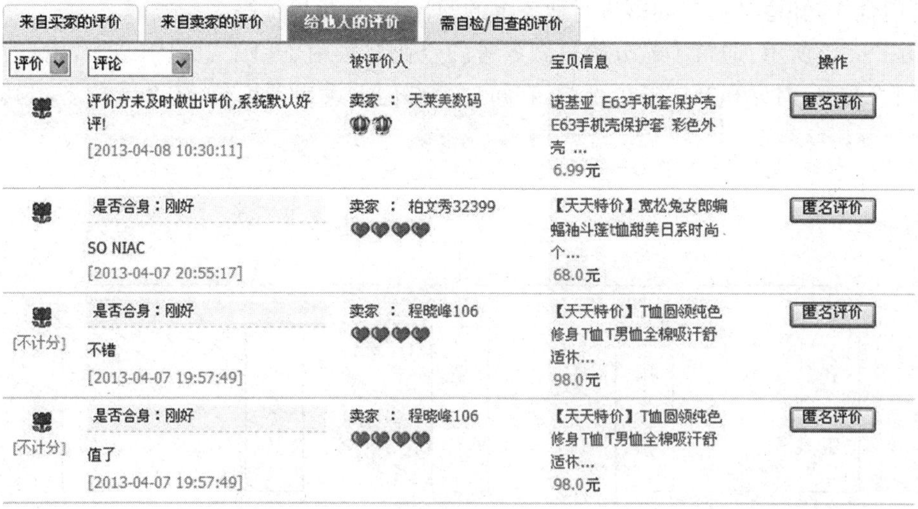

图 9.9 评价修改

当买家没有收到货或已收到货申请退换货申请,我们就须根据买家退货理由及时处理。退款交易只要双方经过了协商,达成一致,买家可以在交易生成后的 24 小时内申请退款,卖家有五天的时间来处理退款协议,在了解退款原因之后,卖家同意买家退款申请协议后输入卖家支付宝支付密码,退款完成,交易关闭。如果 9.10 所示。

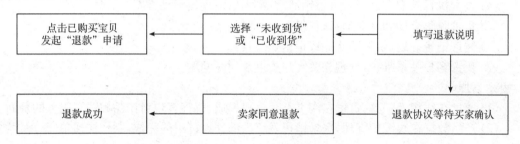

图 9.10 退款流程

当买家收到了货物,由于产品质量问题,或实物与网上描述不符等需要退货,只要与卖家沟通协商,达成一致,就可以在交易超时前提出退货申请。

申请退货有个时间期限,一般平邮是 30 天,快递 10 天,虚拟商品 3 天,自动发货商品 1 天,在此期限内,买家如需退货,可以在后台提交全额退款或部分退款的要求,买家有 15 天时间来处理退款协议,如超时未处理,退款会自动生效,交易进入到正常退款流程。当卖家收到退还货物,确认收货之后,此时货款会立即解冻,回流到买家支付宝账户里。

有些客户提出换货要求,卖家会按照店铺相应规定处理。如果是质量问题,免费退换;如果是非质量问题引起的退换货,通常退换货的运费需要买家自己承担。

客户服务流程围绕消费者购物整个过程而进行,从售前、售中和售后三个角度开展客服工作。

二、组织流程培训

当我们正式成为公司成员时候,我们必须对公司组织结构有明晰的理解,知道以后会与哪些部门合作,知道与哪些同事进行业务上的配合,最大化地提高工作效率。

如图9.11所示,通常不做分销只做零售的企业都采用了单渠道组织结构,由运营总监统领客服、美工、财务和推广各个部门,在每一个部门下设更多岗位,各个部门各司其职,共同完成任务。

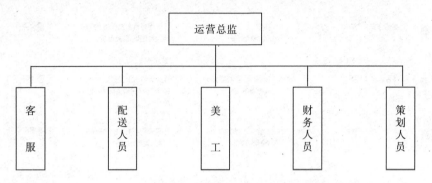

图9.11 单渠道组织结构

1. **运营总监**
(1) 负责网店整体规划、营销、推广、客户关系管理等系统经营性工作。
(2) 负责网店日常改版策划、上架、推广、销售、售后服务等经营与管理工作。
(3) 负责网店日常维护,保证网店的正常运作,优化店铺及商品排名。
(4) 负责执行与配合公司相关营销活动,策划店铺促销活动方案。
(5) 负责收集市场和行业信息,提供有效应对方案。
(6) 制订销售计划,带领团队完成销售业绩目标。
(7) 负责客户关系维护,处理相关客户投诉及纠纷问题。

2. **客服**
(1) 通过在线聊天工具,负责在淘宝上和客户沟通,解答客户对产品和购买服务的疑问。
(2) 产品数据在线维护管理,登录销售系统内部处理订单的完成,制作快递单,整理货物等。
(3) 负责客户关系维护工作,在线沟通解答客户咨询,引导用户在商城上顺利地购买,促成交易。
(4) 负责客户疑难订单的追踪和查件,处理评价、投诉等。

3. **配送人员**
(1) 负责网店备货和物资的验收、入库、码放、保管、盘点、对账等工作。
(2) 负责保持仓库内货品和环境的清洁、整齐和卫生工作。
(3) 按发货单正确执行商品包装工作,准时准确完成包装任务。
(4) 准确在网店后台输入发货单号,更改发货状态,对问题件能及时处理。

4. **美工**
(1) 负责网店产品上传宝贝的文字编辑及上传宝贝的相关工作,图片拍摄制作。
(2) 根据主题需要完成店铺整体的美化(公告栏和促销栏图片设计)。
(3) 根据文字需求完成网页平面设计,完成网页html编辑。
(4) 负责产品拍摄图片的美化、编辑排版。

5. **财务人员**
(1) 负责网店销售与资金到账的管理。

(2) 负责网店与快递公司业务费用的管理。
(3) 负责网店日常运营财务方面的处理。

6. 策划人员

(1) 负责不定期策划淘宝商城营销活动。
(2) 负责产品的文案描述。
(3) 策划并制定网络店铺及产品推广方案(包括淘宝推广、SEO、论坛推广、博客营销、旺旺推广等)等营销工作。
(4) 研究竞争对手的推广方案,向运营经理提出推广建议。
(5) 负责对店铺与标题关键字策略优化、橱窗推荐、搜索引擎营销、淘宝直通车、淘宝客等推广工作。

有些公司除了做零售业务之外,还会有分销业务,因此还会设立一个分销管理团队,如图 9.12 所示。

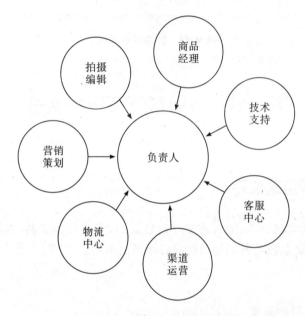

图 9.12 分销团队组织结构

三、工作流程培训

要在当今激烈的电子商务竞争中生存下来并且盈利,必须依靠团队的力量。我们对公司架构必须充分了解,知道做什么事情该找什么部门,每个部门分管哪些事情,只有分工明确,才能不断提高工作效率。

处理一个订单说起来很简单,从流程上来分就是售中和售后,但其实涉及的人员是很多的,比如从店长开始,到客服、审单员、财务、制单员、采购的产品经理、仓库管理员、配货员、打包员、称重员。有时候会是一人多岗,也有些岗位已经实现了由机器和软件来操作。

如图 9.13 所示,对于一个标准的订单处理,从订单生成开始,我们的销售客服就要对买家要求进行备注,订单一旦提交到系统以后,客服需要对订单进行审核,看地址是否详尽,商品编号是否齐全,有无缺货,等等。财务核实付款后,制单员即将开始打单,并登记快递单号,登记以后交给配货员配货,检验员核对订单,看有没有错发、漏发,再由打包员打包,称重员称重并录入系统,然后录入到淘宝后台。这时这个订单就处理完了。

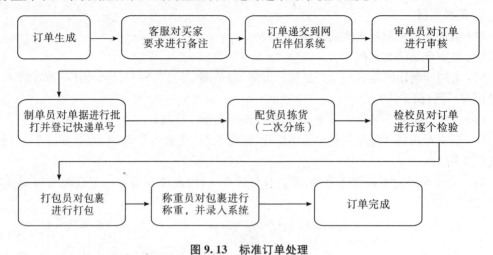

图 9.13　标准订单处理

第二节　客服接待与沟通实战

一、网店客服沟通技巧

网购因为看不到实物,所以给人感觉就比较虚幻,为了促成交易,客服必将扮演重要角色。因此,客服沟通交谈技巧的运用对促成订单至关重要。

（一）态度方面

1. 树立端正、积极的态度

树立端正、积极的态度对网店客服人员来说尤为重要。尤其是当售出的商品有了问题的时候,不管是客户的错还是快递公司的问题,都应该及时解决,不能回避、推脱。积极主动与客户进行沟通,尽快了解情况,尽量让客户觉得他是要受尊重、受重视的,并尽快提出解决办法。

2. 要有足够的耐心与热情

我们常常会遇到一些客户喜欢打破砂锅问到底,这个时候我们就需要有足够的耐心和热情,细心地回复,从而给客户一种信任感。绝不可表现出不耐烦,就算对方不买也要说声"欢迎下次光临"。

（二）表情方面

微笑是对客户最好的欢迎,微笑是生命的一种呈现,也是工作成功的象征。我们要充分利用阿里旺旺或其他即时信息工具发送热情的微笑表情,拉近与客户之间的距离,提高服务质量。

（三）礼貌方面

俗话说"良言一句三冬暖，恶语伤人六月寒"，一句"欢迎光临"，一句"谢谢惠顾"，短短的几个字，却能够让客户听起来非常舒服，产生意想不到的效果。

礼貌对客，让客户真正感受到"上帝"的尊重，客户来了，先来一句"欢迎光临，请多多关照"或者"欢迎光临，请问有什么可以为您效劳的吗"。诚心实意地"说"出来，会让人有一种十分亲切的感觉，并且可以先培养一下感情，这样客户的心理抵抗力就会减弱或者消失。

（四）语言文字方面

（1）少用"我"字，多使用"您"或者"咱们"这样的字眼，让客户感觉我们在全心全意地为他(她)考虑问题。

（2）常用规范用语：

① "请"——一个非常重要的礼貌用语。

② 开始与买家沟通时多用"欢迎光临""认识您很高兴""希望在这里能找到您满意的东西"。

③ 交流过程中多使用"您好""请问""麻烦""请稍等""不好意思""非常抱歉""多谢支持"……

（3）在客户服务的语言表达中，应尽量避免使用负面语言。这一点非常关键。客户服务语言中不应有负面语言。什么是负面语言？比如说，我不能、我不会、我不愿意、我不可以等，这些都叫负面语言。

① 在客户服务的语言中，没有"我不能"。当你说"我不能"的时候，客户的注意力就不会集中在你所能给予的事情上，他会集中在"为什么不能""凭什么不能"上。正确做法是用"看看我们能够帮你做什么"等来交流，这样就避开了跟客户说不行，不可以。

② 在客户服务的语言中，没有"我不会做"。说"我不会做"，客户会产生负面感觉，认为你在抵抗。而我们希望客户的注意力集中在你讲的话上，而不是注意力的转移。正确做法是尝试使用"我们能为你做的是……"之类的语言。

③ 在客户服务的语言中，没有"这不是我应该做的"。这样做客户会认为他不应该提出某种要求，从而不再听你解释。正确做法是说明"我很愿意为你做"。

④ 在客户服务的语言中，没有"我想我做不了"。当客服说"不"时，与客户的沟通会马上处于一种消极气氛中，为什么要客户把注意力集中在你或你的公司不能做什么，或者不想做什么呢？正确做法是告诉客户你能做什么，并且非常愿意帮助他们。

⑤ 在客户服务的语言中，没有"但是"。你受过这样的赞美吗？——"你穿的这件衣服真好看！但是……"。不论你前面讲得多好，如果后面出现了"但是"，就等于将前面对客户所说的话进行否定。正确做法是只要不说"但是"，说什么都行！

⑥ 在客户服务的语言中，有一个"因为"。要让客户接受你的建议，应该告诉他理由，不能满足客户的要求时，要告诉他原因。

平时要注意提高修炼自己的内功，对于同样一件事用不同的表达方式就会表达出不同的意思。很多交易中的误会和纠纷就是因为语言表述不当而引起的。

(五) 阿里旺旺客服实用技巧

我们可以通过设置快速回复来提前把常用的句子保存起来，这样在忙乱的时候可以快速的回复客户。比如欢迎词、不讲价的解释、"请稍等"等，可以给我们节约大量的时间。在日常回复中，发现哪些问题是客户问的比较多的，也可以把回答内容保存起来，以达到事半功倍的效果。

通过旺旺的状态设置，可以给店铺做宣传，比如在状态设置中写一些优惠措施、节假日提醒、推荐商品等等。如果暂时不在座位上，可以设置"自动回复"，不至于让客户觉得自己好像没人搭理。也可以在自动回复中加上一些自己的话语，都能起到不错的效果。

(六) 针对性方面

任何一种沟通技巧，都不是对所有客户一概而论的，针对不同的客户应该采用不同的沟通技巧。

1. 客户对商品了解程度不同，沟通方式也有所不同

(1) 对商品缺乏认识，不了解。这类客户对商品知识缺乏，对客服依赖性强。对于这样的客户需要我们像对待朋友一样去细心地解答，多从他的角度考虑去给他推荐，并且告诉他你推荐这些商品的原因。对于这样的客户，你的解释越细致他就会越信赖你。

(2) 对商品有些了解，但是一知半解。这类客户对商品了解一些，比较主观，易冲动，不太容易信赖客服。面对这样的客户，这时就要控制情绪，耐心地回答，向他表示你丰富的专业知识，让他认识到自己的不足，从而增加对客服的信赖。

(3) 对商品非常了解。这类客户知识面广，自信心强，问题往往都能问到关键点上。面对这样的客户，要表示出你对他专业知识的欣赏，表达出"好不容易遇到同行了"，用便宜的口气和他探讨专业的知识，给他来自内行的推荐，告诉他"这个才是最好的，你一看就知道了"，让他感觉到自己真的被当成了内行的朋友，而且你尊重他的知识，你给他的推荐肯定就是最衷心的、最好的。

2. 对价格要求不同的客户，沟通方式也有所不同

(1) 有的客户很大方，说一不二，看见客服说不还价就不讨价还价。对待这样的客户要表达感谢，并且主动告诉他店铺的优惠措施，会赠送什么样的小礼物，这样，让客户感觉物超所值。

(2) 有的客户会试探性地问问能不能还价。对待这样的客户既要坚定地告诉他不能还价，同时也要态度和缓地告诉他店内物品的价格是物有所值的，并且谢谢他的理解和合作。

(3) 有的客户就是要讨价还价，不还价就不高兴。对于这样的客户，除了要坚定重申店铺的原则外，要有理有节地拒绝他的要求，不要被他各种威胁和祈求所动摇。适当的时候建议他再看看其他便宜的商品。

3. 对商品要求不同的客户，沟通方式也有所不同

(1) 有的客户因为买过类似的商品，所以对购买的商品质量有清楚的认识。对于这样的客户是很好打交道的。

(2) 有的客户将信将疑，会问："图片和商品是一样的吗？"对于这样的客户要耐心向他们解释，在肯定店内实物拍摄的同时，要提醒他难免会有色差等，让他有一定的思想准备，不要把商品想象得太过完美。

(3) 还有的客户非常挑剔，在沟通的时候就可以感觉到，他会反复提问"有没有瑕疵？""有没有色差？""有问题怎么办？""怎么找你们？"这个时候就要意识到这是一个追求完美主义的客户，除了要实事求是地介绍商品，还要实事求是把一些可能存在的问题都介绍给他，告诉他没有东西是十全十美的。如果客户还坚持要完美的商品，就应该委婉的建议他选择实体店购买需要的商品。

（七）其他方面

1. 坚守诚信

网络购物虽然方便快捷，但唯一的缺陷就是看不到、摸不着。客户面对网上商品难免会有疑虑和戒心，所以我们对客户必须要用一颗诚挚的心，像对待朋友一样对待客户，包括诚实地解答客户的疑问，诚实地告诉客户商品的优缺点，诚实地向客户推荐适合他的商品。

坚守诚信还表现在一旦答应客户的要求，就应该切实地履行自己的承诺，哪怕自己吃点亏，也不能出尔反尔。

2. 凡事留有余地

在与客户交流中，不要用"肯定、保证、绝对"等字样，这不等于你售出的产品是次品，也不表示你对买家不负责任，而是不让客户有失望的感觉。因为我们每个人在购买商品的时候都会有一种期望，如果你保证不了客户的期望，最后就会变成客户的失望。比如卖化妆品，本身每个人的肤质就不同，你敢百分百保证你售出的产品在几天或一个月内一定能达到客户想象的效果吗？还有出售出去的货品在路程中，我们能保证快递公司不误期吗？不会被丢失吗？不会被损坏吗？为了不要让客户失望，最好不要轻易说保证。如果用，最好用"尽量、争取、努力"等词语，效果会更好。多给客户一点真诚，也给自己留有一点余地。

3. 处处为客户着想，用诚心打动客户

让客户满意，重要的一点体现在真正为客户着想，处处站在对方的立场，想客户所想，把自己变成一个买家助手。

4. 多虚心请教，多倾听客户声音

当客户上门的时候我们并不能马上判断出客户的来意与其所需要的物品，所以需要先问清楚客户的意图，具体需要什么商品，是送人还是自用，是送给什么样的人，等等。了解清楚了客户的情况，准确地对其定位，才能做到只介绍对的不介绍贵的，以客为尊，满足客户需求。

当客户表现出犹豫不决或者不明白的时候，我们也应该先问清楚客户困惑的内容是什么，是哪个方面不清楚，如果客户也表述不清楚，我们可以把自己的见解告诉客户，问问是不是理解对了，然后针对客户的疑惑给予解答。

5. 做个专业卖家，给客户准确地推介

不是所有的客户对你的产品都是了解和熟悉的。当有的客户对你的产品不了解的时候，在咨询过程中，就需要我们为客户解答，帮助客户找到适合他们的产品。不能客户一问三不知，这样会让客户对你没有信任感，谁也不会在这样的店里买东西的。

6. 坦诚介绍商品优点与缺点

我们在介绍商品的时候，必须正确面对产品本身的缺点。虽然商品缺点本来是应该尽量避免触及，但如果因此而造成事后客户抱怨，反而会失去信用，得到差评也就在所难免了。

7. 遇到问题多检讨自己，少责怪对方

遇到问题的时候，先想想自己有什么做的不到位的地方，诚恳地向客户检讨自己的不足，不要先指责客户。比如有些商品说明明明写了，可是客户没有看到，这个时候千万不要一味地指责客户没有好好看商品说明，而是应该反省自己没有及时提醒客户。

8. 换位思考、理解客户的意愿

当我们遇到不能理解客户想法的时候，不妨多问问客户是怎么想的，然后把自己处在客户的角度去体会他的心境。

9. 表达不同意见时尊重对方立场

当客户表达不同的意见时，要力求体谅和理解客户，表现出"我理解您现在的心情，目前……"或者"我也是这么想的，不过……"，这样客户能觉得你在体会他的想法，能够站在他的角度思考问题。同样，他也会试图站在你的角度来考虑。

10. 保持相同的谈话方式

对于不同的客户，我们应该尽量用和他们相同的谈话方式来交谈。如果对方是个年轻的妈妈给孩子选商品，我们应该站在母亲的立场，考虑孩子的需要，用比较成熟的语气来表述，这样更能得到客户的信赖。如果你自己表现得更像个孩子，客户会对你的推荐表示怀疑。

如果你常常使用网络语言，但是在和客户交流的时候，有时候他对你使用的网络语言不理解，会感觉和你有交流的障碍，有的人也不太喜欢太年轻态的语言。所以建议大家在和客户交流的时候，尽量不要使用太多的网络语言。

11. 经常对客户表示感谢

当客户及时地完成付款，或者很痛快地达成交易，我们都应该衷心地对客户表示感谢，感谢他这么配合我们的工作，感谢他为我们节约了时间，感谢他给我们一个愉快的交易过程。

12. 坚持自己的原则

在销售过程中，我们会经常遇到讨价还价的客户，这个时候我们应当坚持自己的原则。如果在定制价格的时候已经决定不再议价，那么我们就应该向要求议价的客户明确表示这个原则。

比如说邮费，如果客户没有达到包邮条件，却为某位客户包邮，钱是小问题，但后果严重：

(1) 其他客户会觉得不公平，使店铺失去纪律性。

(2) 给客户留下经营管理不正规的印象，从而小看你的店铺。

(3) 给客户留下价格产品不成正比的感觉，否则为什么你还有包邮的利润空间呢？

(4) 客户下次来购物还会要求和这次一样的特殊待遇，或进行更多的议价，这样你需要投入更多的时间成本来应对。在现代快节奏的社会，时间就是金钱，珍惜客户的时间也是珍惜自己的时间，这才是负责的态度。

二、网店客服工作技巧

网店客服除了具备一定的专业知识、周边知识、行业知识以外，还要具备一些工作方面的技巧。

（一）促成交易技巧

1. 利用"怕买不到"的心理

人们常对越是得不到、买不到的东西，越想得到它、买到它。卖家可利用这种"怕买不到"的心理，来促成订单。当对方已经有比较明显的购买意向，但还在最后犹豫中的时候，可以用以下说法来促成交易："这款是我们最畅销的了，经常脱销，现在这批又只剩两个了，估计不要一两天又会没了，喜欢的话别错过了哦！"或者"今天是优惠价的截止日，请把握良机，明天就买不到这种折扣价了。"

2. 利用客户希望快点拿到商品的心理

大多数客户希望在付款后卖家越快寄出商品越好。所以在客户已有购买意向，但还在最后犹豫中的时候，可以说："如果真的喜欢的话就赶紧拍下吧，快递公司的人再过10分钟就要来了，如果现在支付成功的话，马上就能为你寄出了。"对于可以用网银转账或在线支付的客户尤为有效。

3. 利用技巧，促成交易

当客户一再发出购买信号，却又犹豫不决拿不定主意时，可采用"二选其一"的技巧来促成交易。

譬如，客服可以对他说："请问您需要第14款还是第六款？"或是说："请问是平邮给您还是快递给您？"这种"二选其一"的问话技巧，只要客户选中一个，其实就是客服帮他拿主意，下决心购买了。

4. 帮助准客户挑选，促成交易

许多准客户即使有意购买，也不喜欢迅速签下订单，他总要东挑西拣，在产品颜色、规格、式样上不停地打转。这时候你就要改变策略，暂时不谈订单的问题，转而热情地帮对方挑选颜色、规格、式样等，一旦上述问题解决，你的订单也就落实了。

5. 巧妙反问，促成交易

当客户问到某种产品，不巧正好没有时，就得运用反问来促成订单。举例来说，客户问："这款有金色的吗？"这时，你不可回答没有，而应该反问道："不好意思我们没有进货，不过我们有黑色、紫色、蓝色的，在这几种颜色里，您有比较喜欢的吗？"

6. 积极推荐，促成交易

当客户拿不定主意，需要客服推荐的时候，客服可以尽可能多地推荐符合他要求的款式，在每个链接后附上推荐的理由。而不要找到一个推荐一个，例如，"这款是刚到的新款，目前市面上还很少见""这款是我们最受欢迎的款式之一""这款是我们最畅销的了，经常脱销"等等，以此来尽量促成交易。

（二）时间控制技巧

客服除了回答客户关于交易上的问题外，还可以适当聊天，这样可以促进双方的关系。但自己要控制好聊天的时间，毕竟，工作不是闲聊，还有很多正经的工作要做，聊到一定时间后可以以"不好意思我有点事要走开一会"为由结束交谈。

(三)说服客户的技巧

1. 调节气氛,以退为进

在说服时,客服首先应该想方设法调节谈话的气氛。如果客服和颜悦色地用提问的方式代替命令,并给人以维护自尊和荣誉的机会,气氛就是友好而和谐的,说服也就容易成功;反之,在说服时不尊重他人,拿出一副盛气凌人的架势,那么说服多半是要失败的。毕竟人都是有自尊心的,就连三岁孩童也有他们的自尊心,谁都不希望自己被他人不费力地说服而受其支配。

2. 争取同情,以弱克强

渴望同情是人的天性,如果想说服比较强大的对手时,不妨采用这种争取同情的技巧,从而以弱克强,达到目的。

3. 消除防范,以情感化

一般来说,在和要说服的对象较量时,彼此都会产生一种防范心理,尤其是在危急关头。这时候,要想使说服成功,就要注意消除对方的防范心理。如何消除防范心理呢?从潜意识来说,防范心理的产生是一种自卫,也就是当人们把对方当做假想敌时产生的一种自卫心理,那么消除防范心理的最有效方法就是反复给予暗示,表示自己是朋友而不是敌人。这种暗示可以采用种种方法来进行:嘘寒问暖,给予关心,表示愿给帮助等。

4. 投其所好,以心换心

站在他人的立场上分析问题,能给他人一种为其着想的感觉,这种投其所好的技巧常常具有极强的说服力。要做到这一点,"知己知彼"十分重要,唯先知彼,而后方能从对方立场上考虑问题。

5. 寻求一致,以短补长

习惯于顽固拒绝他人说服的人,经常都处于"不"的心理组织状态之中,所以自然而然地会呈现僵硬的表情和姿势。对于这种人,如果一开始就提出问题,绝不能打破他"不"的心理。所以,你得努力寻找与对方一致的地方,先让对方赞同你远离主题的意见,从而使之对你的话感兴趣,而后再想法将你的主意引入话题,最终求得对方的同意。

三、如何做好售后服务

好的店铺,是绝不会忽视售后服务环节的,因为很多店家都清楚,维护好一个老客户比新开发10个新客户都重要,那么如何才能做好售后服务呢。

(一)树立售后服务观念

1. 售后服务是整个物品销售过程的重点之一

好的售后服务会带给买家非常好的购物体验,这些买家可能会成为店铺忠实的用户,以后经常购买店铺内的物品。

2. 树立正确的售后服务观念

服务观念是长期培养的一种个人(或者店铺)的魅力,卖家都应该建立一种"真诚为客户服务"的观念。

3. 真诚为客户服务

服务有时很难做到让所有客户百分之百满意。但只要客服在"真诚为客户服务"的指导下，问心无愧地做好售后服务，相信一定会得到相应回报的。

4. 重视和充分把握与买家交流的每一次机会

因为每一次交流都是一次难得的建立感情、增进了解、增强信任的机会。买家也会把他们认为很好的卖家推荐给更多的朋友。

（二）交易结束，及时联系

物品成交后卖家应主动和买家联系，避免成交的买家由于没有及时联系而流失掉。及时联系买家应该做到以下几点：

（1）及时发送发货短信，让客户非常便捷地掌握产品物流信息。

（2）可以设计精致的"好评有礼"卡片或者VIP会员打折卡，让客户感觉得到特权，以促进二次购买。

（3）如果发现中、差评，要及时通过旺旺联系客户，或者电话回访，以及时处理。

（三）不同买家不同备注

（1）卖家们应该好好地总结自己买家群体的特征。因为只有全面了解到买家情况，才能确保店内进的货正好是你的买家喜欢的物品，更好地发展生意。

（2）建立买家资料库，及时记录每笔成功交易的买家的各种联系方式。

（3）总结买家的背景至关重要。在和买家交易过程中了解买家的职业或者城市等其他的背景，能够帮助总结不同的人群所适合的物品。

（4）购买能力很强的买家更要作为卖家总结的重点。

四、处理投诉方法

要成功地处理客户投诉，先要找到最合适的方式与客户进行交流。很多客服人员都会有这样的感受，客户在投诉时会表现出情绪激动、愤怒，甚至对客服破口大骂。此时客服要明白，这实际上是一种发泄——把自己的怨气、不满发泄出来，客户忧郁或不快的心情便得到释放和缓解，从而维持了心理平衡。客户最希望得到的是同情、尊重和重视，因此客服应立即向其表示道歉，并采取相应的措施。

（一）快速反应

客户认为商品有问题，一般会比较着急，怕不能得到解决，而且也会不太高兴。这个时候客服要快速反应，记下客户的问题，及时查询问题发生的原因，及时帮助客户解决问题。如果有些问题不是能够立即解决的，也要告诉客户店铺会立即给他解决，现在就给他处理……

（二）热情接待

如果客户收到东西后反映有什么问题的话，客服要热情地对待，要比交易的时候更热情，这样买家就会觉得卖家好，不虚伪。如果刚开始的时候客户服务很热情，而等钱收到之后就爱理不理的那种，买家就会很失望，即使东西再好，他们也不会再来了。

(三) 表示愿意提供帮助

"让我看一下该如何帮助您,我很愿意为您解决问题。"正如前面所说,当客户正在关注问题的解决时,客服人员应体贴地表示乐于提供帮助,自然会让客户感到安全、有保障,从而进一步消除对立情绪,形成依赖感。

(四) 引导客户思绪

有时候我们会觉得在说道歉时似乎是在承认自己有错。其实,"对不起"或"很抱歉"并不一定表明客服或公司犯了错,而是表明对客户不愉快经历的遗憾与同情。不用担心客户因得到认可而越发强硬,认同只会将客户的思绪引向问题的解决。同时,我们也可以运用一些方法来引导客户的思绪,化解客户愤怒的情绪。

1. "何时"法提问

一个发怒者无法进入"解决问题"的状况,买家要做的首先是逐渐使对方的怒气平息。对于那些非常难听的抱怨,应当用一些何时出现的问题来冲淡其中的负面成分。

2. 转移话题

当对方按照他的思路在不断地发火、指责时,可以抓住一些其中略为有关的内容扭转方向,缓和气氛。

3. 间隙转折

暂时停止对话,特别是在需要找有决定权的人做一些决定或变通的时候。

4. 给定限制

有时虽然做了很多尝试,客户依然出言不逊,甚至不尊重卖家人格,客服可以转而采用较为坚定的态度给对方一定限制。

(五) 认真倾听

客户投诉商品有问题时,客服不要着急去辩解,而是要耐心听清楚问题的所在,然后记录下客户的用户名、购买的商品,这样便于去回忆当时的情形。客服和客户一起分析问题出在哪里,才能有针对性地找到解决问题的办法。

(六) 认同客户的感受

客户在投诉时会表现出烦恼、失望、泄气、愤怒等各种情感,客服不应当把这些表现理解成是对客服个人的不满。特别是当客户发怒时,客服可能会想:"我的态度这么好,凭什么对我发火?"要知道,愤怒的情感通常都会潜意识中通过一个载体来发泄。正如一个人一脚踩在石头上,会对石头发火,飞起一脚踢远它,尽管这不是石头的错。因此,此时客户仅仅是把客服当成了发泄对象而已。

(七) 诚恳道歉

不管是因为什么样的原因造成客户的不满,客服都要诚恳地向客户致歉,对给客户造成的不愉快和损失道歉。如果客服已经非常诚恳地认识到自己的不足,客户一般也不好意思继续不依不饶。

（八）提出补救措施

对于客户的不满，客服要能及时提出补救的方法，并且明确地告诉客户，让客户感觉到在为他考虑，为他弥补，并且给他很重视他的感觉。一个及时有效的补救措施，往往能让客户的不满化成感谢和满意。

为弥补公司操作中的一些失误，可以在解决问题之外，适当地给客户一些额外补偿。很多企业都会给客服人员一定授权，以灵活处理此类问题。但要注意的是：将问题解决后，一定要改进工作，以避免今后发生类似的问题。有些处理投诉的部门，一有投诉首先想到用小恩小惠息事宁人，或一定要靠投诉才给客户应得的利益，这样不能从根本上减少此类问题的发生。

（九）通知客户并及时跟进

卖家给客户采取什么样的补救措施，现在进行到哪一步，都应该告诉给客户，让他了解卖家的工作，了解卖家为他付出的努力。当客户发现商品出现问题后，首先担心能不能得到解决，其次担心需要多长时间才能解决，当客户发现补救措施及时有效，而且商家也很重视的时候，就会感到放心。

第三节 客户关系管理实战

一、客户管理基础

1. 客户关系管理的概念

客户关系管理（Customer Relationship Management，CRM）是一个不断加强与客户交流，不断了解客户需求，并不断对产品及服务进行改进和提高以满足客户需求的连续的过程。其内涵是企业利用信息技术（IT）和互联网技术实现对客户的整合营销，是以客户为核心的企业营销的技术实现和管理实现。客户关系管理注重的是与客户的交流，企业的经营是以客户为中心，而不是传统的以产品或以市场为中心。为方便与客户沟通，客户关系管理可以为客户提供多种交流的渠道，通过"一对一"营销原则，满足不同价值客户的个性化要求，提高客户的忠诚度，实现客户价值持续贡献，从而更全面有效地提高企业盈利能力，实现企业的长远发展。

客户关系管理不仅仅是制度或者一个软件，它更加注重方法论、软件和IT能力的综合，是一种获取、保持和增加可获利客户的商业策略。

网上零售公司或网店客服，就必须对客户的爱好、性别、收入状况、文化程度、家庭背景、购物时间、消费金额等有详细的了解，并对数据进行统一整理，然后才能够实现"一对一"的关怀和网络营销。

2. 新老客户形成与差异

店主通过自然流量或付费流量形式，吸引潜在客户进入店铺或者宝贝详情页浏览，潜在客户再通过自主购买或者与网络客服咨询服务转化为新购买客户,当新客户对产品价值非常认同,隔一定周期,产生重复购买现象时就成为店铺的忠实客户,如图 9.14 所示。

图 9.14　客户发展路径

新客户通常都是通过搜索引擎或者广告进入店铺,第一次购买会非常谨慎,会注重产品详情页介绍、店铺经营信誉和销量、销售记录、客户评价,与同品类产品比较,与客服咨询、砍价、咨询售后服务等,最后才会购买。前面每一个环节的服务卖家都要做到精益求精,这样才能够更好地提高流量转化率。

正常情况下,老客户都是通过收藏的店铺网页或者直接打开网店首页地址进入,之前有过购买,对网店产品价值有较高认同度,所以第二次购买时对产品和服务都非常放心,更多的是关注店内的促销活动和发货速度等,简单咨询就会直接下单,收货后很少会产生售后纠纷。老客户不仅仅购买的开发成本低,而且他们对品牌与产品更加认同,黏性很高。很多老客户一次性会购买更多的产品,客单价高,因为对店铺认同,沟通更加顺畅,即使有服务不周全的地方,老客户也会尽量理解,给店铺很高的售后评分,并且还有很多客户会愿意写好评,或者通过链接、图片形式分享产品,给店铺带来非常好的口碑宣传效果。

一般老客户重复购买与哪些因素有关系呢?经过调研、分析、总结,老客户的形成主要有以下几个因素。

(1) 品牌:产品品牌与店铺品牌知名度在客户心中的地位会很大程度地影响客户回头率。

(2) 产品:产品的品质与很好的性价比,是客户回头的重要因素。

(3) 创新:不断开发新产品和创新营销方式、售后服务,也可以吸引回头客。

(4) VIP:给客户 VIP 身份,给予特殊的优惠政策是客户回头的重要保障。

(5) 促销:不断变化促销方式,能够较明显地提高客户回头率。

(6) 服务:每一次接近完美的客户服务,会很好地加深客户购买体验。

(7) 回访:不定期的邮件、电话、客户关怀,会加深客户对店铺的印象,促使客户多次回头购买。

品牌、产品和创新是属于企业自身的硬实力范畴,而 VIP、促销、内容、服务、回访等则属于企业的软实力范畴。

3. **客户关系管理步骤**

网店做好客户关系管理必须有这样几个步骤:积累资料、划分等级、客户分类、客户关怀,如图 9.15 所示。

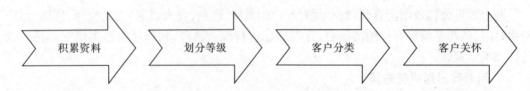

图 9.15　客户关系管理步骤

(1).积累资料:当一个客户与店铺产生了交易,不仅仅给店铺带来了经济收益,还给店铺留下了卖家的联系方式、生活地址、邮箱地址等个人信息。客服在与客户咨询聊天时要做个有心人,充分挖掘客户的个人联系方式、个人档案、兴趣爱好等,对一个新客户的资料掌握得越详细准确,后期管理越有效果。

(2)划分等级:根据会员购买金额和具体购买记录设置不同的会员等级和有效时间,同时设置不同等级会员享受的优惠制度等级。

(3)客户分类:充分根据购买的频次、周期、客单价等来区分客户是不是一次性购买,对客户进行准确的分类管理。

(4)客户关怀:通过邮件、即时信息、短信、电话回访等方式对客户进行客户关怀,包括生日与节假日关怀等。

二、客户关系管理工具

网上销售的客户关系管理离不开管理的工具软件,下面详细介绍几款常用的工具。

1. 淘宝后台会员关系管理

淘宝网店运营最常用的会员管理工具就是网店后台的会员关系管理工具,登录淘宝卖家后台,可在左侧营销中心下面进入会员关系管理,如图9.16所示,通过会员关系管理工具可以对本网店所有客户,进行忠诚度设置、指定营销活动、设置会员等级、设置标签等。

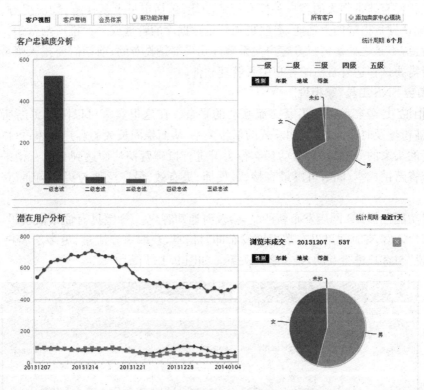

图9.16 淘宝后台会员关系管理页面

会员关系管理是每一个网店必用的工具,能够与网店紧密联系,能对不同的客户进行不同的设定。不足之处就是不支持短信、旺旺等信息群发,不能进行客户关怀营销。

2. 淘宝卖家服务平台中客户管理软件

淘宝开通卖家服务平台之后,有越来越多的软件服务商加入到了店铺管理软件的开发中来,客户关系管理软件就是店铺软件的重要部分,可以在网店后台左侧点击"卖家服务"进入后,在搜索栏里输入"客户关系管理",就可以看到很多第三方平台开发的客户关系管理软件,如图9.17所示。

图 9.17　第三方客户关系管理软件

这些软件有非常强大的客户关怀和提醒功能,包括宝贝上新提醒、物流提醒、待确认发货提醒、确认发货提醒四大功能,有些更加侧重数据库的管理或二次推广与营销。每一款软件都有特色;不足之处是第三方客户关系软件几乎都是收费的,前期需要投入资金。店主要根据自身需要选择适合自己的客户关系管理软件。

3. 淘宝 SNS 工具"掌柜说"

"掌柜说"是淘宝卖家与买家交流互动的平台。在这里卖家可以随时更新店铺信息动态,与店铺粉丝及时交流,建立朋友式的信赖关系,从而稳固长久的客户群体;可以通过活跃在淘江湖的买家的分享行为、活动参与行为等进行口碑营销从而达到自我营销的目的。这样不仅节省营销成本,同时可以最直接、最便捷、最有效、最广泛地与买家沟通,获取最真实的信息。

主要功能包括:① 网店发布新产品,会及时通知客户。② 宝贝有促销活动了,会及时通知潜在客户。③ 有时间可以在掌柜说发布即时信息,获取更多流量、更多新客户。④ 可通过"掌柜说"与客户进行互动,维护客户关系。如图9.18所示。

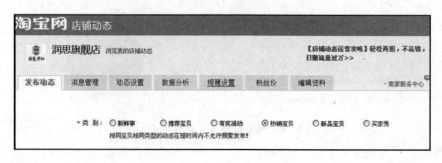

图 9.18　"掌柜说"页面

4. 淘宝帮派

淘宝网社区,支持每一个 ID 建立自己的帮派,淘帮派是淘宝免费提供给淘宝用户使用的,可以发表文字、图片等。对于新店来说,如果自己的帮派人气旺,那么店铺的流量也会骤升。而且,浏览淘帮派的网民都是淘宝用户,有卖家也有买家,针对性强,如图 9.19 所示。

图 9.19 淘宝帮派页面

卖家店铺是由各天猫、集市店铺卖家组成的帮派,这些帮派的管理团队是由每个店铺的卖家店主组成,经过了认证的卖家店铺帮派将帮助卖家进行店铺运营、店铺推广和活动促销等。

随着互联网科技的不断发展,越来越多的人走进网络世界,越来越多的网络交流工具和社区都充当了客户关系管理工具角色,如阿里旺旺、QQ、微信、微博、论坛等等。

三、客户关系管理实践

(一) 数据收集

数据收集是客户关系管理的基础,可以通过淘宝卖家后台,查看每一个购买客户的详情资料,如图 9.20 所示,如手机号码、邮箱、地址等。也可以在与客户咨询聊天时有意收集更多的客户资料,如图 9.21 所示。

同时,可以在会员资料详情页,手工维护会员等级和备注信息。

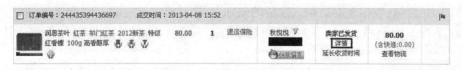

图 9.20 购买客户详情资料

图 9.21　会员资料设置

(二) 会员等级设置

淘宝卖家后台提供了会员等级设置的功能,登录卖家淘宝后台,从左侧营销中心工具栏中点击进入会员关系管理,然后就可以看到"等级设置"的选项卡,如图 9.22 所示。

图 9.22　会员等级设置

淘宝网店后台的会员管理工具根据消费金额与消费次数将会员分为普通会员、高级会员、VIP 会员、至尊 VIP 会员四个等级。

(1) 普通会员:只要拍下商品并完成付款,即可成为店铺的普通会员。

(2) 高级会员:在拍下商品确认收货的基础上,同时符合设定的高级会员条件。

(3) VIP 会员:在拍下商品确认收货的基础上,同时符合设定的 VIP 会员条件。

(4) 至尊 VIP 会员:在拍下商品确认收货的基础上,同时符合设定的至尊 VIP 会员条件。

会员等级设置主要是根据第一次消费、消费频率、消费金额结合店铺自身产品利润空间而制定。

(三)客户分组

通过会员设置,所有的客户都会根据购买金额、交易笔数形成各等级的会员,当他们的金额、交易笔数达到相应的规定时,会员等级会自动地升级,并享受有相应的优惠折扣或者是拥有特权。

1. 手动分组

有很多客户的消费金额或交易笔数并没有达到相应规定,但是他们非常愿意给产品写好评分享,并且通过网络宣传给店铺带来有效流量的时候,对于这样的会员就可以通过手动分组的形式将他们设置成为VIP会员。

如果有买家主动分享店铺宝贝,卖家就可以主动联系他们,破格给予他们VIP会员资格,将他们发展成为忠实客户。

2. 标签设置

除了按照会员等级的分类方式之外,还可以通过客服与客户交流咨询对客户进行自定义标签设定,然后根据标签分类对客户进行关怀与营销。标签设定可以不拘一格,要求容易记忆与管理,能够非常精准地体现客户特点。例如,天猫将购物单价高、不还价的客户设定为"富人",将购买次数特别高的设定会"购物狂",将那些爱讨价还价的人设定为"抠门狂"等,如图9.23所示。

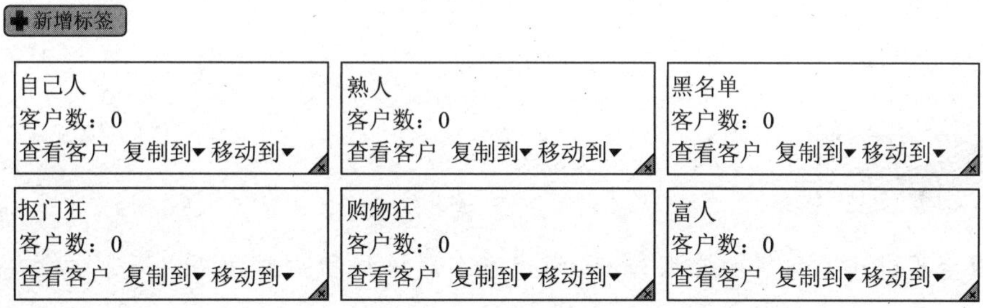

图9.23 客户标签设置

(四)客户关怀与营销

当充分了解客户的信息之后,卖家就要有效地利用这些信息与客户进行互动和交流。在进行客户关怀时,不能够让他们感觉卖家有推销的嫌疑,所以要尽力和客户实现心与心的情感交流,这样才能不断拉近与客户之间的距离,让他们成为店铺的忠实客户。

要不断让VIP会员能够感觉到荣耀感,除了VIP会员资格自身可以享受淘宝后台设置的折扣优惠和特权等,还可以为他们发专门的实物会员卡,并且每年都可以对他们进行评估,让他们不断升级。

在客户过生日时候,可以发送短信、生日贺卡、邮件祝福;在节假日来临之前,可以通过短信祝福客户节日快乐;客户购买产品几天后可以发送短信,咨询产品的使用效果等等。这些都是非常人性化的关怀方式。

(五)客户关系营销方式

通常卖家与客户沟通可通过以下几种方式:电话、短信、邮件、SNS。

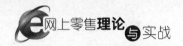

1. 电话回访

电话回访是线下线上通用的一种营销方式,也是客户感觉最好的营销方式,准确率、转化率都非常高,同时也是最高的一种。这种方式的使用率不是很大,适合与 VIP 老客户之间沟通。

2. 短信营销

短信营销准确率高,成本较低,短信到达率和客户查看率在营销方式中是偏高的,但是转化率低,更多取决于店铺的活动力度大小,不宜过多发送,会让客户误认为是骚扰性短信,而产生厌恶感。

3. 邮件营销

邮件营销成本是最低的、检测效果较好,信息包含量大、应用范围广,邮件营销需要设计详细的活动策划、页面设计,有专门的邮件服务器和监测反馈系统。

4. SNS 营销

SNS 是一种新兴的营销方式,成本低,维护客户数量多,互动性强。互联网上的 SNS 现在已经非常多,最有影响的是新浪微博,很多企业也开始建立自己的官方微博,作为推广营销的重要工具。

淘宝也大力推动 SNS 化,推出了服务网店的微博系统"掌柜说","掌柜说"一经推出就受到了淘宝店主的热捧,不仅成为与买家交流的网络社区,也能够较好地吸引站内流量,提高流量转化率。

本章主要讲述了网店的客服流程,阐述了客服接待和沟通技巧以及客户关系管理的技巧。

一、名词解释

客服　　客户关系管理

二、简答题

1. 网上零售商应如何进行在线客服培训?
2. 网店的客服接待和沟通技巧有哪些?

第十章　网店数据统计与分析实战

网店数据统计与分析对于网店运营有着重要的意义。可以通过数据统计分析来了解店铺的经营情况、商品管理情况、店铺推广管理情况，验证促销活动的效果。通过本章的学习，掌握网店数据统计与分析的意义、内容、方法与工具，为后续网店运营提供数据基础。

小家电的网店运营数据

某传统小家电企业欲进军网上零售市场，前期做了一定的数据统计与分析，结果如下。

一、小家电市场趋势数据

1. 搜索指数

关键词小家电在淘宝网上的搜索指数分析如图10.1所示。

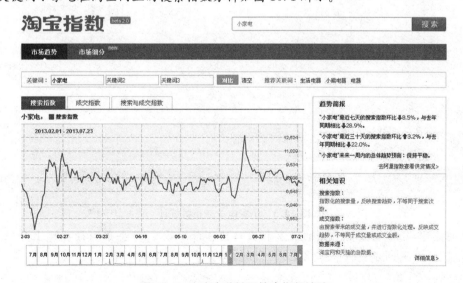

图 10.1　小家电关键词搜索指数统计

在淘宝网中，小家电最近7天的搜索指数环比下降4.9%，与去年同期相比下降38.0%。小家电最近30天的搜索指数环比上升10.7%，与去年同期相比下降42.6%。

在淘宝网中，消费者倾向于有"创意、新奇""迷你""家用""厨房""货架"等关键词的小家电，如图10.2所示。

图10.2　关键词小家电搜索分类统计

2. 成交指数

图10.3所示为小家电的成交指数。

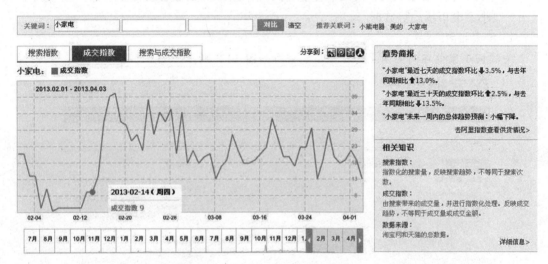

图10.3　小家电成交指数统计

数据说明：小家电最近7天的成交指数环比下降3.5%，与去年同期相比上升13.0%。小家电最近30天的成交指数环比上升2.5%，与去年同期相比下降13.5%。

在淘宝网中,小家电地域细分方面,成交指数较大的地区主要集中于广东、江苏、浙江、山东、上海、福建、河北、四川、北京和河南地区,如图10.4所示。

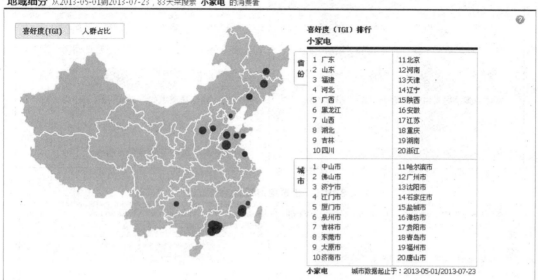

图10.4 小家电消费人群地域分布统计

在淘宝网中,小家电购买人群定位以女性居多,成交人群达53%,年龄分布以25~49岁居多,如图10.5所示。

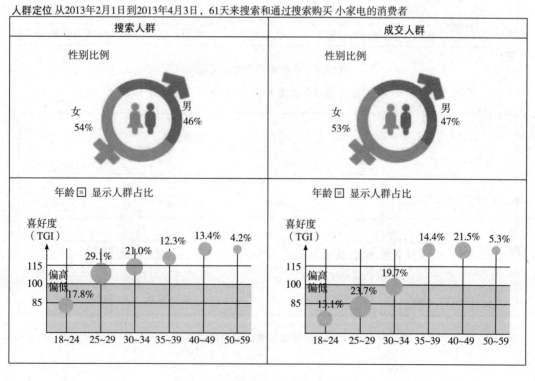

图10.5 小家电消费人群定位统计

在淘宝网中,购买小家电的消费者,其最大爱好是"爱吃零食",如图10.6所示。

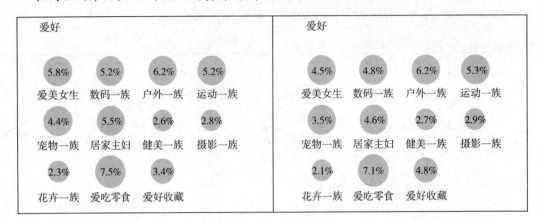

图10.6 小家电消费者爱好统计

在淘宝网中,购买小家电的消费者以新手居多,如图10.7所示。

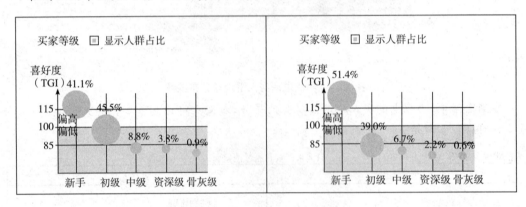

图10.7 小家电消费者等级统计

在淘宝网中,购买小家电的消费者,消费层级以中等居多,如图10.8所示。

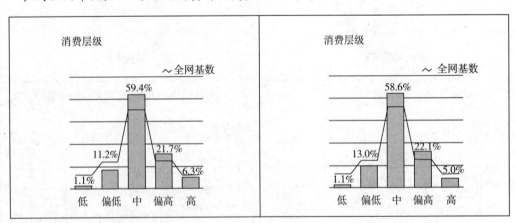

图10.8 小家电消费者消费层级统计

二、小家电细分市场数据

在淘宝网中,小家电细分市场主要集中于"电热水壶""煮蛋器、蒸蛋器""电饭煲""吸尘器""电炖、煮粥锅、文火炉"等厨房家电方面。如图10.9所示。

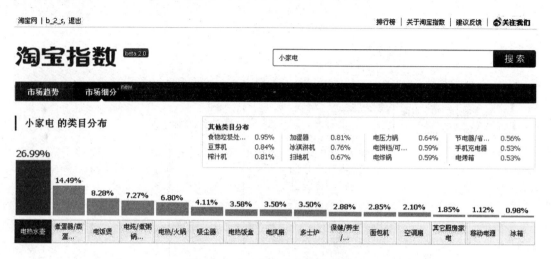

图10.9 小家电细分市场数据统计

思考:

如果你是该小家电企业负责人,结合以上小家电网上零售的数据统计与分析结果,能得出什么样的小家电网店运营结论?

第一节 店铺数据统计

通过数据统计与分析,可以了解店铺的经营状况;掌握店铺的流量时间段分布图,根据流量变化进行商品管理;参照店铺流量变化,做好店铺推广管理;通过流量数据统计与分析,验证促销、广告、活动效果;分析消费者行为,为后续店铺管理提供基础。

店铺运营和决策都必须依赖大量准确的数据,很多部门需要这些数据,包括产品设计部门、营销推广部门、运营管理部门、售后服务部门。没有数据就没有发言权,任何的决策、管理都必须以数据为支撑。店铺在经营过程中,需要很多数据进行支撑,通过对客观数据的统计与分析,来达到店铺辅助管理和店铺管理优化的目的。当店铺经营到一定的程度,卖家会发现在决策的过程中,很难单凭直觉做出正确的判断。这时就需要引入各项指标数据,例如PV、UV、转化率、客单价等,分析店铺的经营状况,发现店铺中的短板。数据分析指标需求如图10.10所示。

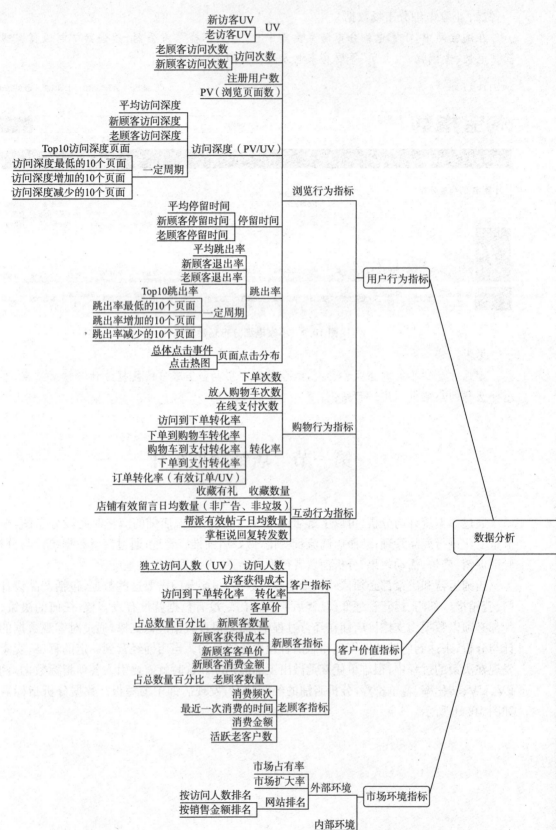

图10.10 数据

第十章 @网店数据统计与分析实战

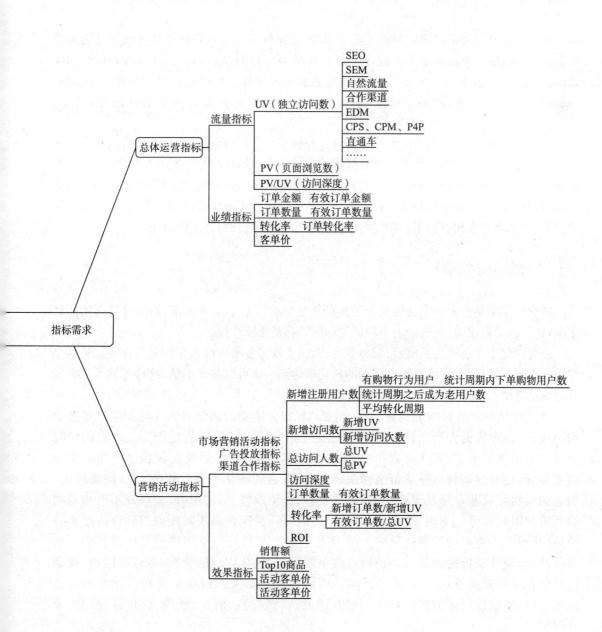

分析指标需求

网上商店店铺的销售额由流量、成交转化率和客单价决定。流量是前提,成交转化率是关键,客单价也是提高销售额的重要途径。下面分别介绍店铺统计常用数据。

一、流量

网店流量的指标有 PV(浏览量)、UV(访客数)、平均访问页面数、人均页面停留时间、主要访客地域和新老访客比例。其中,PV 指的是店铺内页面被点击一次,即被记为一次浏览,一个用户多次点击或刷新同一个页面,会被记为多次浏览,累加不去重;UV 指的是全店铺各页面的访问人数,一个用户在一天内多次访问店铺被记为一个访客,访客数用用户 ID 作为标志并去重。店铺流量来源有搜索行为、社区引流、促销活动、直接访问店铺、手机访问等途径。

网店流量又分为站内流量和站外流量,站内流量根据流量入口付费还是收费分为免费流量和收费流量。免费流量主要包含了以下来源:① 站内搜索、站内活动、站内其他(淘江湖、淘帮派等)。② 老客户流量,老客户自主直接访问店铺。付费流量包括品牌广告、淘宝客、钻石展位、直通车、阿里旺旺广告和定价 CPM 等。站外流量包括站外搜索(百度、Google、一淘等)、站外其他(论坛、蘑菇街、美丽说等)。

淘宝官方软件"量子恒道店铺经数据统计分析工具"可以直观地看出店铺流量的入口和相关数据,并且可以查看流量的来源及详细信息,以及一段时间内店铺的流量趋势。在面对店铺的访问流量时,分析流量来源是提升流量的基础。对于店铺免费流量,卖家一定要引起足够的重视,这是店铺的根基是否打牢的关键所在。做好免费流量的引流之后,再去发展付费流量,比如淘宝客和直通车。淘宝客佣金是按照效果付费的,因此性价比更高。

二、成交转化率

成交转化率是衡量一个店铺是否健康的重要依据。对于卖家而言,如何计算店铺的转化率,这个值是否正常,同行业的平均值又如何等都是必须掌握的。

成交转化率是店铺商品质量、服务能力、营销手段等各项店铺水平的最终体现。特别是在做推广引入流量前,一定要确保店铺的转化率达到一个可以接受的值,这样才能不浪费宝贵的流量资源。

能对转化率产生影响的因素较多,包括:① 服务质量。店铺对买家的服务贯穿整个购物流程,包含售前咨询、售中导购、售后服务、物流质量、退换货承诺等。专业的导购及良好的退换货承诺,能让买家产生信赖,增加购买欲望;售后及物流也是购物体验的重要部分,良好的购物体验能带来回头客,而回头客的转化率通常较高。② 购物环境。网店的购物环境基本是基于视觉的,店铺装修、分类设置、活动引导、商品展示等均是购物环境的组成部分。清晰、便捷的店铺设计,能保证买家在最短时间内找到自己想要的商品,从而产生更高的成交转化率。③ 商品质量。商品是一个店铺的基础及核心。商品的质量、设计及价格也是打动消费者的重要因素,优化店铺的货源、款式及定价,也是提高转化率的重要手段。④ 营销活动。店铺内的活动及营销也是提高转化率不可或缺的手段,所能使用的方式也很多,例如,满就送、满就减、清仓、换季、抵价券、抽奖、节日促销等。

转化率是影响销售额的重要因素，是店铺运营的基础，只有在店铺内部优化完善好，转化率较高的基础上，引进流量才能增加销售额。转化率反映了前一阶段店铺运营的效果，了解转化率有助于下一阶段工作的安排。狭义的转化率指的是成交转化率，指的是成交用户数占店铺总 UV 的比例；广义转化率指的是一个统计周期内，完成转化行为的次数占推广信息总点击次数的比例；成交转化率指的是店铺的访客数经过过滤，最后转变为成交人数。其过滤过程为：访客数—有效进店人数—旺旺咨询人数—订单人数—成交人数。对于店铺来说，尽可能降低跳失率非常重要。成交转化率漏斗模型分为以下几个层次：

（1）有效入店率。衡量访客是否流失的一个很重要的指标就是访客跳失人数，跳失率显示客户通过相应入口进入，只访问了一个页面就离开的访问次数占该入口总访问次数的比例。与跳失人数相反的是有效入店人数，有效入店人数指访问店铺至少两个页面才离开的访客数，即

$$访客数 = 有效入店人数 + 跳失人数$$

所以成交转化率漏斗模型第一层就是有效入店率。

$$有效入店率 = \frac{有效入店人数}{访客数} = \frac{跳失人数}{访客数}$$

对于一个店铺来说，要尽可能地降低全店的跳失率，增加全店的有效入店人数。

（2）旺旺咨询率：

$$旺旺咨询率 = \frac{旺旺咨询人数}{访客数}$$

（3）旺旺咨询转化率和静默转化率：

$$旺旺咨询转化率 = \frac{旺旺咨询成交用人数}{旺旺咨询用户数}$$

但店铺里还会存在部分用户（特别是老客户），因为他们对店铺非常认可了，在购买的时候不咨询客服就直接下单了，所以在成交转化率漏斗模型第三层中还存在"静默转化率"这个指标。

$$静默转化率 = \frac{静默成交人数}{静默访客数}$$

静默成交用户指未咨询客服就下单购买的用户。

（4）订单支付率：

$$订单支付率 = \frac{成交人数}{订单人数}$$

（5）成交转化率：

$$成交转化率 = \frac{成交人数}{访客数}$$

三、客单价

客单价指的是每个买家在一段时间内在店铺里购买金额的均值。单个买家的客单价由日均客单价和购买频次决定。提高客单价主要从产品线、价格带、价格指数、适度促销、关联营销、大客户管理等方面采取措施。

日均客单价的三个影响因素：

（1）关联营销。关联营销在零售学领域早已如雷贯耳，指的是一个商品页同时放了其他同类、同品牌可搭配的有关联的商品，由此达到提高成交率和客单价的目的。买家在一次购物中，会产生商品的空间关联性（同时购买两种或两种以上的商品）和时间关联性（多次购买两种或两种以上商品）。关联营销的目标就是促进商品的空间关联性和时间关联性。从数据角度来讲，关联营销是提高买家的人均PV、停留时间，减少跳失率，从而提升订单转化率的一种必要手段。关联营销有两个目的：一是买更多，提高客单价；二是让更多人买，提高转化率。关联推荐分为同类推荐、搭配推荐、好评推荐、热销推荐。效果最佳的关联营销是同类关联，它把功能相同、属性接近、价格相当的宝贝关联到一起。需要注意的问题：① 无论你的关联销售放在哪，一定要在三屏以内看到宝贝详情。② 关联搭配有很多种：互补的、同类的、促销的、同价位的、同风格的等等，要选择自己合适的，切忌无逻辑的关联。③ 关联不是越多越好。④ 充分考虑受众心理（羊群效应）和产品特点。

（2）商品定价。商品定价不仅会影响日均客单价，还会影响店铺定位、品牌定位、产品线定位等。最常见的定价方法一般有三种：

① 成本导向定价法：即以进货成本为依据，加上期望得到的利润来确定商品的价格。例如，进货价为20元，运营成本为10元，期望利润为5元，那么定价为35元。这种方法简单方便操作。

② 需求导向定价法：即按照客户的承受能力来确定价格。基本上根据经验来猜测客户需求来确定价格。

③ 竞争导向定价法：即参考竞争对手的定价来确定商品的定价。价格最低的反倒不是销量最大的，即便只在有销售的区间来看销量也是集中在下半部。

（3）订单中同一商品的重复购买率。重复购买率就是重复购买次数除以全部购买次数得出的比率。重复购买率是电子商务企业衡量自身业务健康程度的重要指标之一，重复购买率越高，代表用户对产品或服务的忠诚度、活跃度越高。重复购买率越高，其店铺的客单价也就越高，网店运营商常通过提高用户重复购买率达到提高成交率和客单价的目的。

由于网店自身经营方式不同，对重复购买率的计算方法也不尽相同。一般来说有三种计算重复购买率的方式，用于满足不同类型网店对数据的分析需求。

① 基于用户计算重复购买率，是指统计时间区间内所有产生过购买行为的用户，以每个用户为独立的统计单位。

$$重复购买率 = \frac{产生过重复购买行为的用户数量}{所有产生过购买行为的用户数量} \times 100\%$$

举例：统计某网店2012年4月份的重复购买率，自4月1日至4月30日期间内，共100个用户产生订单，其中20个用户产生了两笔（含两笔）以上的订单。那么按照计算公式，该网店2012年4月份的用户重复购买率就是20%。

② 基于订单计算重复购买率，是指统计时间区间内所有产生过购买行为的用户，以订单为独立的统计单位。

$$重复购买率 = \frac{用户重复购买的订单数量}{所有购买的订单数量} \times 100\%$$

举例:统计某网店 2012 年 4 月份的重复购买率,自 4 月 1 日至 4 月 30 日期间内,共 100 个用户名产生订单,其中 80 个用户名各自提交了一笔订单,产生重复购买的 20 个用户名中,有 10 个用户名各自提交了两笔订单,另外 10 个用户名各自提交了三笔订单。那么按照计算公式,该网站 2012 年 4 月份的订单重复购买率就是(20+30)/130,等于 38.5%。

③ 基于商品计算重复购买率,是指统计时间区间内所有产生过销售的商品,以商品 ID 为独立的统计单位。

$$重复购买率 = \frac{销售过两次及以上的商品}{所有产生过销售的商品数量} \times 100\%$$

举例:统计某网店 2012 年 4 月份的重复购买率,自 4 月 1 日至 4 月 30 日期间内,共 100 个商品产生了销售,其中有 20 款商品产生了两次(含)以上的销售。那么按照计算公式,该网店 2012 年 4 月份的商品重复购买率就是 20%。

第二节 店铺数据分析

一、店铺数据分析流程

店铺数据分析的一般流程:
(1) 明确数据分析目标。
(2) 选择数据分析方法。
(3) 设定数据维度。
(4) 使用工具和函数分析数据。

在进行数据分析时,首先进行数据聚合,然后进行数据分析,最后对决策判断产生影响。在数据聚合时,首先确定本次数据分析的对象与角度,再确定本次数据分析的指标类别,最后合理选取指标中的有效数据。数据分析是对应用工具、公式、图形和函数进行数据分析。决策判断是对数据分析结果进行参考、对比,并进行店铺营销决策。

二、店铺数据分析内容

店铺数据分析包括店铺基本运营情况分析(经营现状分析、订单分析、商品分析、营销推广分析、客户关系分析和供应链分析)、店铺行政管理分析(财务分析和员工绩效分析)和店铺远景规划分析(预测分析和行业分析)。具体分析内容如图 10.11 所示。

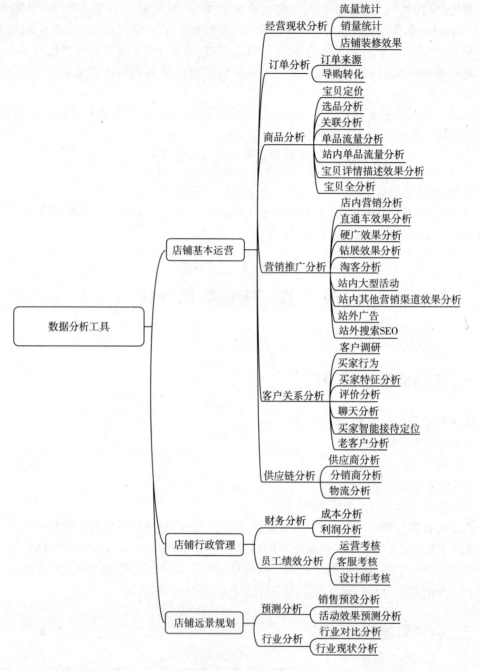

图 10.11 数据分析内容

三、店铺数据分析常用工具

以淘宝网为例,店铺数据分析分为需求挖掘、订单分析、买家分析、售后/运营支撑分析、供应链分析、商品优化分析、营销效果分析和店铺基础运营分析。表 10.1 列出了淘宝网常见数据统计与分析工具参考表,其中淘宝官方软件有量子恒道店铺经和数据魔方。

表 10.1 淘宝网常见数据统计与分析工具参考表

分类	序号	工具名称	功能	备注
订单分析	1	订单慧	挽救流失订单	第三方
买家分析	2	麦苗淘词	搜索和发现关键词的工具	第三方
	3	一键导购	数据化营销、智能导购	第三方
	4	淘问卷	店铺内在线问卷	第三方
运营分析	5	数据魔方专业版	店铺信誉是集市五钻(包含五钻)以上或天猫的用户;专业版直接开通的功能有:第一时间、淘词(包含全网关键词和宝贝标题诊断)、流失客户分析	淘宝官方工具
	6	数据魔方标准版	集市一钻(包含一钻)以上或者天猫的用户;一次性订购或续费半年可直接开通"淘词:全网关键词查询"	淘宝官方工具
	7	量子恒道店铺经	从流量、成交、来源、装修、直通车、买家等多维度透视店铺核心数据	淘宝官方工具
	8	店铺透视	精准分析每一笔订单的来源与搜索关键词,监测各流量来源的成交转化率	第三方
	9	小艾分析	分析流量来源、地域、时段、关键词;准确追溯订单推广渠道,监控淘宝内外广告效果,买家浏览轨迹;优化宝贝浏览体验,提升转化率;优化直通车投放,提高收入	第三方
	10	53数据分析	微观统计工具,简洁、高效、实用,基于访客和页面进行分析	第三方
商品优化分析	11	标题优化	进行店铺数据诊断、标题优化、数据分析、标题测试、标题打分、商品属性诊断、关键词分析、长尾词推荐、热门关键词推荐、海量关键字、数据挖掘、优化效果跟踪、排名监控查询,高级版赠送自动橱窗、上架优化	第三方
	12	运营一点通	优化免费流量、提升转化率	第三方
	13	生e经	对流量、销售、宝贝、行业进行全方位分析,帮助掌柜优化宝贝标题、做好关联营销、找准上架时间、合理制定价格、追踪广告来源效果、提升搜索排名等	第三方
	14	名不虚传	标题优化流量排名提升	第三方
	15	淘店长标题关键词优化助理	批量修改、诊断评分、优化热词,快速提升搜索流量	第三方
营销效果分析	16	店铺360	免费流量一键引入	第三方
	17	爆款打造机	打造爆款	第三方
	18	站外推广透视	精准监测各个网站的广告效果,帮助卖家合理布局广告投入,有效节约运营成本。适合三钻以上及天猫店铺	第三方
供应链分析	19	快递通	物流综合解决方案	第三方
	20	分销智多星	针对淘宝分销平台的数据分析和决策的数据化营销工具	第三方

量子恒道统计是淘宝量子统计团队最新推出的,为淘宝店铺量身打造的专业数据统计分析系统。量子恒道统计的好处有:

(1) 准确。量子恒道统计是淘宝网推出的唯一统计工具,直接获取淘宝数据,提供最精准、最专业的数据分析。

(2) 快速。每分钟更新访问数据,实时跟踪在线访客,为用户提供最及时的数据结果。

(3) 全面。访客数据、销售数据、行业数据等,给您全方位的店铺统计支持。

(4) 稳定。强大的服务器支持,优越的架构设计,提供最稳定、最高效、最丰富的数据服务。它通过对店铺的被访及经营状况等数据进行分析、解读,帮助店长更好地了解店铺的优缺点,为店铺经营决策提供充分的数据支持,是店长经营淘宝店铺的必备工具。

对于量子恒道店铺经,按不同使用情况分为多种不同的功能,满足用户对淘宝店铺数据分析和统计的需要。它已为超过 220 多万家淘宝店铺提供权威、标准、实时、易用的数据分析服务,从流量、成交、来源、装修、直通车、买家等多维度透视店铺核心数据,有效提升经营。量子恒道店铺经包括免费功能和付费功能。目前标准包已经免费向所有卖家开放,标准包的功能包括流量分析、销售分析、推广效果分析、客户分析;付费功能包括来源分析和装修分析。

数据魔方是淘宝网官方出品的一款数据产品,主要提供行业数据分析、店铺数据分析。其中包含了品牌、店铺、产品的排行榜,购买人群的特征分析(年龄、性别、购买时段、地域等等)。除此之外,数据魔方还提供了淘词功能,主要用来优化宝贝标题用,通过使用效果更好的关键词来提升搜索排名。数据魔方的第一时间,还可以给卖家提供实时的运营数据支持、店铺的实时成交情况、行业的实时成交情况,是运营活动的得力助手。

四、量子统计进行数据分析的方法

(一) 通过统计安排上下架时间

(1) 打开量子统计,点击按小时流量分析。通过流量查看和流量对比,找出属于自己流量的高峰期。流量的高峰还受其他维度因素的影响,例如要主推的宝贝人群,工作日和节假日的不同等。关键在于找出量子统计的流量高峰规律。

(2) 每天在自己店铺的高峰期发布要推的宝贝,这样经过七天一个周期后,可以使得宝贝排名会比较靠前。

(3) 在高峰期时一定要安排客服在线,及时响应用户,避免流量白白流失而未成交。

(二) 通过量子统计玩转直通车

1. 优化关键词及类目

为了覆盖宝贝搜索的关键词,我们会为一个宝贝设置 200 个左右的关键词,但是一些关键词却从未带来点击甚至从未展示。那么这时我们应该立刻调整这些关键词了。怎么找到那些展现量和点击量低的关键词呢?打开"推广效果"—"直通车基础数据"—"宝贝报表"—"点击量 top 50 宝贝详细报表",选出宝贝下面展现量为零的关键词。

2. 优化推广宝贝

打开关键词报表下的"点击量 top 50 关键词详细报表",会发现有些关键词对应的展现量很高,但是点击量和点击率却很低。主要原因:①宝贝图片无法吸引买家。②宝贝标题描述和图片不匹配。③宝贝价格不合理。解决这些问题,常对宝贝详情进行优化。

3. 分地域投放

不同地域的人喜好可能不同,不同地域的人需求可能也不同。举个例子来说,北京冬天很冷,但是上海可能仍然很暖和,还处于秋天。对于这种情况,这两个地域的宝贝就需要区别去投放了。另外,还可以看到量子统计中的地域报表——中国——所有地区详细数据,找出平均点击花费低,但是点击率却比较高的地区,这些地区可以稍微加大投放力度。

4. 分时段投放

可以根据最近七天、最近三天、昨天三种高峰时段的流量显示来找出不同,直通车时段设置也应进行相应调整,以达到最佳推广效果,每一分钱都花在刀刃上。当做完根据流量高峰投放时,可以到直通车数据—时段报表查看效果。

(三)了解自己在同行中的位置

很多店主在了解自己店铺的基本数据之后都有一个困惑——怎么才能判断自己的数据呢,我的成交转化率在同行中是好是坏呢?其实量子统计店铺经在提供基本的店铺数据之外,还提供了店铺对比数据,这让店主对自己在同行中的位置一目了然。

店主可以通过登录量子统计—销售总览—查看报表。它提供了网络店铺各个纬度的均值和峰值。峰值表示的是该类目在该时间段内的总成交,说明的是这个市场的盘子有多大。均值表示的是该类目在该时间段内的平均成交,说明的是该类目商品的一般成交情况,这可以帮助店主判断自己的店铺。

下面介绍最值得关注的比对数据,以及这些数据代表了什么。

1. 访客数对比

访客数代表着进入店铺的客户数,它是决定店铺成交的基础。和其他店铺进行访客数的均值比对,可以了解自己店铺的引流能力怎么样。如果访客数低,就说明店铺在引流方面比较薄弱,可以去好好学习一下推广的方法,提升店铺的流量。看访客数的峰值波动,可以了解店铺所经营商品的冷热程度。比如,在冬天,雪地靴店铺的访客数一定会激增,再看一下本店店铺的访客数增长率,可以知道自己的店铺是否抓住了这波热潮。

2. 人均访问页面数

人均访问页面数即平均每用户浏览店铺页面的次数,人均访问页面数＝浏览量/访客数。通常情况下,店铺装修、各类主题活动、新品、热销推荐等图文设置越吸引人,每用户浏览的页面数越多。和行业里人均访问页面数均值进行比对,可以了解自己店铺处于何种位置。如果低于均值,要好好学习一下其他店铺的装修、设计以及页面的规划等。

3. 全店成交转化率

全店成交转化率的计算公式:全店成交转化率＝成交用户数/访客数。它最终决定店铺的成交状况,所以这个指标是一个店铺非常值得关注的数据。和行业全店成交转化率平均值作比较,可以了解自己的转化率状况。转化率低的店铺,除了继续做好推广和渠道建设之外,更要做好进店客户的转化。可以通过数据进一步观察自己的转化率是因为什么原因比较低,进而改进店铺。通常转化率低的原因可能是:推广引入用户的匹配度不够,页面的关联度和深度不够,商品的吸引力不够,价格设置不合适等因素。

4. 客单价

客单价的定义是平均每用户的成交金额,客单价=支付完成交金额/成交用户数。即每一位成交客户的单笔成交金额,它最终决定店铺的利润。客单价越高,店铺的利润率越高。和行业客单价均值比较,可以了解自己店铺在商品定价及促销手段方面做得状况如何。客单价低的店铺,即使引入的访客数和成交转化率都高,也会在利润这一块和其他店铺有差距。这时就需要考虑下是什么阻碍了客户一次性多买一些,是邮费的问题还是商品价格的问题。也可以使用一些促销的方法帮助客户买得更多,比如,包邮、买二送一、满就送等等,这些都是提高客单价的促销手法。

(四)用量子傻瓜式优化

首页是一个店铺的脸面,许多店主开店的时候做的第一件事就是找美工做个漂亮的首页。但是什么样的首页才能真正对客户有吸引力呢?漂亮的图片真的更有效果吗?量子数据提供的首页热图功能,能帮助用户科学地进行店铺首页的装修和优化。

1. 什么是热图

热图是对店铺首页各个位置点进行展示的报表图片,包含每个位置的 UV 和 PV。红色的区域是点出率最高的。它提供的数据主要有页面 PV 即页面到达的 PV 数,约等于首页面的 UV 数;页面点击总量,即页面点出页面数,即用户在首页点出新页面的总链接数,也有地方会称之为二跳数;页面点击率,它的算法是页面点击总量/页面 PV。也就是用户到达首页后继续浏览的转化率,这个数字表明首页做得到底好不好。热图统计的基本原则是以一天为周期,提供一天内该位置的点击数。

2. 如何使用热图

(1) 利用热图优化导航分类和页面位置的筛选。很多店主觉得一个页面上位置最好的就是头部,在头部的基础上,占得面积越大越好。其实对于一个网页来说,并不单纯是这样。很多时候没关注的小位置,都有大产出。每天关注热图数据,进行各个位置的数据统计,然后得出各个位置的平均产出,就能知道自己的网页上最好的位置是哪些,之后就是加以合理的利用。

(2) 利用热图筛选推荐产品。热图很直观地反映了客户对卖家在首页推荐内容的接受度,所以也可以从热图看到客户对哪种产品更关注。比如,这一个区块的热图点击,面积和位置都差不多,但是左下角的枕头的点击数比被子低。这说明在刚刚入冬的时候,进店的客户大部分关注的是被子,而枕头的需求不大。所以可以适当地把这个产品做个更换,枕头也许更适合放在被子页面做关联推荐。

(五)提高销售额

在量子统计中,大家都看到过这个公式:

$$销售额=访客数×全店成交转化率×客单价$$

1. 访客数

访客分为两类:新增访客和回头客。

对于新增访客,要做的就是吸引更多的访客,对于这一块,有很多方法,比如做一些推广(通过直通车、超级卖霸、钻石展位、淘客)。还可以多参加活动,如、爱心捐赠、淘宝会员促销、抵价券、货到付款、信用卡、淘宝试用等等。注意,每次做了推广和参加活动后,都得回到量子统计的报表里面去查看访客数趋势图,查看增长情况。

2. 全店成交转化率

提高转化率是很多卖家想做的事情,也是个很深奥的课题。在量子统计里,全店成交转化率=成交用户数/访客数。公式中的被除数成交用户数无限大是卖家追求的目标,但是这不能实现。当访客数一定的时候,也就是客户已经进入店铺时,该如何提高成交转化率呢?两个因素最重要,即宝贝和客服。

宝贝的描述、宝贝的图片,都得一丝不苟地设计。这些小细节也许就决定了客户的去留。宝贝页加上其他客户的购物感受也非常有说服力。客服,是客户与成交之间的桥梁。在淘宝购物的 90% 的客户都会向客服咨询信息,所以客服是个很关键的因素。引导客户完成交易、客服态度等都是转化率提升的关键。

3. 客单价

在量子统计中能查看到自己店铺产品的客单价情况。从客单价的定义可以知道,提高客单价说得通俗点就是希望每个客户都买很多。往回推,如果客户要买的多,那么他需要访问的页面多,即人均访问页面数大。如果人均访问页面数提高了,用户买多个宝贝的可能性也就提高了。现在有个流行的做法就是在宝贝页加入其他宝贝的交叉链接。这个方法确实可行,但是做交叉链接时切忌链接一大片,要做得美观,做得吸引眼球,这就到了考验美工的时刻了。还有就是进行包邮活动,这样客户为了达到包邮也会多买或是拉上朋友一起买。另外,也有一些搭配链接,比如衣服搭配的链接,护肤品的搭配链接也能提高客单价。

(六) 解密爆款宝贝

1. 爆款宝贝的作用

爆款是表象,让我们绕到背后看看它的真相。细心的店主会发现有一个很奇怪的现象,在不做任何推广的情况下,一个宝贝一旦有了成交之后,就变得"好卖"了,而且成交量越大的宝贝就越容易再次成交。事实上,这种"越卖越好卖"的宝贝,就是爆款宝贝的雏形。一个成功的爆款将为店铺带来大批买家。一个爆款的成功也许导致一个店铺的成功。

2. 如何发现爆款宝贝

(1) 看宝贝被访情况,挑出关注度高的宝贝。建议查看最近七天,或是最近一个月每天的宝贝被访排行(这个要根据自己产品销售周期去选择),挑选出客户关注度最高的宝贝,我们可以把它们称为爆款候选宝贝。

(2) 比较爆款候选宝贝跳失率。

(3) 查看宝贝销售情况。在销售报表下的宝贝销售明细查看候选宝贝收藏量、支付宝成交件数、宝贝成交转化率、客单价。

(4) 最后对照刚刚获取的各项数据挑选出最具有竞争力的宝贝。当我们选出我们的爆款宝贝后,要对这个宝贝精雕细琢,要从宝贝详情页到推广全方位包装,打造成你的杀手锏,找到突破口,引爆商品销售。

(七) 通过量子统计进行宝贝分类

1. 查看当前分类页被访情况

打开流量分析中"分类页被访排行",查看分类页被访情况。这里主要有两个指标,浏览量和出店人次。浏览量指分类目录被查看的次数,如果浏览量高说明这个分类目录的名称吸引客户。出店人次代表从该分类页面离开店铺的人次,人次越高说明该分类目录不吸引访客,需考虑优化这个分类。

2. 如何优化分类目录

查看当前分类页被访情况,可以看到有的分类很吸引客户,有的分类访问的人却寥寥无几。对于这种情况该怎么办呢?这时需要了解客户到店里真正想找什么,那么就需要查看店内搜索关键词。

可以按照以下几点进行优化:

(1) 按品牌的分类。
(2) 设置一个包邮分类,囊括所有包邮宝贝。
(3) 客户可能对某一类商品最感兴趣,可以把这种宝贝做成一个分类并放在宝贝分类的第一个位置甚至更醒目的地方,让客户很容易找到。

3. 如何看到优化后的效果

对分类目录做了调整后,首先还是返回第一步去查看分类页的被访情况,看看浏览量有没有上升。另外,量子统计里面有一个很强大的功能,可以帮助查看效果,那就是热图。

如果图中客户常搜的关键词是包邮,那么我们将它做成一个独立的分类目录,就可以看到点击率非常高。当做了调整后,也可以通过热图去查看自己的分类目录点击率是否有提升。需要提醒的是,客户的需求总是在变的,数据也在随之变化,所以一定要及时根据数据更新自己的店铺分类。

其实,数据可以提供强大的支持,帮助卖家逐步看清电脑另一端的客户以及他们的行为逻辑,客人们在看什么宝贝?他们从哪里来?哪个地区的客户最多?谁买了你的宝贝?量子统计就是了解客户数据的"眼镜"。

如何知道谁正在你的店里逛?图表路径:量子统计—流量分析—实时客户访问。图表功能:24 小时实时监控谁到过你的店铺,监测客户正从哪个渠道进入店铺,进店后关注的宝贝是什么,客户是哪个地方的人。可以从中分析:今天从哪里来的客户比较多?客人们关注哪些宝贝?哪个地区来的人多?今天的回头客多吗?针对这些分析,店主可以做一些调整。例如,今天从"特价"这个词搜索进入的客户多,那么多加一些宝贝进入特价的行列吧。如果一家雨伞店今天来自上海的客户特别多,看看是不是上海最近阴雨天多,然后就做些针对上海地区的促销或者主题活动吧,客人们会喜欢的。

如何知道哪些地区的客户更爱光顾你的店?图表路径:量子统计—客户分析—访客地区分析。图表功能:可以查看全国各个省以及各个城市的来访人数和访问次数。从中可以分析为什么有些地区来访的人多,是因为该地区网络购物比较成熟,还是来访客人所在地区离卖家比较近等。针对这些分析,卖家可以做一些活动。例如,对来访人多的广东、浙江地区可以采取包邮的措施来促进销售;卖电热毯的卖家可以针对南方地区采取团购的活动。

如何知道谁是你的回头客?图表路径:量子统计—销售详解—买家分析;时间维度是:一天、一周、一个月。图表功能:对单个买家的本店成交情况进行记录。① 使用周和月的报表,将帮助卖家知晓在一个月的成交里,老客户的成交量占到了大约多少的比例。从而看出自己对老客户的吸引力有多大。② 汇总回头客们的购买记录,看看是不是有共同特征。针对这些分析,卖家可以做一些活动。例如,如果老客户常常购买的宝贝单笔金额是 120 元,那么可以推出满 120 元包邮的促销活动。

了解客户,是成交的第一步。量子统计将逐步推出更多的客户特征数据,帮助大家看清网络对面客户的行为。当一个店铺经营到一定的水准之后,如何抓住老客户就成为首要问题。那么,如何知晓自己店铺的老客户情况呢?老办法是用 Excel 表一个个记录老客户的信息和购买情况;新办法是使用量子统计,时刻观察店铺的老客户来访情况。下面详细介绍一下怎样用量子统计来管理回头客。

(1) 浏览回头率。找到这个指标路径:量子统计—流量概况—数据汇总。浏览回头率是指六天内重复访问的客户,也就是说六天内看了多遍的客户,通常来说这部分客户是对店铺的商品有兴趣的,所以他们再次来看。一般来说浏览回头率和店铺之间的关系有三种:① 浏览回头率高,成交率高,店铺健康。② 浏览回头率低,成交率高。针对这种情况需要注意客户管理,让初次到访的客户逐渐成为老客户,让客户更高频率的关注店铺。比如老客户享受折扣优惠。③ 浏览回头率高,成交率低。出现这种情况需要注意自己的店铺在促使客户下单方面,是否有不足。比如描述是否详细,价格是否合理,是不是可以开展适当的活动。

(2) 成交是否有回头客。这是指买了再买的那部分客户。找到这个指标路径:量子统计—销售分析—销售详解—买家购买分析。销售详解数据中的买家分析数据,详细记录了买家是否是回头客,共购买了多少次,会帮助卖家查看当天成交用户当中的成交回头客情况。这里的回头客是指之前有过成交的客户,是店铺的忠实用户,也是最需要着力去维护的用户。成交用户中回头客越多,说明客户对店铺的商品和服务的满意度越高。如果回头客多,可以做一些针对老客户的活动,提升老客户的下单频率和客单价;如果回头客少,就要注意店铺的客户满意度管理,了解是什么原因使买过的客户很少再次回来买呢?

(3) 直接访问量。找到这个指标路径:量子统计—推广效果—流量来源构成——直接访问。这是一个容易被我们忽略的,能够帮助卖家掌握回头客动向的数据。直接访问是指直接输入店铺 URL 或直接打开店铺 URL 的客户。一般来说,这部分客户是收藏了店铺页面或宝贝的老客户,直接访问的比率越高,说明店铺的忠实客户群越大。

数据统计与分析对于商品销售、店铺定位和品牌塑造都具有非常重要的意义。本章介绍了网店数据统计常用数据和网店数据分析方法与工具,流量、成交转化率和客单价是影响销售额的决定因素,以淘宝网为例列出了常见店铺数据分析工具。最后介绍了数据统计分析应用和数据化营销的内容。

一、名词解释

流量　成交转化率　客单价　PV　UV　跳失率　日均客单价
购买频次　关联销售　量子恒道　数据魔方

二、简答题

1. 网上零售商如何进行数据统计与分析？
2. 网上零售商常用的数据统计软件有哪些？

三、实战题

请围绕小家电进行网上零售的数据分析与统计，并根据数据统计与分析结果，撰写一份完整的网上零售运营策划书。

第十一章 独立网上商城搭建

通过本章学习,掌握域名基本知识;熟悉网上商城好域名的标准;掌握虚拟主机基本知识;掌握独立网上商城基本知识;熟悉独立网上商城搭建的步骤和流程。

网上购物商城是指依托互联网技术把线下实体商品和网上虚拟产品移到网络购物平台上,并能在平台上实现下单、支付、物流配送等一条龙服务的商城。以下是一些传统零售商转战独立网上商城的案例。

手机卖场开始转战电子商务——掘金网上商城

时间:2008年4月18日

核心内容:手机实体连锁卖场在大品牌的控制下,利润难以提高,而通过网络的形式,则可以大大地节约仓储、物流成本,既可以保证一定比例的单机销售利润,又可以降低单机价格,招徕更多消费者。2008年4月18日,国内最大的手机专业卖场中域电讯对外高调宣布,将斥资千万元打造网上购机商城——中域网(www.zhongyu.com)。其实,中域并非网上商城的首个试水者。此前,龙粤通信已经开通了96888网络销售渠道,并以同名电话咨询热线一起形成了立体手机销售网络。协亨手机连锁、迪信通等知名的专业手机卖场也已打造网上购机商城。业内人士分析,传统手机零售市场的竞争白热化导致盈利空间缩小,电子商务市场蕴藏巨大潜力是传统专业手机卖场进军电子商务市场的主要原因。

(资料来源:news.ccidnet.com/art/1032/20080425/1432475_1.html)

TCL网上商城的搭建

时间:2010年6月25日

核心内容:2010年6月25日,从TCL集团传来消息,TCL旗下网上商城http://shop.tcl.com已正式上线。TCL官网商城销售电视机、空调、冰箱、洗衣机、手机、小家电等TCL生产的各类产品。TCL集团相关人士介绍,建立这个网上商城耗费半年,已与淘宝、京东、当当等网店及央视购物等合作。业内人士分析认为,在传统家电销售领域竞争日益激烈的

情况下,网上商城正在成为广大家电生产厂商、渠道商、零售商的下一个家电销售的蓝海。

(资料来源:b2b. toocle. com/detail——5240640. html)

家具企业转战网络商城

时间:2012年3月

核心内容:不少家具企业"触网"第一步选择落户天猫、京东等平台,但诺华家具等企业选择了创办网络商城。诺华家具有限公司总经理王亚云告诉记者,电子商务是零售业未来的发展趋势,虽然现在家具业做电子商务发展较慢,但未来电子商务的影响必然会越来越大。正因为如此,诺华家具在今年3月推出了该公司的商城网站(http://www.novalifestyle.cn/)。该网站投入使用之后,每个月的销售额都以30%至50%的速度增长。

(资料来源:home. ifeng. com/news/hangyedongtai/jiaju/detail_2012_12/28/508384_0. shtml? fr=hao10086. com)

网上零售在中国发展的十年期间,中国市场迎来了网上购物的井喷时代。短短几年,出现了成千上万家各行各业的独立 B2C 网上商城,诸如百货类的当当网、亚马逊网,家电类的京东商城、新蛋(中国),服装类的凡客诚品、麦网,母婴类的红孩子、乐友网,旅游类的携程网、途牛网等。传统企业通过搭建独立网上商城,进军网上零售的步伐也越来越大。在这个网上购物的井喷年代,传统企业如何适应这一趋势,搭建独立网上商城,开展网上零售,已经成为这些企业迫切需要解决的难题。

第一节 域名注册

一、域名基本知识

从实战角度而言,传统企业搭建网上商城的第一步就是注册并购买域名。域名是一种网络编码地址,用来确定特定网站的位置,是企业的一种无形资产,由拉丁字母(A~Z,a~z,大小写等同)、数字(0~9)和实心点(.)组成。域名作为一种字符的创意和构思组合,是互联网上识别和定位计算机的层次结构式的字符标识,与该计算机的互联网协议(IP)地址相对应。一般来讲,域名结构由以下三部分组成:

(1)最左边的一串字母代表提供的服务类型(如 http、https、telnet、mail、ftp 等)。

(2)最右边的部分代表域名代码,依次为顶级(一级)、二级、三级、四级域名代码。

(3)中间部分是自定义域名部分,主要功能是域名指向和域名解析。域名指向是指一个域名指到另一个域名的空间。域名解析就是域名到 IP 地址的转换过程。

以池州学院域名为例,其域名 http://www.czu.edu.cn,最左边 http 代表着其遵守的服务类型为超文本传输协议,最右边. edu. cn 表示中国境内教育类网站,顶级域名为. cn 代表网站注册的国籍为中国,二级域名. edu. cn 代表着网站类型为教育类,中间部分 czu 则为自定义域名,用来将网站指向和解析到池州学院网。

从电子商务角度来看,域名不仅是企业网站的网络地址,而且还是企业入网的凭证,更是企业在网络中的符号代表,代表着企业的网络商标、网络标识和网上名称,是企业区别于其他企业网络符号的商业性标志,所以很多企业很注重自己的域名。

从经济学角度来理解,域名是一种稀缺性资源,也是一种值得企业进行投资的资源。这种资源是有限的,竞争成为企业获得这种资源的途径。这种竞争体现在"注册在先原则",即谁先第一时间注册,谁就拥有其注册的域名,且这种注册是唯一的,一旦注册到了,就可以排除其他人注册。2006年11月17日,中国知识产权报第七版前沿地带栏目报道:2000年,中国网络业曾爆出一件惊人内幕——中国互联网顶级域名竟然10%掌握在一家公司手里。

从法学角度来看,域名具有以下法律特征:第一,专有性。域名注册人对其注册的域名获得专有权。第二,标识性。互联网上不同的组织和机构是以不同的域名来标识自身并相互区别的。第三,唯一性。域名虽然可以极度相似,但每一个域名在全球范围内都是独一无二的,这是域名标识性的保障。第四,排他性。其排他性是绝对的,域名拥有人可以排除其他人对其获得域名的使用。

二、好域名的标准

域名是企业的一种无形资产,具有商业价值,衡量一个域名的价值标准来自两个方面:域名结构和商业价值。在域名结构方面,作为独立网上商城,一般都选择.com商业顶级域名进行注册。在商业价值方面,主要表现在以下三个方面:

(1) 注册的域名,商业价值很重要,要富有深刻含义。

衡量域名价值的第一标准就是看其域名所包含的商业价值,即域名代表什么含义,是否具有商业推广价值。以域名行业有名的一个经典案例为例,ICQ——互联网上最流行的即时信息传递软件,其名称来自I seek you(我在找你),代表着在互联网中,我能找到你的含义。在1998年,美国在线(AOL)购买下ICQ以后,将ICQ作为品牌进行打造,并依托ICQ品牌,先后将国内五家企业的域名以侵犯其域名的商业价值,淡化域名商业价值为由"抢夺"过去。因为根据域名知识产权的规则,两个域名超过三分之二的相似程度,就可以构成侵权。因此,网上零售商在注册域名时,首要考虑的因素就是其注册的域名代表什么含义,是否具有商业开发和推广价值。如表11.1所示。

表11.1 ICQ域名纠纷案例

序号	美国在线 ICQ 域名持有者	注册域名含有"ICQ"	说　　明
1	www.ICQ.com	深圳金智塔公司域名 www.gameICQ.com	美国在线(AOL)依托其拥有的域名(www.icq.com),先后通过法律途径将gameICQ.com、OICQ.com、pcICQ.com、smsICQ.com和CICQ.com五个域名"抢夺"过去
2	www.ICQ.com	腾讯公司早期域名 www.OICQ.com	
3	www.ICQ.com	广州佳都科技有限公司 www.pcICQ.com	
4	www.ICQ.com	www.smsICQ.com	
5	www.ICQ.com	台湾地区一企业域名 www.CICQ.com	

(2) 注册的域名,要简洁易记,便于推广。

简洁易记的域名,便于消费者记住,也便于网上零售依托互联网进行独立网上商城的推广。如京东商城的域名(www.jd.com)、天猫(www.tmall.com)、亚马逊中国(www.z.cn)等知名的网上商城,其注册的域名都满足简洁易记的标准。

(3) 注册的域名,要全球通用。

全球通用有两层含义:一是注册域名时,只能用字母(A~Z)、数字(0~9)以及符号"-"或这三者的组合进行注册,不能用别的符号(如+、★、◆等)进行注册;二是注册域名时,尽量选择在全球通用顶级域名下进行注册,全球通用顶级域名主要有.com、.net 和.org 三大通用顶级域名。从网上商城角度而言,尽量选择在.com 全球商业顶级域名下进行注册为佳。

三、域名注册实战

(1) 选择好的域名注册服务商。注册域名时,首先应选择好的域名注册服务商,好的域名注册服务商的域名解析稳定性要高,也不存在域名服务商倒闭以后不知道在哪里续费,进而导致域名过期,甚至被别人抢注。在国内,在注册域名时,可在北京万网志成科技有限公司、北京新网互联科技有限公司、北京新网数码信息技术有限公司、广东时代互联科技有限公司、杭州电商互联科技有限公司、厦门三五互联科技股份有限公司、厦门易名网络科技有限公司和中企动力科技股份有限公司等五星注册服务机构进行选择。

(2) 登录域名注册商提供的域名注册平台,查询域名是否被注册。以万网为例,登录http://www.net.cn/,搜索框里键入想要注册的域名,在搜索框下点击想查询的后缀,再点击"查询"。如果想申请的域名已经被别人注册,页面会提示不可以注册,因此要重新选一个域名。以注册 aiteem.com 为例,teem 代表"充满、富于、倾注"的含义,ai 代表"爱"的含义,组合起来"aiteem"代表一个"充满爱"的网上零售平台。如图 11.1 所示域名注册查询。

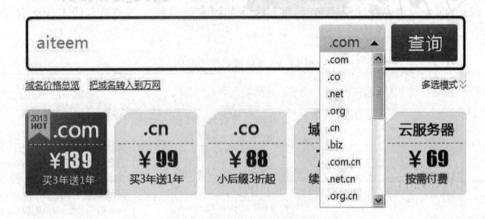

图 11.1 域名注册查询

(3) 如果查询结果显示域名未注册,则进行域名注册。如果搜索的域名尚未被别人注册,系统会提示可以注册。如果需要立即注册,则点击"加入购物车"按钮,进行购买。如图 11.2 所示域名注册。

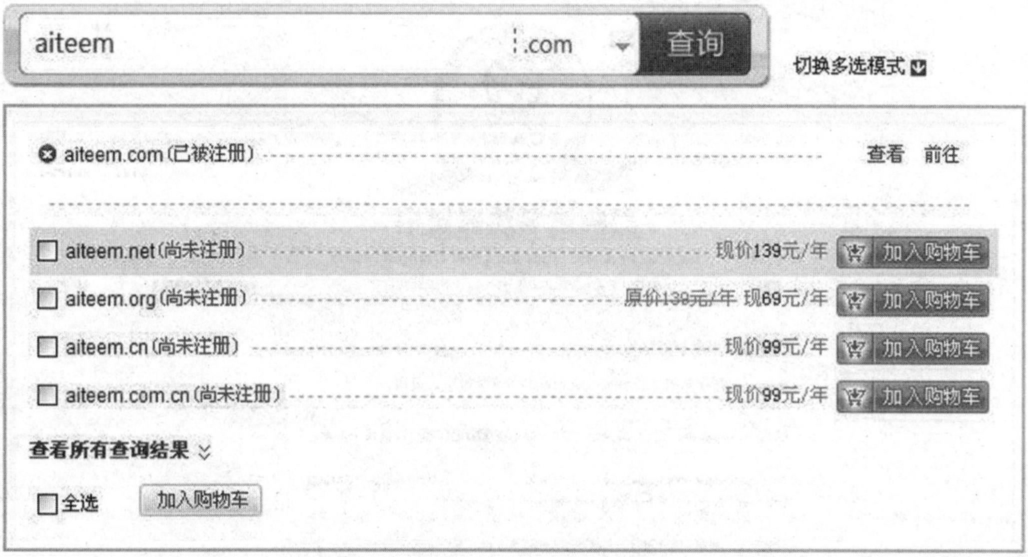

图 11.2 域名注册

(4) 对即将注册的域名进行付款,并填写域名注册者以及注册的域名基本信息,即完成域名的注册。请按提示认真填写用户注册表,所填的信息对域名申请和今后管理域名十分有用,请认真填写每一项内容。如图 11.3 所示为购买域名。

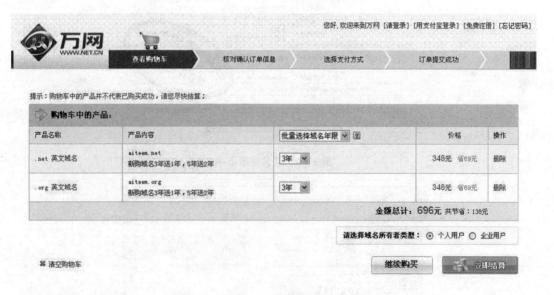

图 11.3 购买域名

(5) 完成域名购买后,即可查询到域名注册证书,同时可进入域名管理后台设置域名解析服务,如图 11.4、图 11.5 所示。

图 11.4 域名注册证书

图 11.5 域名管理平台

第二节　虚拟主机购买

一、虚拟主机基本知识

企业搭建独立网上商城,可以根据投入资金的多少和规模的大小选择虚拟主机、主机托管和自建服务器三种方式。

1. **虚拟主机**

虚拟主机,就是把一台运行在互联网上的服务器划分成多个"虚拟"的服务器,每一个虚拟主机都具有独立的域名和完整的 Internet 服务器(支持 WWW、FTP、E-mail 等)功能。一台服务器上的不同虚拟主机是各自独立的,并由用户自行管理。但一台服务器主机只能够支持一定数量的虚拟主机,当超过这个数量时,用户将会感到性能急剧下降。虚拟主机是使用特殊的软硬件技术,把一台运行在因特网上的服务器主机分成一台台"虚拟"的主机,每一台虚拟主机都具有独立的域名,具有完整的 Internet 服务器(WWW、FTP、E-mail 等)功能,虚拟主机之间完全独立,并可由用户自行管理,在外界看来,每一台虚拟主机和一台独立的主机完全一样。

2. **主机托管或租用**

主机托管是指将企业的网站服务器主机委托给 ISP 保管,或向其租用一台网站服务器,将其放置在 ISP 的主机机房或数据中心,ISP 为客户提供优越的主机环境,客户通过远程控制进行网站服务器的配置、管理和维护。

3. **自建服务器**

企业如果要自建服务器,首先应进行服务器硬件的选择,确定选购的服务器级别,包括入门级、工作组级、部门级和企业级。接着就是权衡性能指标,然后进行操作系统的选择。操作系统是网站服务器软件系统的基础平台,目前市场上操作系统分成了三大主流:Unix 系列、Windows 系列以及 Linux 系列。Unix 系统最大的特点是稳定,Windows 系统最大的特点是好用,Linux 系统最大的特点是免费。最后进行数据库的建设和逻辑服务器的构建,逻辑服务器主要包括 Web 服务器、应用服务器、FTP 服务器、DNS 服务器、邮件服务器等。

二、虚拟主机购买实战

购买虚拟主机,犹如网上购物一样简单,选择符合企业独立网上商城需求的虚拟主机,放入购物车,提交订单,在线付款,即完成虚拟主机的购买。具体步骤如下:

(1) 选择虚拟主机服务商时,一定要注意衡量服务商提供的虚拟主机的稳定性、安全性和高速性以及虚拟主机后台管理的控制能力、实施性和网络带宽等要素。

(2) 进入虚拟主机服务商提供的主机购买平台,选择虚拟主机产品。在进行选择虚拟主机产品时,要注意虚拟主机产品的性能,包括型号、线路、主机环境等。在型号方面,需要统计一下未来搭建的独立网上商城网站的 Web 数据和数据库大小,再预留一段时间发展所需要的 web 和数据库空间,根据空间的大小,进行选择虚拟主机产品。线路方面,尽量选择高速光纤、双线线路、稳定安全的虚拟主机,以满足消费者快捷访问独立网上商城的需求。在主机环境方面,即主要看虚拟主机所支持的脚本语言,包括是否支持的脚本语言(ASP、PHP、ASP.NET(支持 1.1 和 2.0)、CGI、Perl),是否支持静态网页(HTM、HTML、XML、SHTML 等),是否支持流媒体文件(MP3、WAV、RM 等),是否支持压缩文件(ZIP、RAR 下载等),是否支持 Office 文件(DOC、XLS、PPT 等),是否支持数据库文件(Access 数据库、MYSQL,MS SQL)以及是否支持当前各类主流应用组件。

(3) 选中虚拟主机产品,放入购物车,提交订单,在线付款,完成虚拟主机的购买。

(4) 登录虚拟主机后台,查看购买的虚拟主机的 FTP 信息,并绑定域名。如图 11.6 所示虚拟主机后台管理页面。

图 11.6　虚拟主机后台管理页面

第三节　独立网上商城搭建

一、独立网上商城基本知识

网上商城系统是典型的信息管理系统,其开发主要包括后台数据库的建立和维护以及应用程序的开发两个方面。对于前者要求建立起数据一致性和完整性强、数据安全性好的数据库,而对于后者则要求应用程序功能完备、操作简单等。网上商城系统由前台和后台组成,前台属于用户模块,包括用户注册、浏览商品、查询商品、购买商品、浏览公告等。后台属于网上商城工作人员模块,包括公告管理、商品管理、订单管理、页面管理、营销推广管理、会员管理等。一般来说,网上商城应具备以下功能:

(1) 前台,体现出一个功能全面的、信息丰富的商务型首页。

(2) 前台,能作为一个开放的以 Web 技术为基础的产品信息展示、宣传、发布平台。

(3) 前台,具有功能完善的、人性化的购物车功能,并具备商品快速搜索栏功能。

(4) 前台,能满足消费者在线付款的支付结算功能以及消费者订单查询功能。

(5) 在后台管理方面,应具备"商品管理""订单管理""会员管理""页面管理""营销推广""支付与物流管理"等基本功能。

(6) 网站具有良好的可扩展性、易管理性,能够方便地管理网站信息资讯和会员信息等,降低维护成本。

(7) 网站具有良好的安全性,有效地避免系统安全隐患和蓄意破坏行为。

(8) 网站具有良好的性能,能够提供高吞吐量、低响应时间。

网上商城整体架构如图 11.7 所示。

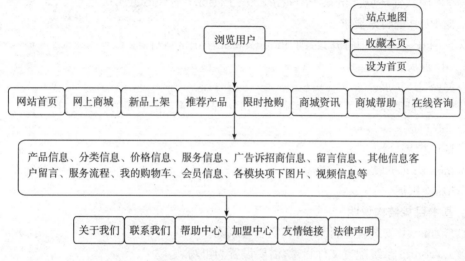

图 11.7　网上商城整体架构图

二、独立网上商城搭建实战

搭建独立网上商城,其实也并非难事。当前,国内有很多提供独立网上商城系统的服务商,如 ShopEx485 网上商店系统,由国内领先的电子商务软件及服务提供商上海商派网络科技有限公司精心打造。它以专业的功能,领先的技术以及快速的价值体现,获得了用户广泛的肯定。本文以上海商派的 ShopEx485 网上商店系统为例,进行独立网上商城的搭建。

(一) ShopEx 网店系统安装环境说明

1. Windows 平台

(1) 在此平台下,需要安装的软件一般为:

IIS/Apache+PHP+MySQL+Zend Optimizer。

(2) 软件版本要求如下:

① IIS 5.0 及以上版本。

② Apache2.0 以上版本。

③ PHP 4.3 及以上版本。

④ Zend Optimizer2.5.7 及以上版本。

⑤ MySQL 4.0 及以上版本。

2. Linux/Unix 平台

(1) 在此平台下,需要安装的软件一般为:

Apache+PHP+MySQL+Zend Optimizer。

(2) 软件版本要求如下:

① Apache2 以上版本。

② PHP 4.3 及以上版本(非安全模式下运行)。

③ Zend Optimizer2.5.7 及以上版本。

④ MySQL 4.0 以上版本。

推荐使用软件环境:Linux+Apache2.0+PHP5.0+MySQL5.0。

3. 对 PHP 的特殊要求

以下 PHP 扩展必须打开,否则 ShopEx 将无法正常运行。

① GD 扩展。

② MySQL 扩展。

以上是最低要求,为了更好地运行 ShopEx 程序,推荐把下面的扩展也打开:

① zlib 扩展。

② json 扩展。

③ mbstring 扩展。

④ iconv 扩展。

4. 基本目录结构说明

① ../install 安装程序目录,安装完后可删除。

② ../config 系统配置文件目录,需要设置为可写。

③ ../core 系统核心引擎文件目录。

④ ../home 用户网店个性化信息目录,权限需要设置为可写。

⑤ ../images 系统图片存放目录,权限需要设置为可写。

⑥ ../plugins 系统插件存放目录。

⑦ ../shopadmin 系统默认的管理目录,建议安装后自行更改。

⑧ ../themes 系统模版存放目录,权限需要设置为可写。

(二) ShopEx 网上商城搭建实战过程

第一步:购买域名和虚拟主机。

在选择虚拟主机时,选购的虚拟主机要能够支持 ShopEx 程序运行的空间环境(Php 空间、mysql 空间),并登录购买的虚拟主机后台,进行域名的解析,解析到购买的域名,获取虚拟主机的 FTP 信息、数据库信息。如图 11.8 所示。

产品型号	Web空间up!	MySQL空间	诚信邮局	单价	三年	五年	操作
ShopEx 1型	200M	100M	0M	350元/年	945	1487	购买
ShopEx 2型	300M	100M	100M	500元/年	1350	2125	购买
ShopEx授权1型	300M	100M	100M	600元/年	1620	2550	购买
ShopEx授权2型	500M	200M	200M	800元/年	2160	3400	购买
ShopEx授权3型	1000M	400M	300M	1300元/年	3510	5525	购买

图11.8 选购支持 ShopEx 的虚拟主机

第二步:登录 www.shopex.cn 官网,下载 ShopEx 服务器安装包。如图 11.9 所示。

图11.9 下载 ShopEx 服务器安装包

第三步:获得虚拟主机的 FTP 信息及数据库信息,并通过 FlashFXP、FTP 或 CuteFTP 等文件上传软件,采用二进制上传方式,将 ShopEx 服务器安装包上传到虚拟主机的根目录下。如图 11.10 所示。

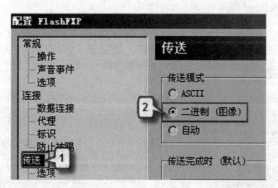

图11.10 采用二进制上传 ShopEx 服务器安装包

第四步:在浏览器中,输入绑定好的域名,开始在线安装(http://您的网店域名/install)。如图 11.11 所示。

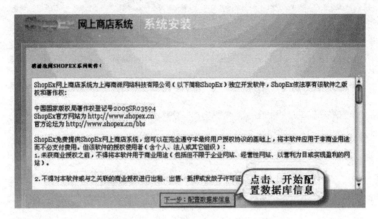

图 11.11　在线安装 ShopEx 网上商城系统

第五步：填写数据库信息。数据库信息，可以从虚拟主机服务商处获得。如图 11.12 所示。

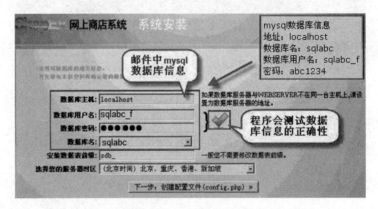

图 11.12　设置 ShopEx 网上商城系统的数据库信息

第六步：安装完成，并登录网店系统的后台，进行网店配置、页面管理、商品管理、营销推广管理等基本信息的配置，即完成独立网上商城的搭建。如图 11.13 图 11.14 所示。

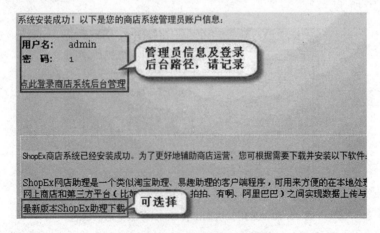

图 11.13　ShopEx 安装完成页面

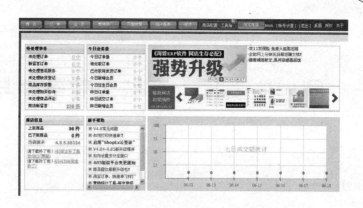

图 11.14　ShopEx 网上商城后台管理页面

本章主要讲述了域名基本知识、虚拟主机基本知识和独立网上商城基本知识,重点应掌握网上零售商搭建独立网上商城的步骤和流程。

一、名词解释

　　域名　　虚拟主机　　网上商城系统　　主机托管

二、简答题

1. 好的域名标准有哪些?

2. 搭建独立网上商城的步骤和流程有哪些?

三、实战题

　　某大学生欲针对高校学生的需求,搭建某某大学网上商城系统,请问其应该如何进行?

附录一 国内主要网上商城入驻条件与流程

一、京东商城(www.360buy.com)

(一) 入驻标准

2011年京东商城坚守品牌正品，杜绝"假、二、水"，全力打造让客户满意的网上商城。

1. 商家企业资质审核

(1) 商家企业资质要求：公司注册资金50万及50万以上人民币。

(2) 需要商家提供公司资料，如表1所示：

表1 京东商城公司资料

资质清单	备注
营业执照复印件	通过最新年检
组织机构代码证复印件	
税务登记证复印件	国税加地税
开户银行许可证复印件	
商标注册证复印件	商标正在申请品牌提供《商标注册申请书》
品牌销售授权证明复印件	注册人与授权人的关系证明
质检报告复印件或产品质量合格证明	不同品牌不同类目产品均需提供一份

＊所有证件均需在有效期内。

2. 特殊产品资质审核

对于特殊产品需要进行资质审核。小家电类没有这方面要求。

(二) 入驻费用

平台使用费用6千元，保证金1万～10万元不等(根据所卖的产品)，按类目抽取佣金。

小家电入驻费用＝平台使用费(6000元/年)＋保证金(5万)＋交易服务费

(交易服务费＝商家在京东商城以京东价售出的产品销售额×商品对应的毛利保证率)

更多入驻详情见：http://www.360buy.com/contact/joinin.aspx。

二、天猫(www.tmall.com)

(一) 入驻标准

1. 旗舰店店铺资质

(1) 企业营业执照副本复印件(需完成有效年检且所售商品属于经营范围内)。

(2) 企业税务登记证复印件(国税、地税均可)。

(3) 组织机构代码证复印件。

(4) 银行开户许可证复印件。
(5) 法定代表人身份证正反面复印件。
(6) 店铺负责人身份证正反面复印件。
(7) 由国家商标总局颁发的商标注册证或商标注册申请受理通知书复印件(若办理过变更、转让、续展,请一并提供商标总局颁发的变更、转让、续展证明或受理通知书)。
(8) 商家向支付宝公司出具的授权书。
(9) 产品清单。

2. 专卖店店铺资质

(1) 企业营业执照副本复印件(需完成有效年检且所售商品属于经营范围内)。
(2) 企业税务登记证复印件(国税、地税均可)。
(3) 组织机构代码证复印件。
(4) 由国家商标总局颁发的商标注册证或商标注册申请受理通知书复印件(若办理过变更、转让、续展,请一并提供商标总局颁发的变更、转让、续展证明或受理通知书)。
(5) 银行开户许可证复印件。
(6) 法定代表人身份证正反面复印件。
(7) 店铺负责人身份证正反面复印件。
(8) 商标权人出具的授权书(若商标权人为自然人,则需同时提供其亲笔签名的身份证复印件)。
(9) 商家向支付宝公司出具的授权书。
(10) 产品清单。

3. 专营店店铺资质

(1) 企业营业执照副本复印件(需完成有效年检且所售商品属于经营范围内)。
(2) 企业税务登记证复印件(国税、地税均可)。
(3) 组织机构代码证复印件。
(4) 银行开户许可证复印件。
(5) 法定代表人身份证正反面复印件。
(6) 店铺负责人身份证正反面复印件。
(7) 自有品牌:商标注册证或商标注册申请受理通知书复印件代理品牌。
① 商标注册证或商标注册申请受理通知书复印件。
② 上一级的正规品牌授权文件或正规采购合同及进货发票,若上一级的授权方或供货商为自然人,则需同时提供其亲笔签名的身份证复印件。
(8) 商家向支付宝公司出具的授权书。
(9) 产品清单。

(二) 入驻费用

入驻费用＝保证金＋技术服务年费＋实时划扣技术服务费

(1) 保证金。
① 品牌旗舰店、专卖店:带有 TM 商标的 10 万元,全部为 R 商标的 5 万元;
② 专营店:带有 TM 商标的 15 万元,全部为 R 商标的 10 万元。
(2) 技术服务费年费:小家电累计为 3 万元。
(3) 实时划扣技术服务费:个人护理、保健、按摩器材的费率为 5%,厨房电器、生活电器及剃须刀的费率为 2%。

更多入驻详情请登录:http://www.tmall.com/go/chn/mall/zhaoshang_home.php?spm=3.1000473.66883.10.ZqcMnP。

三、世纪电器网(www.coo8.com)

(一) 入驻标准

(1) 商家企业资质要求:注册资金 50 万元(含)以上人民币。

(2) 需要商家提供资料,如表 2 所示:

表 2 世纪电器网所需入驻商家资料

资质清单	备 注
营业执照复印件	通过最新年检
组织机构代码证复印件	
税务登记证复印件	国税加地税
开户银行许可证复印件	
商标注册证复印件	商标正在申请品牌提供《商标注册申请书》
品牌销售授权证明复印件	注册人与授权人的关系证明
质检报告复印件或产品质量合格证明	不同品牌不同类目产品均需提供一份

(3) 品牌授权:需要确保授权链条的完整,即申请入驻企业拿到的授权能够逐级逆推回品牌商。

(二) 入驻费用

平台未提供,需联系具体招商负责人。

更多入驻详情请登录 http://www.coo8.com/coo8/ec/index—join.jsp#n3。

四、亚马逊(www.z.cn)

(一) 入驻标准

1. 企业资质

入驻亚马逊的卖家必须是在中国大陆注册的企业,且需要具备销售相应商品的资质。

2. 能够开具发票

如果客户需要发票,卖家须及时为客户提供普通销售发票。

3. 具备全国配送能力

亚马逊客户遍布全国,卖家会收到来自全国各地的订单,所以如果卖家选择了自主配送模式,需要具备将商品配送至全国的能力。

4. 需提供的材料

作为亚马逊网站的卖家,必须具备并向亚马逊提供中国法律法规所要求的以下相关经营资质文件的电子版:

(1) 资质清单。

① 营业执照副本。

② 国税税务登记证。

③ 品牌所有者:商标注册证或商标注册申请受理通知书。
④ 代理商或经销商。
(2) 商标注册证或商标注册申请受理通知书。
(3) 您有权销售的授权文件或其他证明文件。

(二) 入驻要求

有实体货源,货源品质有保证,货源由亚马逊公司统一配送、管理。

(三) 入驻费用

(1) 零押金、零平台费用、零年费。
(2) 佣金:4‰~15‰不等。
(3) 仓储费:
　亚马逊仓储费用=155元/每月每立方米(按照实际商品体积技艺存储天数收费)
单件商品仓储费用计算公式=特定商品体积×(保管天数/当月天数)×155元/每月
(4) 配送费与多渠道配送费按千克算取。

更多入驻详情请登录:http://kaidian.amazon.cn/qualification-requirements/。

五、拍拍商城(www.paipai.com)

(一) 入驻标准

(1) 主营类商品占店铺商品数量80%及以上。
(2) 通过类目保证金审核并交纳类目保证金。
(3) 同意拍拍网商城合作协议,交纳保证金1000元并冻结在卖家自己的财付通账户中。
(4) 店铺内的商品全部应为正品,且支持假一赔三;不销售二手及高仿类商品。
(5) 店铺好评率为98%及以上;30日内被投诉率不超过1%,无未解决投诉;30日内退款率不超过2%。
(6) 有实体店铺、货源组织渠道、客服销售能力、网店或电子商务运营经验的商家给予优先考虑。

(二) 入驻要求

(1) 申请企业需持有大陆企业营业执照、税务登记证。企业注册资本10万元以上(珠宝类100万元以上,食品、图书音像类目3万元以上)。
(2) 如果是品牌商,申请企业需持有商标注册证或者商标受理通知书。如果是渠道商,需提供正规品牌授权书(如果同时代理多个品牌在一家店铺销售,可以提供正规的进货渠道证明)。
(3) 有优秀的货源组织、发货能力、优质的客户服务团队和经验,拥有互联网开发和设计人员。
(4) 支持QQ商城运营规范和消费者保证服务协议,承诺商品价格真实,接受七天无理由退换货、假一赔三、平台先行赔付等。
(5) 通过网络提交的材料若是复印件的照片或扫描件,则必须加盖企业法人公章。

(三) 入驻费用

1000千元保证金,按类目抽取佣金。

更多入驻详情请登录:http://shop.qq.com/zhaoshang2/merchant_rule.html。

六、1号店(www.yihaodian.com)

(一)入驻标准

(1) 销售授权书。
(2) 商标注册证明。
(3) 生产商生产许可证。
(4) 必须提供产品的3C认证书;非3C认证范围产品由第三方提供检验报告。

(二)入驻要求

企业必须有营业执照,必须是合法的经营实体,没有侵权经营,企业不能生产销售假冒伪劣产品。不能侵犯其他企业的知识产权,已经签署并盖章由招商经理提供的正式合同。

(三)入驻费用

(1) 商品质量保证金:5000~10000元/店(用于"无忧购物保障"的先行赔付)。
(2) 技术平台使用费:以每个店铺的SKU数计算,按年度交纳SKU数在500以内的,3000元/年。SKU数在500至1000的,5000元/年;SKU数超过1000的,10000元/年。

注意SKU库存进出计量的单位。

更多入驻详情请登录:http://www.yihaodian.com/cmsPage/show.do? pageId=12368&provinceId=13。

七、当当网(www.dangdang.com)

(一)入驻标准

(1) 商家企业资质要求:

50万注册资金,一年以上注册时间,一般纳税人资质。

(2) 需要商家提供以下资料:

① 工商营业执照——通过最新年检。
② 税务登记证——国税+地税。
③ 组织机构代码证。
④ 商标注册证——商标正在申请品牌提供《商标注册申请书》。
⑤ 品牌销售授权证明——注册人与授权人的关系证明。

(二)入驻要求

(1) 企业营业执照(不包括个体营业执照)。
(2) 税务登记证。
(3) 企业法人代表证书。
(4) 品牌授权(或商品质量保障):国家规定的奢侈品品牌需要品牌授权。

(三)入驻费用

$$收费=平台使用费+扣点×交易额。$$

质量保证金:5千元至1万元不等,用于购物保证计划的先行赔付。

$$小家电入驻费用=平台使用费为6000元/年+保证金为2万$$

更多入驻详情请登录:http://outlets.dangdang.com/merchants_open。

附录二　国内独立网上商城系统介绍

一、ShopEx 易开店

上海商派网络科技有限公司(英文名"Shanghai ShopEx Network Technology co., Ltd.",以下简称为"ShopEx")成立于 2002 年,是中国领先的电子商务软件及服务提供商,为阿里巴巴和联想投资的企业。多年来,ShopEx 始终秉承"提供最好的电子商务软件和服务"之理念,专注于电子商务软件的研发及相关解决方案与服务的提供,以先进的商业理念、优秀的软件产品和专业的配套服务,引领中国电子商务行业技术的发展方向。

ShopEx 在为大型传统企业和高端品牌企业提供 AMS(Application Management Services)企业级电子商务应用平台及咨询与管理服务的同时,也可以为中高端企业提供 ECP(Enterprise Commerce Platform)跨平台多渠道社会化协同企业级电子商务平台的整体解决方案,还能为中小企业客户提供易开店一站式快速建店解决方案。此外,还有专门针对淘宝商家的精细化运营管理和 TaoEx 淘易,针对网络分销的分销王,针对中小商家的店掌柜及针对外贸商家的外销宝,旗下 ShopEx、ECShop、Ecstore、Ecmall、商品雷达、淘打、淘管、淘喜欢、淘绩效、旺旺精灵和非常发货等软件产品(包括网店系统、管理系统和网商工具)深受用户青睐。

近年,ShopEx 同期开展了社会化商业及移动电子商务的创新研究,在业内率先推出系统级的社会化商业解决方案,全面帮助企业构建和提升在社会化浪潮下的竞争优势。

凭借对电子商务的深刻理解和丰富的实战经验,ShopEx 获得了包括联想、施耐德、麦德龙、海尔、美的、TCL、云南白药、蒙牛、百丽、名鞋库、绿森商城、益生康健、来伊份、心蓝 T 透和芳草集等在内的 23 个行业、8 种业态、100 万用户的肯定。

网上商店平台软件系统又称网店管理系统、网店程序、网上购物系统、在线购物系统。ShopEx 是国内市场占有率最高的网店软件,以其"企业经济型服务包"为例。

1. 适合客户类型

易开店企业经济型服务包是初入电子商务的中小企业和个人以及创业团队的入门级选择,本产品涵盖了踏入电子商务所必须具备的四大要素:空间、域名、开店软件、技术服务。

2. 价格

企业经济型服务包为 7800 元/套。

3. 功能

(1)超强商品展示功能。商品规格和商品图片关联,点红色出红色商品图片,点蓝色出蓝色商品图片。配合丰富的商品类型与商品规格,完美表现复杂的商品。

(2) 登录方便快捷。与多家国内知名网站达成战略合作关系，买家拥有淘宝、支付宝、财付通、人人网等多家网站的会员名就可直接在 ShopEx 网站登录并轻松购物。

(3) 功能模板即时更新。卖家可在后台访问应用中心，选择在线安装各种功能模块。如支付方式有更新或增加新种类时，可以在线直接更新，无需再单独更新文件。

(4) 快速短信客户营销。还在为发货后无法即时通知客户吗？想让促销信息快速传达给客户吗？用 ShopEx 短信吧，给客户全方位的专业服务。

4. 产品分类

产品分类如表 3 所示。

表 3　产品分类

			企业经济型服务包 7800 元/年	企业精致型服务包 16800 元/年	企业尊贵型服务包 38000 元/年
基础服务部分	网站建设	域名申请、备案	√	√	√
		最新版系统安装与模板选择	√	√	√
		使用手册光盘	√	√	√
		赠送商业模板一套	价值 400 元	价值 400~800 元	价值 1000 元及以上
		网店商业授权	√	√	√
		后台登录界面版权替换	×	√	√
	网站服务	上门培训客户	×	1 次	不限
	客服支持	商品代上传	×	300 件以下	1000 件以下
		实时操作咨询	5×8 小时	5×8 小时	5×8 小时
	技术支持	技术维护	7×8 小时	7×8 小时	7×8 小时
		VIP 服务	×	×	√
硬件配置部分	硬件维护	IP 支持	共享 IP	独立 IP	独立 IP
		软件代升级	√	√	√
		系统迁移	1 次	5 次	不限
	技术支持	机房值班服务	7×24 小时	7×24 小时	7×24 小时
		网站运行故障排除	√	√	√
	业务支撑	商品承载建议	5000 件	10000 件	不限
		订单支持建议	日均 200 单以下	日均 1000 单以下	不限
		主机	云主机（双线）	云主机（双线）	集群服务器
主机设备	硬件配置	空间	20 G	150 G 独立硬盘	双 Web 硬盘＋分离数据库空间
		带宽	2 M 独享	2 M 独享	10 M 独享
		流量	1 T	不限	不限

(续表)

			企业经济型服务包 7800元/年	企业精致型服务包 16800元/年	企业尊贵型服务包 38000元/年
增值服务部分	易开店运营支持	站内营销功能支撑	√	√	√
		站外推广功能支持	√	√	√
		抢购秒杀	二选一	√	√
		团购促销		√	√
		活动广告条	×	2个	2个
	网络营销（SEM）	谷歌3500元推广服务包	×	可1750元半价购买（不包括在套餐内）	赠送
	运营服务包	运营分析方案（价值30000元）	×	√	√
		运营执行方案（价值5000元）	×	×	√

5. 网址。

www.shopex.cn。

二、ECShop

ECShop 是 Comsenz 公司推出的一款 B2C 独立网店系统，适合企业及个人快速构建个性化网上商店。系统是基于 PHP 语言及 MYSQL 数据库构架开发的跨平台开源程序。ECShop 悉心听取每一位商家的需求与建议，不仅设计了人性化的网店管理系统帮助商家快速上手，还根据中国人的购物习惯改进了购物流程，实现更好的用户购物体验。经过近两年的发展，ECShop 网店系统在产品功能、稳定性、执行效率、负载能力、安全性和 SEO 支持（搜索引擎优化）等方面都居国内同类产品领先地位，成为国内最流行的购物系统之一。

ECShop 网店系统可免费下载、免费使用、免费升级，无使用时间与功能限制。ECShop 网店系统是一套免费开源的网上商店软件。无论在稳定性、代码优化、运行效率、负载能力、安全等级、功能可操控性和权限严密性等方面都居国内外同类产品领先地位。

ECShop 网店系统只专注于网上商店软件的开发，因为专注所以专业，已成功为数以万计的企业和个人用户提供完美网上开店解决方案，成为目前国内最受欢迎的网上购物软件之一。ECShop 网店系统支持多种类型商品销售、实物商品销售及虚拟商品，如电话卡、游戏点卡等，可在同一个网店中进行管理。ECShop 网店系统提供了灵活强大的模板机制，内置多套免费精美模板，同时可在后台任意更换，让卖家即刻快速建立不同的网店外观。同时卖家可以对网店模板自定义设计，建立个性化网店形象。

ECShop 网店系统强大的站内商品搜索引擎，结合 ECShop 独有的商品属性可搜索功能，买家在买家网店可以轻松找到所需商品。ECShop 网店系统整合了现今市面上几乎所有主流第三方支付网关,如支付宝、财付通、PayPal、环迅 IPS、快钱、网银、贝宝等,数量达十多种。支付、配送、会员整合都是以插件形式实现,商家可以随时增加或变更支付方式和配送体系。ECShop 支持大部分 php 开发的论坛系统,包括 discuz、phpwind 等,只需在后台做简单参数配置,即可完成会员整合。

ECShop 提供了积分、红包、赠品、夺宝奇兵等多种促销方法。通过优化代码与数据库结构,配合 ECShop 独家设计的缓存机制。在不考虑网速的情况下,网店动态页面与纯静态页面访问速度相当。

在 SEO 搜索引擎优化上,ECShop 独家支持两种 URL 重写方式,并且是同类软件中第一家支持 google、yahoo、Microsoft 三家共同发布的 sitemaps0.9 网站索引规范,能够为站点被搜索引擎收录做到最大限度的支持和帮助。ECShop 内置手机短信网关,支持会员信息群发、订单提醒等功能。支持简体、繁体、英文——多语言支持。源代码开放:用户可根据自己的需求对 ECShop 进行定制、扩展。

三、Hishop

Hishop 是国内最大的 ASP.NET 独立网店服务提供商。长期专注于 B2C 网上购物软件的研发及相关增值服务的提供。拥有著名网上商店系统品牌——Hishop。公司的主要业务是为中小企业、个人网商及网站站长提供 B2C 独立购物网站搭建的一站式套餐服务及网店推广、货源提供、个性定制等相关增值服务。

长沙海商网络技术有限公司(以下简称 Hishop)始于 2002 年,是国内最大的货源分销网店服务提供商,同时也是国内最大的.NET 独立网店服务提供商。11 年来累积为超过 40 万的目标客户提供过网店搭建及相关增值服务,旗下客户包括上市集团能达利、果丽美、钻石坊等。

2006 年在业内率先向分销领域拓展业务方向,并于后期推出专注于分销的易分销网店货源分销系统,一经推出备受好评,成为网络分销网店系统第一品牌,广泛运用到如生态农业的各种传统领域。旗下主要产品 Hishop 网店系统及相关网店增值服务产品也是当前国内最具性价比、最受广大用户欢迎的独立网店系列服务产品之一。

Hishop 网店系统是海商公司拥有产权自主开发的基于 WEB 应用的 B/S 架构的 B2C 网上商店系统,主要面向企业和大中型网商提供最佳保障,最大化满足客户目前及今后的独立网店应用需求。该系统运行于微软公司的.NET 平台,采用最新的.NET 2.0 技术进行分层开发。超过 40 万用户群的广泛应用和复杂化环境的检测,系统在安全性、稳定性、易用性方面极具良好的声誉,让企业主能在这个专业的平台上更专注于业务的运营管理。

Hishop 网店系统是免费的,你可以免费下载、免费使用、免费升级,无使用时间和功能的任何限制。

四、网店系统排行榜

目前国内市场上有很多种的网店系统,让很多人难以选择,对于这个情况,就根据功能、使用人数等各方面的情况综合排出了 2012 年受用户欢迎的网店系统。

第一位：ShopEx

网址：www.shopex.cn。

简介：国内使用人数最多的免费独立 B2C 网店管理软件。

特色：品牌老、用户多、模板众多，模板费用低廉。主要面向个人用户，产品的附属配件多，功能全面，免费网店系统的老大哥。

第二位：ECShop

网址：www.ecshop.com。

简介：国内最大的免费开源网上商店系统。

特色：用户数量仅次于 ShopEx，和 ShopEx 一样是基于 PHP 的网店系统，功能上比 ShopEx 要精简许多，但稳定性稍好。

第三位：360Shop

网址：www.360shop.com.cn。

简介：国内最专业的网店服务提供商。

特色：360Shop 采用经典的 LAMP 技术（LINUX＋APACHE＋MYSQL＋PHP）的 MVC 架构模式，具有卓越的扩展性，同时集成了强大的安全防范机制，确保用户的账户和资金安全，360Shop 团队全体成员耐心倾听客户的各种需求，在不断完善自身的同时加入更多实用、体贴的功能。客户只需更专注于业务和运营，享受轻松的电子商务。

第四位：Hishop

网址：www.92hi.com。

简介：最贴近用户的免费的网上购物系统。

特色：基于微软.NET 的购物系统。用户数量在国内应该排在第三名，次于 ShopEx 和 ECShop。服务价格适中，比 ShopEx 便宜，ShopEx 是产品免费，服务贵。有提供网络营销服务，Hishop 的新系统升级 5.1 口碑还不错，吸引了很多货源商的目光！

第五位：动易网上商店系统

网址：www.powereasy.net。

简介：领先的内容管理系统、网上商店系统、企业电子商务平台提供商。

特色：国内老牌的网站管理系统提供商。门户网站管理系统以及内容管理系统在国内的市场占有率相当高，名堂也很响亮。

第六位：ProBIZ 博商网上商店系统

网址：www.probiz.com。

简介：国内顶级的企业级电子商务解决方案研发商。

特色：贵，标准版起价六万八，是国内唯一的采用 Java 企业版技术开发，面向企业级应用的网上商店系统，功能强大、稳定可靠。企业版只是它针对中小企业开发的标准产品，服务和项目定制的价格更是疯狂。

第七位：甲骨文 I Store

网址：www.oracle.com/lang/cn/applications/sales/istore.html。

简介：世界级的网上商店系统。

特色：甲骨文股份有限公司的网上商店产品，其实更像是一个框架平台。买了之后还不能直接使用，需要额外的进行开发。功能超级强大，不仅仅可以搭建大型的网上商店，还能做成B2B平台,需要拥有自己的技术团队。

第八位:MediPro网上商店系统

网址:mediweb.com.cn。

简介:做企业网站、内容管理、网上商店、商贸信息网站等。

特色:功能比较强大网上花店、网上手机店、网上服装店等都有现成的产品供应。产品价格比较低廉,标准产品价格低至300元。

第九位:金邦网上商店系统

网址:www.kingbuy.com.cn。

简介:创业者首选的网上商店平台。

特色:按照商品位置数量来确定网上商店产品的价格。有点类似易趣,免费版本能够摆放50个商品,对许多个人用户基本够了,但只有一周的使用期限。980元能使用一年,最贵的是可以陈列3000个产品的,每年需要3580元。

第十位:极限网店系统

网址:www.ewebsoft.com。

简介:全功能免费的网上购物系统。

特色:新生的、免费的、基于.NET的网上商店系统。为中国网店系统的免费阵营摇旗呐喊。模板功能强大,如果理解页面语言,可以自己进行模板的修改和设置。

附录三　国内网上零售政策法规

一、我国电子商务立法现状

1. 与电子商务相关的法律

1999年颁布的《合同法》中增加了数据电文合同为书面合同的一种,并规定了数据电文形式合同的成立时间和地点。

2001年《著作权法》确认著作权人享有作品的信息网络传播权,录音录像制作者享有信息网络传播权和获取报酬权。2005年4月1日起施行《中华人民共和国电子签名法》,规范电子签名行为,确立电子签名的法律效力。

2. 行政法规和法规性文件

国务院制定的与电子商务有关的法规和文件主要有:《中华人民共和国计算机信息网络国际联网管理暂行规定》(1996年2月1日颁布,1997年5月20日修正)、《互联网信息服务管理办法》(2000年9月20日颁布)、《计算机软件保护条例》(2001年1月1日施行)、《互联网上网服务营业场所管理条例》(2002年11月15日施行)等多部法律法规。

3. 部门规章、行业规范和相关文件

国务院所属的各部门均从行业管理或全面管理的需要制定了较大数量的与电子商务有关的管理办法、细则、规定、通告、通知等。

如《中国公用计算机互联网国际联网管理办法》(原邮电部1996年4月3日颁布)、《计算机信息网络国际联网安全保护管理办法》(公安部1997年12月30日发布)、《经营性网站备案登记管理暂行办法》、《网站名称注册管理暂行办法》(国家工商局授权,北京市工商管理局2000年8月15日制定,2004年10月1日施行)、《电子认证服务管理办法》(信息产业部2005年1月28日发布,2005年4月1日施行)、《电子支付指引(第一号)》(中国人民银行2005年10月26日施行)、《电子银行业务管理办法》(中国银行业监督管理委员会2005年11月10日公布)。

4. 地方性法规

各地根据本省市的电子商务发展状况也相继颁布了一些地方性法规,如广东的《电子交易条例》,上海的《数字认证管理办法》,海南省的《数字证书认证管理办法》,江西省的《江西省互联网上经营主体登记后备案办法(试行)》等。

与此同时,我国也签署了《联合国国际合同使用电子通信公约》,将有助于我国电子商务与国际电子商务法律接轨,使国际贸易更为便利。

二、网上零售流程中涉及的法律法规

(一) 电子商务中合同的法律问题

1. 电子合同的概念

电子合同是平等民事主体之间通过电子信息网络,以数据电文形式达成的设立、变更、终止民事权利义务关系的电子协议。

2. 电子合同的特征

(1) 电子合同的订立以网络为基础。
(2) 电子合同的内容具有易改动性和易消失性。
(3) 电子合同具有易保存和复制性。
(4) 电子合同完成的自动性。
(5) 电子合同生效的特殊性。

3. 电子合同的订立

(1) 电子合同订立方式。

电子合同是合同的一种特殊形式,因此,当事人订立电子合同仍然遵循合同订立的基本程序——要约和承诺方式,有的还有一个要约邀请阶段。按照交易的性质,通常将网上交易分为三类:销售实物、销售软件和网上服务。在第一种交易中,广告一般应视为要约邀请,而在后两种交易中,广告一般应视为要约。

(2) 电子合同成立的时间。

合同成立的时间是由承诺实际生效的时间所决定的。我国《合同法》规定:采用数据电文形式订立合同的,要约人指定了特定系统接收数据电文的,则承诺的数据电文进入该特定系统的时间,视为到达时间;未指定特定系统的,该数据电文进入要约人的任何系统的首次时间,视为到达时间。

我国《电子签名法》规定:数据电文进入发件人控制之外的某个信息系统的时间,视为该数据电文的发送时间。收件人指定特定系统接收数据电文的,数据电文进入该特定系统的时间,视为该数据电文的接收时间;未指定特定系统的,数据电文进入收件人的任何系统的首次时间,视为该数据电文的接收时间。当事人对数据电文的发送时间、接收时间另有约定的,从其约定。

(3) 电子合同成立的地点。

我国《合同法》第34条规定:承诺生效的地点为合同成立的地点。采用数据电文形式订立合同的,收件人的主营业地为合同成立的地点;没有主营业地的,其经常居住地为合同成立的地点。当事人另有约定的,按照其约定。

我国《电子签名法》第12条规定:发件人的主营业地为数据电文的发送地点,收件人的主营业地为数据电文的接收地点。没有主营业地的,其经常居住地为发送或者接收地点。当事人对数据电文的发送地点、接收地点另有约定的,从其约定。

2. 电子合同的效力

(1) 电子合同主体合格。
(2) 电子合同当事人意思表示真实。
(3) 电子合同内容合法。

(二) 电子签名法

1. 电子签名的立法

2004年8月28日,十届全国人大常委会第十一次会议表决通过《中华人民共和国电子签名法》,首次赋予可靠的电子签名与手写签名或盖章具有同等的法律效力,明确了电子认证服务的市场准入制度。该法共五章三十六条,是我国第一部真正意义的电子商务法,于2005年4月1日正式生效。

2. 电子签名的效力

我国《电子签名法》第十三条规定:电子签名同时符合下列条件的,视为可靠的电子签名:

(1) 电子签名制作数据用于电子签名时,属于电子签名人专有。
(2) 签署时电子签名制作数据仅由电子签名人控制。
(3) 签署后对电子签名的任何改动能够被发现。
(4) 签署后对数据电文内容和形式的任何改动能够被发现。

同时,《电子签名法》第十四条又规定:可靠的电子签名与手写签名或者盖章具有同等的法律效力。

(三) 电子商务中支付的法律问题

(1) 信息安全的法律保障问题。主要体现在以下三个方面:虚假支付网站的问题、网络支付证据认定的问题、网络支付责任承担的问题。
(2) 第三方支付平台或网络交易平台的法律地位问题。
(3) 电子货币的法律问题。

(四) 电子认证中的法律问题

(1) 认证机构的法律地位和法律责任问题及数字证书的法律效力问题。
(2) 电子认证的法律监管问题。
(3) 电子认证所运用的服务标准或技术标准规范化、统一化的问题。

(五) 知识产权的法律保护问题

1. 域名的法律保护问题

我国信息产业部于2002年3月14日发布了《中国互联网络域名管理办法》,并于2002年9月30日起施行。《中国互联网络域名注册暂行管理办法》规定,中国互联网络信息中心(CNNIC)工作委员会,作为日常办事机构,负责管理和运行中国顶级域名CN。按照"先申请先注册"的原则受理域名注册,不受理域名预留。

2. 商标的法律保护问题

商标分为商品商标和服务商标两种。

商标权包括商标使用权和商标禁止权。

电子商务中的"隐形商标侵权"问题:某个网主将他人的商标埋置在自己网页的源代码中。网页链接是将处于不同服务器的文件可以通过超文本标记语言链接起来,能够有效地实现信息共享,方便读者的查询。但链接不同服务器上的文件,设置链接者(埋置者)很可能对被链接的商标以及其他信息不享有任何权利,这就造成对被链接者商标权的侵害。

3. 网络作品著作权的法律保护问题

网络作品只要符合著作权法规定的要求,网络著作权的法律保护仍应当适用著作权法的规定。网络作品的作者和传统作品的作者一样,对自己的作品享有专有权。网络作品的作者可以授权将其作品在其选定的地点和时间向公众传播,没有经过著作权人的许可,任何人不得使用其作品,包括将其作品"上网"公开发表和"上网"传播等。

(六) 消费者权益保护问题

(1) 消费者权益保护法。

(2) 消费者权益保护的主要法律问题:

① 消费者的知情权:消费者享有知悉其购买、使用的商品或者接受服务的真实情况的权利。

② 消费者的公平交易权:消费者获得的商品和服务与其交付的货币价值相当。

③ 消费者的安全权:消费者遇到的安全问题主要体现在人身安全、财产安全、隐私安全等三个方面,尤其是隐私安全权。

④ 消费者的损害赔偿权:是消费者在网上进行交易或使用商品和服务后,当其人身或财产受损时享有的一种救济权。

(七) 税收法律问题

电子商务对税收法律制度造成的影响:

(1) 对纳税人身份的认定问题。

(2) 对征税客体的认定问题。

(3) 电子商务交易过程的可追溯性问题。

(4) 电子商务过程的税务稽查问题。

(5) 如何避免对电子商务双重征税的问题。

目前国内尚未出台专门针对网上零售的法律法规,但作为一种销售行为,它仍受到传统法律的约束。合同法、公司法、反不正当竞争法等相关法律的条文都对网上零售活动有约束力。

参 考 文 献

[1] 崔文嘉. 中国网上零售企业商业模式及其改进对策研究[D]. 北京:首都经济贸易大学,2012.
[2] 中国连锁经营协会. 传统零售企业开展网络零售业务研究报告[J]. 信息与电脑,2010(8).
[3] 淘宝大学. 数据化营销[M]. 北京:电子工业出版社,2012.
[4] http://biz.cb.com.cn/12716612/20101022/158900_3.html/.
[5] http://www.cnnic.net.cn/.
[6] 肖煜. 网上零售商的产品策略[J]. 当代财经,2003(4).
[7] 冯珍珍,陈亚荣. 网上零售业服务失误形成机理及补救策略研究[J]. 价格月刊,2011(10).
[8] 朱美虹. 网络零售业物流解决方案探讨[J]. 现代商业,2008(18).
[9] http://bbs.paidai.com/topic/99768/.
[10] http://fuwu.taobao.com/.
[11] http://www.100ec.cn/detail-6081726.html/.
[12] http://www.alibado.com/learning/study/detail-3423-0.htm/.
[13] http://www.alibado.com/learning/study/detail-4395-0.htm/.
[14] http://baike.baidu.com/view/3427522.htm/.
[15] http://bbs.paidai.com/topic/99768/.
[16] http://fuwu.taobao.com/.
[17] http://down.51cto.com/data/671243/.
[18] http://bangpai.taobao.com/.
[19] http://www.psw.net/stock/lzft/hyyj/201106/Po20110622519128022756.pof/.
[20] 任浩,刘石兰. 基于战略的组织结构设计[J]. 科学学与科学技术管理,2005(8).
[21] 任佩瑜,陈永丽. 试给中国大中型企业组织结构战略再造[J]. 四川大学学报:哲学社会科学版,2001(5).